Michio Kushi

# DO-IN BUCH

**Übungen zur
körperlichen
und geistigen
Entwicklung**

## Über den Autor:

Michio Kushi kam 1949 aus Japan in die USA, um nach Abschluß seiner Studien an der Universität von Tokio seine Ausbildung an der Columbia-Universität fortzusetzen. Seit 1955 hält er Vorlesungen über fernöstliche Medizin, Philosophie, Kultur sowie Ernährung und Gesundheit in Nord- und Südamerika, Europa und dem Fernen Osten. Des weiteren ist er Autor zahlreicher Bücher wie *Das Buch der Makrobiotik*, *Die makrobiotische Antwort auf Krebs*, *Natürliche Heilung mit Makrobiotik*, *Dein Gesicht lügt nie* u.v.a. (siehe S. 311 Bibliographie) und hat die Gründung verschiedener Zeitschriften wie *East West Journal*, *Order of the Universe*-Magazin und *One Peaceful World* gefördert.

Michio Kushi ist Gründer und Präsident der *East West Foundation* (gemeinnützige kulturelle Stiftung), des *Kushi-Institutes* (Bildungszentrum für Makrobiotik) und der *One Peaceful World*-Organisation (Weltfriedensorganisation) mit Sitz in Brookline und Becket in der Nähe von Boston, Massachusetts. Er hält regelmäßig Seminare für die allgemeine Öffentlichkeit sowie für die medizinische Fachwelt in den USA und anderen Ländern.

Informationen über die vielfältigen Aktivitäten können bei den genannten Organisationen unter der Adresse 198 Leland Road, Becket, MA 01223, USA, angefordert werden (Telefon 001-413-623-6457, Fax 623-8827).

# Michio Kushi

# DO-IN BUCH

## Übungen zur körperlichen und geistigen Entwicklung

महजीवः

Übersetzung aus dem Amerikanischen von Angelika Nichols.
Redaktion: Richard Theobald, Marion Manderscheid.

Titel der Originalausgabe: *The Book of Do-In: Exercise for Physical and Spiritual Development* by Michio Kushi,
published by Japan Publications ISBN 0-87040-382-6.

Die deutsche Übersetzung wurde erstmals 1980 unter dem Titel *Michio Kushi's DO-IN-Buch* als Koproduktion der Verlage Bruno Martin (ISBN 3-921786-20-7) und Ost-West-Bund (ISBN 3-924724-01-6) veröffentlicht.

Bibliographische Information Der Deutschen Bibliothek
Die Deutsche Bibliothek verzeichnet diese Publikation in der Deutschen Nationalbibliographie; detaillierte bibliographische Daten sind im Internet (www.dnb.de) abrufbar.

**1994**
Deutschsprachige Rechte ©:

**VERLAG MAHAJIVA** Wolfgang Christalle
D-48366 Holthausen/ü. Münster

**ISBN-13: 978-3-924845-34-6**
ISBN-10: 3-924845-34-4

2. Auflage 2001
3. Auflage 2015

# Inhalt

**Anhang**

# Widmung

Mit unserem endlosen Traum von einer friedlichen Welt, der aus dem unendlichen Meer des Universums entstanden ist, wird dieses Buch allen Brüdern und Schwestern gewidmet, die sich als menschliche Wesen auf der Erde in dieser Zeit manifestiert haben und die gleiche soziale und natürliche Umgebung miteinander teilen, um Gesundheit und Lebensfreude, wie auch körperliche, seelische und geistige Weiterentwicklung anzustreben.

Auch von den spirituellen makrobiotischen Menschen des Altertums, die verschiedene Formen des Do-In entwickelt und angewandt haben, und vielen Personen, einschließlich Georges und Lima Ohsawa, welche für die menschliche Weiterentwicklung gelebt haben oder leben, wird diese Widmung mitgetragen. Dies gilt auch für meine Vorfahren und meine Familie: Meine Eltern Teru und Keizu Kushi; mein Bruder Masao und seine Frau Kayoko und deren Kinder; meine Frau Aveline Tomoko Kushi und die Kinder Lillian, Norio, Candy, Haruo, Yoshio und Hisao, und all meine Freunde in der ganzen Welt, die lernen und danach streben, daß sich die Ordnung des Universums auf der Erde innerhalb der Menschheit in einer friedlichen Welt verwirklicht.

## — Wir sind ewig Eins —

Wir sind aus dem unendlichen Meer des Universums gekommen.
Wir haben uns aus endloser Einheit
in Millionen und Milliarden manifestiert.
Wir haben uns in dieser Zeit als menschliche Wesen
auf diesem Planeten vergegenwärtigt.
Wir spielen mit unserem endlosen Traum und erfreuen uns
in den Wogen unseres Daseins auf dieser Erde.
Unser menschliches Leben ist vergänglich, doch unser Traum
ist endlos.
Wir leben mit Tag und Nacht, Gesundheit und Krankheit,
Unglück und Glück,
Traurigkeit und Freude, Aufstieg und Verfall, fortwährend.
Doch unser Traum ändert sich nie, unser universeller Ursprung
endet niemals.
Laßt uns mit allen anderen in Freude zusammensein, solange
wir auf diesem Planeten leben.
Wenn wir in das unendliche Universum zurückkehren, dann laßt
uns einander sagen:
Wir sind immer Eins in dem unendlichen Meer,
und laßt uns wieder zusammenkommen,
wenn wir uns in dieser relativen Welt manifestieren.

Michio Kushi
Im März, 1978

# Kommentar der Herausgeberin

Do-In hat seinen Ursprung in den uralten Traditionen des Fernen Ostens, heute jedoch wird es von mehr und mehr Menschen in der östlichen wie auch in der westlichen Welt praktiziert. Die Einführung von Do-In im Westen verdanken wir größtenteils den Lehren von Michio Kushi, seinen Mitarbeitern und Studenten. Herrn Kushis Praxis des Do-In und die natürliche, makrobiotische Lebensweise während mehr als 25 Jahren, zusammen mit seinen Studien der Heiltraditionen vieler Kulturen haben ihm ein umfassendes Wissen auf diesem Gebiet verschafft, und sein bemerkenswertes Talent als Lehrer und Berater ermöglichten ihm, dieses uralte orientalische Wissen bei den modernen Menschen vieler Nationalitäten bekannt zu machen.

Während ich Do-In und die makrobiotische Lebensweise in den letzten neun Jahren praktizierte, habe ich fortwährend deren Wert bei der Entwicklung einer guten körperlichen Gesundheit und einem Gefühl wirklichen geistigen Wohlbefindens erfahren. Als Assistentin von Herrn und Frau Kushi bei ihrer Tätigkeit als Lehrer war ich sehr beeindruckt von den vorteilhaften Veränderungen bei mir selbst und tausenden von ratsuchenden Menschen, die ihre Seminare besuchten und ihre Veröffentlichungen lasen.

Das Do-In Buch mit Herrn Kushis Originalzeichnungen bietet eine verständliche Erklärung der grundlegenden Do-In Übungen und der natürlichen und traditionellen Lebensweise an, bei der Do-In am nutzbringendsten angewandt werden kann. Bereits fortgeschrittene Schüler werden eine Fülle neuer und weiterentwickelter Materialien für weitere Studien finden.

Ich möchte Herrn Kushi und der Firma Japan Publications, Inc. danken, daß sie mir die Möglichkeit gegeben haben, bei der Herstellung dieses Buches mitzuwirken. Ich hoffe, daß viele Menschen Gefallen am Lesen dieses Buches finden werden und daß sich ihr Leben durch die Do-In Praxis bereichern wird.

Olivia Oredson
Brookline, Massachusetts
September 1978

# Würdigung der grundlegenden Quellen zu diesem Buch

Für die Entstehung des Do-In Buches möchte ich meine Anerkennung und meine Dankbarkeit gegenüber denjenigen ausdrücken, deren Studien und Lehren zu bestimmten inhaltlichen Themen beigetragen haben:

1. Für den ersten Teil des Buches, der allgemeinen Einführung in die Ordnung des Universums, die makrobiotische Lebensweise und die körperliche und geistige Beschaffenheit des Menschen, bin ich dankbar für die Anregung, die ich bei verschiedenen Vorträgen, durch Artikel, Bücher und Lehren der uralten Weisheiten aus vielen Teilen der Welt einschließlich Japan, Korea, China, Indien und Ägypten, wie auch des alten Europa und Amerika erhalten haben. Ich würdige auch die Inspiration, die ich durch meine eigene Anwendung der makrobiotischen Lebensweise während vielen Jahren von dem unendlichen Universum, dem Ursprung von Erinnerung und Traum, dem Beginn und dem Ende unseres Lebens, erhielt.
2. In Teil Zwei, den Do-In Übungen, möchte ich meine Würdigung folgenden Lehren widmen:

*A. Spezielle Übungen*
Den traditionellen Lehren und Übungen, die als das Erbe altertümlicher menschlicher Bräuche seit Jahrhunderten überliefert wurden, wie auch jenen religiösen und geistigen Übungen des Shintoismus, Buddhismus, Hinduismus und Taoismus, die vor allem in östlichen Ländern erhalten sind. Einige dieser Übungen werden auch heute noch von einer verhältnismäßig kleinen Personengruppe ausgeübt, die im Fernen Osten oder anderen Teilen Asiens nach geistiger Entwicklung suchen.

*B. Tägliche geistige Übungen*
Den Lehren und Übungen, die hauptsächlich im Shintoismus, Hinduismus und Taoismus, aber auch in anderen geistigen Praktiken angewandt werden und in einigen östlichen Ländern als zentrales Element religiöser Übungen bestehen.

## C. Tägliche Übungen

1. Morgendliche und abendliche Übungen: Den Lehren der grundlegenden Do-In Übungen zur täglichen Anwendung von Sen-Do-Ren (Association for the Study of the Tao of Free Man, Tokyo, Japan). Für weitere Studien dieser Übungen ist es empfehlenswert, sich mit dieser Gesellschaft in Verbindung zu setzen:

> Sen-Do-Ren
> 1-27-12 Kaminoge
> Setagaya-ku
> Tokyo 158
> Japan

2. Meridian-Übungen: Verschiedene Übungen für die Meridiane, die während vielen Jahrhunderten entwickelt und angewandt wurden, und dabei besonders denjenigen, die von Herrn Shizuto Masunaga als Meridian-Übungen in dem Buch „Zen Shiatsu", veröffentlicht in Tokyo, Japan Publications, Inc., Seite 122-124, vorgestellt wurden. Für weitere Studien setzen Sie sich bitte mit folgenden Anschriften in Verbindung:

| | |
|---|---|
| Shizuto Masunaga | I-O-Kai Shiatsu Center |
| 5-9-8 Tokiwa, Urawa-shi | 1-8-9 Higashi-Ueno, Taito-ku |
| Saitama-ken 336 | Tokyo 110 |
| Japan | Japan |

3. Zusätzliche Übungen: Verschiedenen Lehren und Übungen, die tradtionsgemäß im Zusammenhang mit der Atmung angewandt wurden und in den althergebrachten Körperübungen des Shintoismus und Buddhismus als Gesundheitsrichtlinien zu finden sind.

## D. Allgemeine Übungen

Wichtigen klassischen Werken der östlichen Medizin der letzten 3000 Jahre, beginnend mit dem *I Ching,* dem Buch der Wandlungen, und dem *Yellow Emperor's Classic of Internal Medicine* bis zu modernen Büchern, die sich mit Diagnose und Gesichtsdiagnose, Meridianen und deren Punkten, Krankheiten und Behandlungsmethoden im Bereich der östlichen Medizin befassen.

Michio Kushi

# Vorwort

Während meines fünfzigjährigen Lebens habe ich das Elend des Weltkrieges und auch das Übel der heutigen Gesellschaft, die verschiedenen Krankheiten, Armut, Gier und Egoismus, Fehlschläge und Schwierigkeiten, Zorn und Hass, Diskriminierung und Vorurteile erfahren und beobachtet.

Während meiner Jugendzeit hatte ich den Traum, den Weltfrieden durch viele mögliche Maßnahmen, unter anderem der Gründung einer Weltvereinigung zu verwirklichen.

Während ich heranwuchs, erkannte ich jedoch, daß der Weltfriede nur durch die Wiederherstellung der Menschlichkeit oder die Wiederaufrichtung des Menschen von den heutigen degenerativen Tendenzen, die überall in der Welt die Oberhand gewonnen haben, und sich mit der Entwicklung der modernen Zivilisation noch vergrößern, erreicht werden kann.

Zur gleichen Zeit erlebte ich eine Erleuchtung während einer Meditation, welche mir das universale und ewige Leben offenbarte. Ich hatte auch die Möglichkeit, mein Verständnis der uralten östlichen Philsosophien und Religionen zu vertiefen, die mit dem modernen abendländischen Gedankengut und dessen Lebensweise in Verbindung gebracht werden sollten. In Anbetracht dessen bin ich dankbar für die anregende Lehre von George Ohsawa und vielen anderen Philosophen der heutigen Zeit, wie auch den alten geistigen, philosophischen und wissenschaftlichen Denkern.

Alles Elend der menschlichen Angelegenheiten entsteht aus unserem persönlichen Mißverständnis der Ordnung des Universums, oder wir können auch sagen, aus der Unwissenheit über uns selbst. Aufgrund dieser Unwissenheit gestalten wir unser Leben völlig falsch in den Bereichen der Ernährung, der sozialen Beziehungen und der geistigen Haltung ebenso wie unseres spirituellen Einsichtsvermögens.

Das Leben ist das Eine unendliche Universum selbst, und unsere Lebensweise sollte einfach und praktisch mit der Ordnung des Universums übereinstimmen. Die Verwirklichung von Gesundheit und Lebensfreude ist der einfachste und leichteste Weg. Von diesem Verständnis ausgehend habe ich begonnen, eine Lebensweise bekannt zu machen, die von jedem zu jeder Zeit als das einfachste Mittel angewendet werden kann, um Gesundheit, Lebensfreude, Freiheit und Frieden zu erlangen, was als die makrobiotische Lebensweise bekannt ist.

Zusammen mit der Verbreitung dieser Lebensweise für die Menschheit zur Einrichtung einer friedvollen Welt habe ich die Bearbeitung mehrerer traditioneller Methoden zur körperlichen, seelischen und geistigen Entwicklung gefördert, insbesondere der orientalischen Medizin, der Akupunktur, Moxa-Behandlung, Shiatsu Massage, der Heilkunst des Handauflegens, Meditation und seelischen und geistigen Übungen. Um unsere eigene Entwicklung zu fördern, habe ich vor ungefähr 10 Jahren auch damit begonnen, aus alter Zeit stammende makrobiotische Übungen, genannt Do-In, in den USA einzuführen. Ich bin Herrn Jacques de Langre und Herrn Jean Bernard Rishi dankbar für ihre entsprechenden Bücher über Do-In, die Teile dieser Übungen vorstellten. Die Do-In Übungen, die ich vorstellte, waren jedoch Teilübungen, die hauptsächlich dazu gedacht sind, unsere körperliche und seelische Vitalität zu kräftigen, und ich erklärte nicht vollständig die anderen Aspekte des Do-In, die mehr geistig orientiert sind. In den letzten Jahren wurde ich mit Nachdruck gebeten, einen allgemeinen Abriß des gesamten Bereichs der Do-In Übungen vorzustellen.

Es war notwendig, die Do-In Übungen neu zu entdecken und zusammenzustellen; denn diese uralten makrobiotischen Übungen waren in vielen Bereichen größtenteils verlorengegangen, obwohl einige davon von einer geringen Anzahl suchender Menschen im Fernen Osten praktiziert wurden. Der gesamte Bereich der Do-In Übungen beschränkt sich nicht nur auf die verschiedenen Reihenfolgen von Übungen, die in diesem Buch vorgestellt werden. Diese überlieferten makrobiotischen Übungen waren tatsächlich der Ursprung aller körperlichen, seelischen und geistigen Übungen, die sich gegenwärtig in verschiedene Formen der Meditation, des Singens von Mantras, der Yoga-Übungen, der physiopsychologischen Übungen, der asiatischen Kampfes- und Selbstverteidigungskünste, wie auch in anderen Methoden der Selbstentwicklung unterteilen.

Der Ursprung des Do-In ist ganz einfach unsere intuitive Selbstanpassung, um uns selbst im Ozean des universellen Lebens oder des unendlichen Universums zu erhalten und zu entwickeln. Aus diesem Grunde ist das geschichtliche Entstehen des Do-In unbekannt, aber es hat sich von Generation zu Generation in der Menschheit erhalten. Es ist jedoch über 10.000 Jahre her, seit die Do-In Übungen in den alten körperlichen, seelischen und geistigen Entwicklungsmethoden zur Erzeugung des freien Menschen, des *Tao of Shin-Sen,* dem Weg des geistig freien Menschen, ausgedrückt wurden.

Die Einzigartigkeit dieser Übungen besteht darin, daß jeder sie zu jeder Zeit als tägliche Übungen unter ganz gewöhnlichen Umständen ohne die Notwendigkeit eines Partners oder einer speziellen Technik anwenden kann. Es kann also jede Rasse, jede Altersgruppe, Mann und Frau, diese Übungen für die Gesundheit und Lebensfreude anwenden. Einige dieser Übungen, die in diesem Buch vorgestellt werden, habe ich selbst abgewandelt in der Hoffnung, daß sie jedem zugute kommen.

Ich hoffe aufrichtig, daß jeder Mensch in der ganzen Welt diese Übungen frei für ihre oder seine körperliche Gesundheit, Schönheit und geistiges Wohlbefinden anwenden wird.

Ich bin dem Verleger, Japan Publications, Inc. dankbar, daß er mir die Gelegenheit gegeben hat, diese Übungen vorzustellen, ich bedanke mich ebenfalls bei Frau Olivia Oredson, die eine geschätzte Studentin und Freundin beim Studium und der Verbreitung der makrobiotischen Lebensweise für viele Hunderte von Menschen ist, für ihre Hilfe bei der Zusammenstellung dieses Buches.

Die Personen, welche die verschiedenen Figuren der Do-In Übungen vorführen, sind meine längjährigen Freundinnen und Studentinnen, die den gleichen Traum aufgrund der makrobiotischen Lebensweise teilen. Die Dame in Weiß ist Frau Laura Knudson aus Boston, Massachussetts, die neben ihrer Unterstützung meiner Makrobiotikstudien auch Yoga studiert hat. Die Dame in Schwarz ist Frau Lynda Le Mole aus Brookline, Massachussetts, die Unterricht in makrobiotischem Kochen und der makrobiotischen Lebensweise erteilt, als Verlagsassistentin für das *East-West Journal* und als meine persönliche Studienassistentin tätig ist.

Die Fotografien wurden von Herrn John Fogg aufgenommen, der gegenwärtig ein Mitarbeiter der Erewhon Natural Foods Distributing Company in Boston Massachussetts, ist, und die makrobiotische Lebensweise auch praktiziert und unterrichtet. Herr William Spear aus Middletown, Connecticut, Lehrer am dortigen East-West Center, hat beim Zusammenstellen eines Teils der allgemeinen Übungen assistiert. Peter und Bonnie Harris von Koi Graphics in Brookline, Massachussetts, haben die Zeichnungen auf Seite 84/85 und 105 angefertigt.

Ich möchte all diesen Freunden wie auch allen Lehrern und Schülern deren Anzahl in der ganzen Welt ein paar Millionen beträgt, und die zusammen die Verwirklichung unseres gemeinsamen endlosen Traumes einer friedlichen Welt suchen, meinen Dank ausdrücken.

Im März 1978

Michio Kushi
Brookline, Massachussetts, USA

# Teil 1
# Einführung in Shin-Sen-Do: Körperliche, seelische und geistige Entwicklung

# Kapitel 1
# Die Ordnung des Universums und die makrobiotische Lebensweise

## 1. Die Entstehung des Universums

Im anfanglosen Anfang manifestierte sich das unendliche Universum nicht als Erscheinung. Es gab weder Zeit noch Raum, weder Licht noch Dunkelheit, weder Form noch Dimension. Innerhalb dieser Einheit gab es lediglich endlose Bewegung, die sich mit unendlicher Geschwindigkeit in alle Richtungen bewegte. Aufgrund dieser unendlichen Geschwindigkeit gab es weder Vergangenheit noch Zukunft, noch irgendwelche relativen Erscheinungsformen.

Wo und wann auch immer diese unendliche Bewegung, die in alle Richtungen verläuft, sich kreuzt, beginnen spiralförmige Bewegungen sich in unterschiedlichen Entwicklungsabläufen zu bilden. Kraftströme, die Spiralen von der Peripherie zum Zentrum hin bilden, und solche, die Spiralen aus dem Zentrum heraus in Richtung Peripherie auflösen, sind die beiden grundlegenden Kräfte in der Welt der Sprialen, der Welt aller relativen Erscheinungsformen.

Von der Bewegung der Galaxien bis zu der Bewegung der präatomaren Teilchen, von der unsichtbaren geistigen Bewegung bis zur sichtbaren physischen Beschaffenheit, ist alles spiralförmig gebildet und wird von zwei gegensätzlichen, sich ergänzenden Kräften bestimmt: yin ( $\triangledown$ ), die zentrifugale und sich ausdehnende Kraft, Tendenz und Richtung, und yang ( $\triangle$ ), die zentripetale, und sich zusammenziehende Kraft, Tendenz und Richtung.

Alle Erscheinungen, die in dem unendlichen Meer des Universums manifestiert sind, werden von diesen beiden Kräften beherrscht, gelenkt und bestimmt. Jeglicher Wandel und alle Bewegungen sind entweder mehr Yin, zentrifugal, oder mehr Yang, zentripetal. Es gibt nichts, was nicht von diesen beiden Tendenzen und Richtungen beherrscht wäre. Alle

Erscheinungsformen unterscheiden sich voneinander, durch die verschiedenen Anteile der beiden Kräfte, die innerhalb und außerhalb von ihnen tätig sind.

Dementsprechend manifestiert sich Yin und Yang überall in jeder Erscheinung im Universum sowie auf der Erde. Die Beziehung zwischen diesen beiden Kräften, Tendenzen und Richtungen, kann wie in Abb. 1 auf der nächsten Seite dargestellt werden.

Die Yang-Kraft, der Vorgang der Zusammenziehung und der Physikalisierung, ist der Prozess der Materialisierung, während die Yin-Kraft, der Vorgang der Ausdehnung und Auflösung, der Prozess der Vergeistigung ist. Wenn sich der Yangisationsprozess steigert, bildet sich die Materie. Die Moleküle, welche die Materie bilden, bewegen sich schneller und erzeugen eine schnellere Umdrehungsbewegung solch präatomarer Teilchen wie Elektronen, und dies resultiert in der Erzeugung höherer Temperaturen (Verlauf A). Im Gegensatz dazu, vergrößert und löst der Prozess der Vergeistigung die Materie auf, indem die Geschwindigkeit der Molekülbewegungen und der präatomaren Teilchen verlangsamt und eine niedrigere Temperatur erzeugt wird (Verlauf B).

Wenn der Materialisierungsverlauf eine hohe Temperatur erzeugt, beginnt sich die Materie auszudehnen und ändert seinen Verlauf von der Materialisierung zur Vergeistigung (Verlauf C).

Und wenn der Vergeistigungsprozess eine kalte Temperatur erzeugt, beginnt sich die Materie zusammenzuziehen und ändert ihren Verlauf zur Materialisierung (Verlauf D). Der Yang-Verlauf des Zusammenziehens verändert sich in einen Yin-Verlauf der Ausdehnung, und der Yin-Verlauf der Ausdehnung verändert sich in einen Yang-Verlauf der Zusammenziehung, sich dabei fortwährend abwechselnd.

Zusammenziehung verwandelt sich in Ausdehnung; Physikalisierung verwandelt sich in Vergeistigung und Vergeistigung in Physikalisierung; Bewegung verändert sich in Ruhe, und Ruhe in Bewegung; Verfestigung wird zur Auflösung und Auflösung verwandelt sich in Verfestigung; Reichtum endet in Armut und Armut in Reichtum; Erfolg wird vom Mißerfolg abgelöst und umgekehrt; Freude verwandelt sich in Leid und Leid in Freude; Liebe wird zu Haß und Haß wird zu Liebe; Vergnügen verwandelt sich in Unbehagen und Unbehagen verwandelt sich in Vergnügen. Der Tag wird zur Nacht, die Nacht wird zum Tag; der Winter geht in den Sommer über und

# Abb. 1. Der Ewige und Universelle Zyklus des Wandels

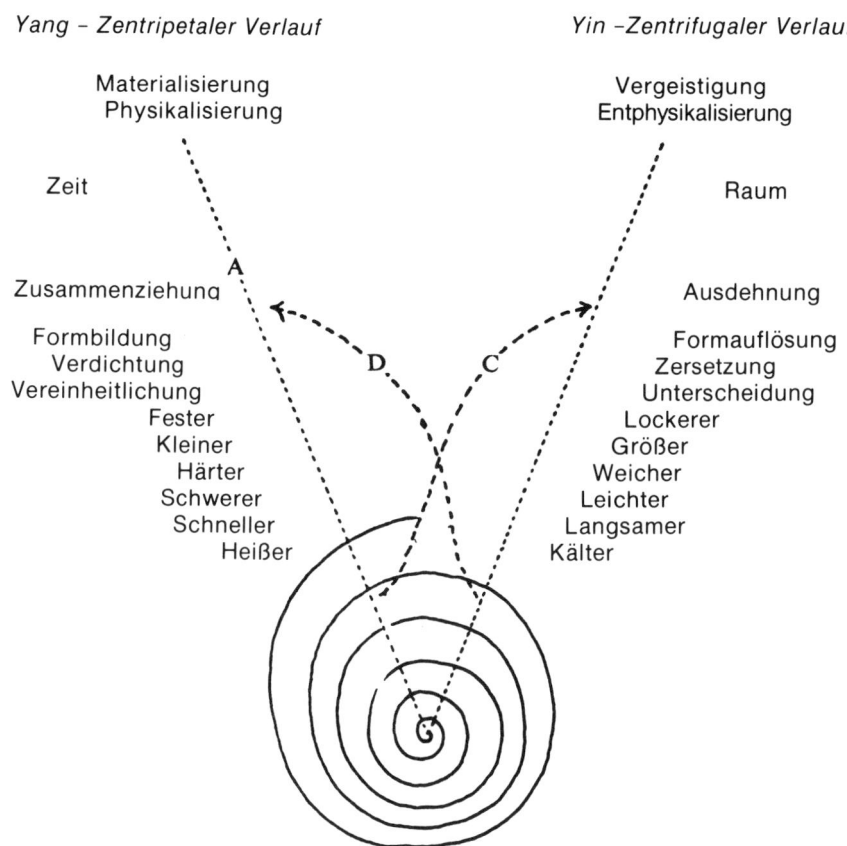

Yang – Zentripetaler Verlauf

Materialisierung
Physikalisierung

Zeit

Zusammenziehung

Formbildung
Verdichtung
Vereinheitlichung
Fester
Kleiner
Härter
Schwerer
Schneller
Heißer

Yin –Zentrifugaler Verlauf

Vergeistigung
Entphysikalisierung

Raum

Ausdehnung

Formauflösung
Zersetzung
Unterscheidung
Lockerer
Größer
Weicher
Leichter
Langsamer
Kälter

der Sommer geht in den Winter über; Dunkelheit verwandelt sich in Licht und Licht verwandelt sich in Dunkelheit; Gesundheit wird zur Krankheit und Krankheit wird zur Gesundheit. Der Aufstieg einer Zivilisation bringt bereits deren Verfall mit sich. Schwierigkeiten fördern Stärke und Freude. Tränen führen zum Lachen. Krieg endet in Frieden; das Leben verwandelt sich in den Tod und der Tod wird zu Leben.

Alle Spiralen, welche die verschiedenen relativen Bereiche bilden, erscheinen und verschwinden fortwährend in dem Meer des unendlichen Universums, in dem die kontinuierliche Bewegung von Yin nach Yang und von Yang nach Yin überall und zu allen Zeiten tätig ist. Diese Bewegung zwischen Yin und

Yang ist die Unendlichkeit selbst, die wir auch als die Eine Ganzheit, Gott, oder die Ordnung des Universums, die ewig und universell ist, bezeichnen können. Es gibt keine natürlichen Erscheinungen, die sich nicht innerhalb dieser Ordnung des Universums entsprechend Yin und Yang manifestiert haben, und es gibt keine menschlichen Angelegenheiten, in denen nicht dieses ewige und universelle Gesetz der Wandlung gegenwärtig ist. Was immer und wer immer diese ewige Ordnung nicht erkennt, sieht seine Existenz in diesem Universum nur in dessen relativen Bereichen.

Es gibt mehrere grundlegende Gesetze für die Bewegung des Universums einschließlich aller Veränderungen der natürlichen Erscheinungsformen in dieser relativen Welt.

*1. Die Yin – zentrifugale und sich ausdehnende Kraft und Tendenz zieht die Yang – zentripetale und sich zusammen- ziehende Kraft und Tendenz an, und umgekehrt.*

Um die Harmonie des einen unendlichen Universums zu verwirklichen und zu erhalten, ziehen sich entgegengesetzte Kräfte und Tendenzen untereinander an, um einen ausge- glichenen Zustand zu erreichen. Das Entstehen und Vergehen des Universums, das sich fortwährend in fast unendlichen Zeit- und Raumdimensionen entwickelt, produziert beständig unzäh- lige Arten von Erscheinungsformen. Innerhalb diesen sichtba- ren und unsichtbaren, kleinen und großen, körperlichen und geistigen Erscheinungsformen sind fortwährend Bewegungen im Gange, um Harmonie zu erreichen. Dieser Bewegungsfluß der universellen Anziehung zwischen verschiedenen Kräften und Tendenzen wird in unserer menschlichen Sprache als „Liebe" bezeichnet. Deshalb ist Liebe universell und unvergäng- lich, sie entsteht überall und zu allen Zeiten, zwischen Mann und Frau, Kohlenstoff und Sauerstoff, Elektronen und Protonen, Tiefdruck und Hochdruck, kalt und heiß, langsam und schnell, plus (+) und minus (-) in der Elektrizität und dem Magnetismus, dunkel und hell, Nord und Süd, Ost und West, Geist und Materie, zwischen langen und kurzen Wellen, wann und wo immer alle relativen Erscheinungsformen gegensätzlicher Tendenzen sich einander anziehen, um Harmonie hervorzubringen.

## Beispiele für Yin und Yang

| Eigenschaft | Yin<br>Zentrifugale Kraft | Yang<br>Zentripetale Kraft |
|---|---|---|
| Tendenz | Ausdehnung | Zusammenziehung |
| Funktion | Ausbreitung | Verschmelzung |
| | Streuung | Angleichung |
| | Teilung | Sammlung |
| | Auflösung | Organisation |
| Bewegung | mehr inaktiv, langsam | mehr aktiv, schnell |
| Schwingung | kürzere Wellen und höhere Frequenz | längere Wellen mit niedriger Frequenz |
| Richtung | Aufsteigend und vertikal | absteigend und horizontal |
| Position | mehr außerhalb und peripher | mehr innerhalb und zentral |
| Gewicht | leichter | schwerer |
| Temperatur | kälter | heißer |
| Licht | dunkler | heller |
| Feuchtigkeit | mehr feucht | mehr trocken |
| Dichte | dünner | dicker |
| Größe | länger | kleiner |
| Gestalt | mehr ausgedehnt und zerbrechlich | mehr zusammengezogen und härter |
| Form | länger | kürzer |
| Struktur | weicher | härter |
| Atomare Partikel | Elektronen | Protonen |
| Elemente | N, O, K, P, Ca usw. | H, C, Na, As, Mg usw. |
| Umgebung | Schwingung... Luft... Wasser... Erde | |
| Klimat. Auswirkung | Tropisches Klima | kälteres Klima |
| Biologisch | mehr pflanzliche Beschaffenheit | mehr tierische Beschaffenheit |
| Geschlecht | Weiblich | Männlich |
| Organstruktur | Mehr hohle, ausgedehnte Organe | mehr kompakte, verdichtete Organe |
| Nerven | mehr peripher, orthosympathisch | mehr zentral, parasympathisch |
| Einstellung, Gefühl | mehr sanft, negativ und und defensiv | mehr aktiv, positiv, aggressiv |
| Arbeit | mehr psychologisch und gedanklich | mehr physisch und sozial |
| Bewußtsein | mehr universell | mehr spezifisch |
| Gedankl. Funktion | mehr mit der Zukunft beschäftigt | mehr mit der Vergangenheit beschäftigt |
| Kultur | mehr geistig orientiert | mehr materiell orientiert |
| Dimension | Raum | Zeit |

*2. Die Yin zentrifugale und sich ausdehnende Kraft und Tendenz stößt ähnliche Yin-Kräfte und Tendenzen ab, und die Yang zentripetale und sich zusammenziehende Kraft und Tendenz stößt ähnliche Yang-Kräfte und Tendenzen ab.*

Um die universelle Harmonie in diesem unendlichen Meer des Universums zu erhalten, stoßen sich alle gleichartigen Kräfte und Tendenzen voneinander ab, während sich gegensätzliche Tendenzen anziehen. Um Disharmonie zu vermeiden, entfernen sich ähnliche Erscheinungsformen voneinander und bewahren eine gewisse Distanz, um übermäßige Anhäufungen derselben Kräfte und Tendenzen zu vermeiden. Keine Heirat findet innerhalb des gleichen Geschlechtes statt, keine Melodie kann durch das Andauern ein und desselben Tons komponiert werden, keine Atmung kann nur durch Einatmung oder Ausatmung alleine stattfinden, und keine Bewegung setzt sich ohne Pause fort.

Ähnliche Plus(+)Pole stoßen sich ab, ebenso wie ähnliche Minus(-)Pole. Öl und Wasser, die in ihrem natürlichen Zustand ähnliche Tendenzen aufweisen, vermischen sich nicht miteinander, und bei festen Bestandteilen, wie etwa Sand, kann keine Verdichtung stattfinden, ohne daß eine Flüssigkeit als Bindemittel zugefügt wird. Zwischen Menschen mit ähnlichen aggressiven und nach außen gerichteten Charakteren entstehen häufig Mißverständnisse und Meinungsverschiedenheiten, ebenso wie es bei Menschen mit ähnlichen sanften und zurückhaltenden Charakteren der Fall ist.

Dieser Bewegungsfluß der Abstoßung zwischen ähnlichen Kräften und Tendenzen ist universell und permanent bei allen relativen Erscheinungsformen vorhanden. In mehr analytischen Begriffen wird dies z. B. „Trennung" genannt, und in mehr gefühlsbetonten Ausdrucksweisen heißt dies z. B. „Haß". Dies sind, ebenso wie Liebe und Harmonie, Grundprinzipien des endlos sich verändernden Universums.

*3. Ein zu hoher Anteil der Yin Zentrifugalkraft und Tendenz bzw. der Yang Zentripetalkraft und Tendenz erzeugt und verwandelt sich in die entgegengesetzte Yang zentripetale und zusammenziehende Kraft und Tendenz bzw. in die Yin zentrifugale und sich ausdehnende Kraft und Tendenz.*

Jede relative Erscheinungsform, die aus dem Meer des unendlichen Universums entsteht, entwickelt sich zu ihrem Höhepunkt hin und wendet sich dann in die entgegengesetzte, niedergehende Richtung. Alles Leben hat seinen Anfang und sein Ende und geht dabei durch ein Stadium höchster Blüte. Jedes Individuum, das sich nach seiner Geburt in einem Wachstumsprozeß befindet, beginnt sich dem Tode zu nähern, nachdem die aktivsten Jahre des Erwachsenseins vergangen sind. Alle Zivilisationen erleben einen Aufgang und einen Niedergang, alle Länder erleben Entwicklung und Zersetzung, und alle Familien gedeihen und vergehen. Hohe Druckgrade wie auch niedrige Temperaturen erzeugen gewöhnlicherweise ein Zusammenziehen der Materie, aber im extremen Zustand wird stattdessen eine Ausdehnung erzeugt.

Der Tag verwandelt sich in die Nacht und die Nacht in den Tag. Der Sommer geht in den Winter über, und der Winter in den Sommer. Frieden wird zu Krieg, und Krieg zu Frieden. Gleichmütigkeit geht in Erregung über, und Erregung in Gleichmütigkeit, Gesundheit verändert sich in Krankheit, und Krankheit in Gesundheit. Der Tod verwandelt sich in Leben, und das Leben in Tod, der Geist wird zum Körper, und der Körper zum Geist, Materie verwandelt sich in Energie, und Energie in Materie.

In diesem unendlichen Meer des Universums gibt es keinen unveränderlichen Zustand. Alle Erscheinungsformen verändern sich fortwährend von Yin zu Yang und von Yang zu Yin, vom Unsichtbaren in das Sichtbare und vom Sichtbaren zum Unsichtbaren. Aufgrund dieses universellen und fortwährenden Gesetzes der Wandlung ist alles in diesem Universum von vorübergehender und vergänglicher Natur. Aufgrund dieses ewigen Zyklus der Bewegung zwischen den entgegengesetzten Tendenzen wird alles endlos wiedergeboren.

Diese drei Grundprinzipien herrschen überall im Universum. Wo immer, wann immer und was auch immer — alles verändert sich entsprechend diesen Gesetzen. Das Schicksal der Milchstraßengalaxis und unseres Sonnensystems und das Schicksal der Erde, auf der wir leben, bilden bei dieser Ordnung keine Ausnahme. Unser gesamtes menschliches Schicksal, — das persönliche wie auch das gemeinsame — verändert sich ebenfalls entsprechend diesen Prinzipien. Unsere körperlichen, seelischen und geistigen Manifestationen wie auch unsere sozialen Aktivitäten verändern sich ebenso nach dieser Gesetzmäßigkeit.

Diejenigen, die diese Gesetzmäßigkeit kennen, die innerhalb und außerhalb von uns wirksam ist, sind fähig, Gesundheit und Frieden zu erlangen. Andererseits erleiden diejenigen, die diese

Gesetzmäßigkeiten nicht verstehen, Verwirrung und Chaos, Konflikte und Elend.

Denjenigen, denen diese Gesetzmäßigkeiten bekannt sind, und die sich selbst verändern, um sich den jeweiligen Umständen anzupassen, ist es möglich, Lebensfreude zu erreichen, während jenen, denen diese Gesetzmäßigkeiten unbekannt sind, es nicht möglich ist, sich selbst anzupassen, und die deshalb Verzweiflung, Enttäuschung, Unzufriedenheit und Unglück erleiden.

Jene, die diese Gesetzmäßigkeiten kennen und sich darum bemühen, in den jeweiligen Umständen sich selbständig bewegen zu können, sind fähig, Freiheit zu erlangen. Andererseits werden jene, die diese Gesetze nicht kennen und aufgrunddessen keine Initiative in ihrer Umgebung übernehmen können, ihre Freiheit verlieren, sich selbst versklaven und in endlosen Schwierigkeiten leiden.

Um ein Leben in Gesundheit, Lebensfreude, Frieden und Freiheit zu führen, ist es von allergrößter Wichtigkeit, daß man diese ewigen und universellen Gesetze der endlosen Bewegung des Universums versteht.

## 2. Verkörperung und Vergeistigung

In dem unendlichen Meer des Universums erscheinen Spiralen, welche die gesamte Welt der Erscheinungen bilden. Die Bildung der relativen Welt wird durch die Yang-zentripetale, sich zusammenziehende Kraft stimuliert, die einen spiralförmigen Bewegungsablauf von der Peripherie zum Zentrum hin bildet. Aus größerer Sicht findet dieser Prozeß der Entstehung der relativen Welt gewöhnlich in seinen Umdrehungsbereichen statt:

*Das erste Stadium:* Eine Unendlichkeit, ohne Anfang und Ende. Gott, das Ganze und Absolute, welcher allgegenwärtig, allmächtig und allwissend ist. Das unendliche Meer der endlosen Bewegung, das sich fortwährend in alle Richtungen mit unendlicher Geschwindigkeit ausdehnt.

*Das zweite Stadium:* Die Entstehung der Pole Yin und Yang. Alle gegensätzlichen und sich ergänzenden Kräfte und Tendenzen resultieren aus der Bildung der spiralförmigen

Bewegung, die ihrerseits aus einem Schnittpunkt der sich unendlich ausdehnenden Kräfte entstanden ist. Der Beginn von Raum und Zeit, Richtungen und Dimensionen, die Unterscheidung von Geschwindigkeit, Frequenz und Kräften. Der Beginn aller relativen Erscheinungsformen.

*Das dritte Stadium:* Bewegung, Energie und Schwingung, zwischen den Polen hin- und herfließend, welche durch die Zweiteilung im zweiten Stadium entstanden sind, unsichtbar, und doch Erscheinungsformen. Ein unendlich kleiner Teil dieser Welt ist innerhalb der Reichweite des menschlichen Bewußtseins als geistige und seelische Erscheinungsform erfahrbar, und ein noch viel kleinerer Teil ist den menschlichen Sinnen zugänglich. Diese Welt umfaßt die unendliche Reichweite aller Schwingungen, von der kürzesten Welle bis zur längsten.

*Das vierte Stadium:* Die Welt der präatomaren Bewegung, der Beginn der physischen und materiellen Welt. Eine verdichtete Masse von spiralförmiger Energiebewegung, die als Partikel erscheint. Einige dieser zahlreichen, verschiedenen Teilchen sind auf dieser Erde als Elektronen, Neutronen und andere präatomare Partikel bekannt.

*Das fünfte Stadium:* Die Welt der Elemente, die aus der spiralförmigen molekularen Ansammlung präatomarer Partikel entstanden ist. Diese bilden den Bereich der Natur, Erde, Wasser und Luft, und die Bestandteile dieser Stufe umfassen mehr als einhundert Elemente, von den leichtesten, so wie Wasserstoff und Helium, bis zu den schweren und radioaktiven Elementen, zumindest im Bereich unserer Erde gesehen.

*Das sechste Stadium:* Die Welt der pflanzlichen Organismen, das Pflanzenreich. In diesem Bereich entwickeln sich elektromagnetisch aufgeladene Moleküle aus Elementen, besonders dann, wenn sie durch die zentrifugalen, sich ausdehnenden Kräfte der Erde beschleunigt werden. Tausende von Gattungen haben sich auf diesem Planeten behauptet, sie wurden von der Sonne und anderen himmlischen Strahlungen genährt.

*Das siebte Stadium:* Das Tierreich, das sich aus dem Bereich der pflanzlichen Organismen, dem Pflanzenreich, herausgebildet und entwickelt hat. Seine Entwicklung war mehr von den zentripetalen, sich zusammenziehenden Kräften beeinflußt, welche die Erde vom Himmel, dem äußeren Raum, empfängt. Es existieren hunderttausend Gattungen, und jede ist hochgradig elektromagnetisch geladen, was aktive, unabhängige Bewegungen hervorbringt. Es gibt zwei Hauptkategorien der Gattungen: Wassertiere und Landtiere. Darunter haben sieben Weiterentwicklungen in der Evolution stattgefunden: Vom primitiven Zellorganismus, über die Stufe der wirbellosen Tiere, Amphibien, Reptilien, Vögel und Säugetiere bis zum Menschen. Das menschliche Wesen ist die letzte, am weitesten entwickelte Manifestation dieses Bereiches.

Vom unsichtbaren Meer des Universums bis zum Erscheinen des menschlichen Wesens auf dem Planeten gab es sieben zyklische Umdrehungsabläufe der Schöpfung. Dies ist der Verlauf der Physikalisierung und Materialisierung, ein nach innen gerichteter Ablauf der spiralförmigen Schöpfungsbewegung, die aus dem unendlichen Meer entstanden ist. Es gibt keine Grenzlinien zwischen diesen voranschreitenden Stadien: jeder vorhergehende Bereich wird zur Umwelt für den nachfolgenden Bereich. Die siebte Stufe, das Tierreich, ist eine Manifestation, die sich aus einem Teil des sechsten Bereiches, dem Pflanzenreich, umgewandelt hat. Der sechste Bereich, das Pflanzenreich, ist eine Manifestation, die sich aus einem Teil des fünften Bereiches, der Welt der Elemente, transformiert hat. Der fünfte Bereich, die Welt der Elemente, ist eine Manifestation, die sich aus einem Teil des vierten Bereichs, der präatomaren Welt, umgewandelt hat. Der vierte Bereich, die präatomare Welt, ist eine Manifestation, die sich aus einem Teil des dritten Bereiches, der Welt der Schwingung und Energie, herausgebildet hat. Der dritte Bereich, die Welt der Schwingung und Energie, ist eine Manifestation, die sich aus einem Teil des zweiten Bereichs, der Welt der Polarisierung, transformiert hat. Der zweite Bereich, die Welt der Polarisierung, ist eine differenzierte Erscheinungsform der Einen Unendlichkeit.

## Abb. 2. Die Entstehung des Universums

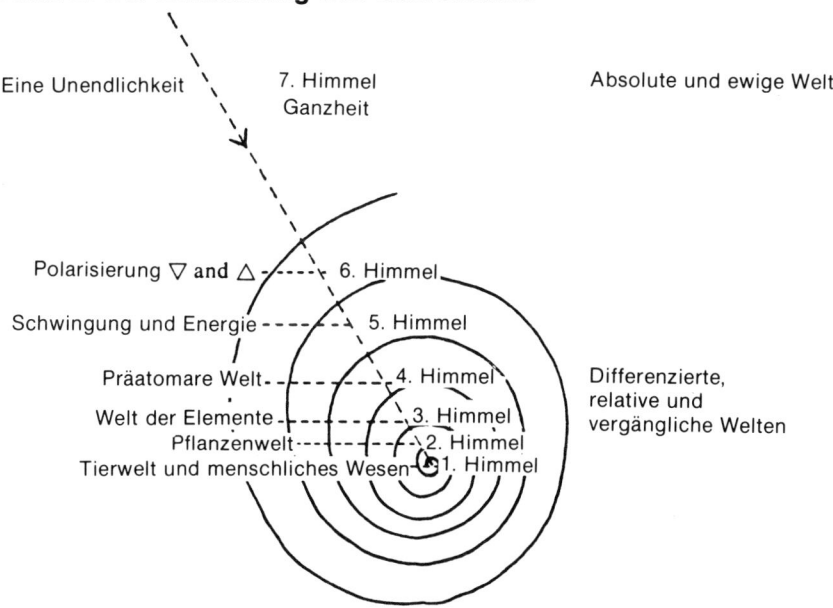

Eine Unendlichkeit

7. Himmel
Ganzheit

Absolute und ewige Welt

Polarisierung ▽ and △

6. Himmel

Schwingung und Energie

5. Himmel

Präatomare Welt

4. Himmel

Welt der Elemente

3. Himmel

Pflanzenwelt

2. Himmel

Tierwelt und menschliches Wesen

1. Himmel

Differenzierte, relative und vergängliche Welten

Die unendliche Welt des ersten Bereiches ist der Ursprung von Allem, obwohl sie selbst noch keine Manifestation ist. Die Welt der Polarisierung ist das Prinzip jeglicher Bewegung, der gesamten Erscheinungswelt, der Ordnung des Universums. Die Welt des dritten Bereichs ist die unsichtbare geistige Welt, von der ein unendlich kleiner Teil als unsere sinnliche und gedankliche Erfahrung erkennbar ist. Die Welten des vierten bis siebten Bereiches sind die relativen Erscheinungswelten, von denen einige zunehmend durch unsere tägliche Erfahrung wahrnehmbar sind. Dabei sind der vierte und fünfte Bereich die natürlichen physikalischen und chemischen Welten, und der sechste und siebte Bereich sind die Welten des organischen Lebens.

So wie diese riesige Spirale der in sieben Umläufen stattfindenden Schöpfung bei ihrem Physikalisierungs- und Materialisierungsverlauf nach innen verläuft, werden die Arten der Erscheinungen und Manifestationen in jedem Bereich immer zahlreicher. Der erste Bereich ist der Bereich der Einheit. Der zweite Bereich ist der Bereich der Zweiheit — Yin und Yang. Im Verlauf der Entwicklungsstufen vergrößert sich die Anzahl der Variationen rapide: in der Welt der Elemente ungefähr einhundert, in der Pflanzenwelt tausende von Arten, in der Tierwelt Millionen von Arten. Im letzten Bereich, den mensch-

**31**

lichen Wesen, in unserer heutigen Gesellschaft und in diesem Jahrhundert gibt es mehr als vier Milliarden verschiedene unabhängig voneinander handelnde Manifestationen.

Diese riesige, nach innen gerichtete Schöpfungsbewegung, die aus dem Meere des Unendlichen entstanden ist, hat natürlich ihre Bestimmung darin, ihre nach innen gerichtete Spirale umzukehren. Mit anderen Worten, der nach innen gerichtete, Yang-zentripetale Ablauf der Physikalisierung und Materialisierung verändert im Zentrum der Spirale seine Richtung durch den Yin-zentrifugalen, sich auflösenden Ablauf nach der Peripherie hin, dem unendlichen Meer. Dieser Yin-zentrifugale, zersetzende Ablauf der Auflösung durch spiralförmige Bewegung, der in das Meer des unendlichen Universums zurückfließt, kann als Entphysikalisierung oder Entmaterialisierung, oder auch als Vergeistigungsprozeß bezeichnet werden. Dieser Entmaterialisierungsablauf vollzieht sich in sieben Umdrehungsbereichen, beginnend vom Zentrum und sich auf die Peripherie der Spirale hinbewegend:

*Der erste Bereich:* Die Welt des organischen Lebens, die dichteste Manifestation der Schwingung und Energie, hochgradig aufgeladen mit elektromagnetischer Aktivität, unabhängig und aktiv lebend. Das Tierreich, besonders die körperliche Beschaffenheit des Menschen ist die höchste Manifestation in dieser Welt.

*Der zweite Bereich:* Die Welt der körperlichen Schwingungen und Energie, die durch die Aktivitäten und die Auflösung der Zellorganismen (dem Körper oder der physischen Beschaffenheit) entladen und ausgestrahlt werden. Starke Bewegungen von Wäremeenergien und Wärmeschwingungen zusammen mit intensiver Verdunstung von flüssigen Molekülen und atmosphärischer Bewegung zwischen dem Körper und der Umgebung. Die meisten der sich bewegenden Erscheinungsformen auf dieser Ebene können durch unsere sinnliche und gefühlsmäßige Wahrnehmung erfaßt werden.

*Der dritte Bereich:* Die Welt der Schwingungen und Energien mit kürzeren Wellen. Die Welt des Bewußtseins, die sich in verschiedenen Gedanken und Ideen fortsetzt und manifestiert. Eine massive Manifestation von Gedanken und Ideen in dieser Welt wird häufig als „Astralkörper" bezeichnet und diese Welt wird auch die „Astralwelt" der Erde genannt. Die Ausmaße dieser Welt sind tausendfach größer als die jener Welt, welche durch unsere sinnlichen und gefühlsmäßigen Erfahrungen wahrgenommen werden kann.

*Der vierte Bereich:* Die Welt der elektromagnetischen Aktivitäten. Alle Bewegungen von hoher Spannung bilden Strömungen zwischen unterschiedlichen Polen — plusminus oder Yin-Yang — in allen Dimensionen des Universums. Diese Welt ist tausendfach größer als die vorhergehende Welt, und aus ihr kommt jedes relative Bewußtsein, jeder Gedanke und jede Idee, und aus ihr resultieren alle physischen Manifestationen und Erscheinungen der vorhergehenden Bereiche. Das sichtbare Universum ist nicht mehr als ein geometrischer Punkt dieser Welt.

*Der fünfte Bereich:* Die Welt der Strahlung, die mit hoher Geschwindigkeit durch das unendliche Meer des Universums strömt. Aus dieser Welt gehen die verschiedenen geistigen Manifestationen und Aktivitäten hervor. Die Dimensionen dieser Welt sind tausendfach größer als die der vorhergehenden Welt.

*Der sechste Bereich:* Die Welt der Zentripetal- und der Zentrifugalkraft, die primären Kräfte aller geistigen, körperlichen und materiellen Manifestationen und Erscheinungen; sie umfaßt den gesamten Bereich des unendlichen Meers des Universums, sie erzeugt alle Universen und all deren Erscheinungsformen und löst diese wieder auf. Diese Welt manifestiert sich in allen Bewegungen, jenseits von Zeit und Raum, als gegensätzliche und sich ergänzende Tendenzen, wann immer, wo immer und was immer in diesem Universum vorhanden ist. Diese Welt kann als der Universelle Geist bezeichnet werden.

*Die siebte Stufe:* Die Eine, endlose und grenzenlose Unendlichkeit. Die Welt der mit unendlicher Geschwindigkeit in alle Richtungen fortwährenden Ausdehnung. Die Ausmaße dieser Welt sind unendlich viel größer als die aller vorhergehenden relativen Welten. Der immerwährende Ursprung von Allem, von jedem Gottesreich und dessen Verkörperungen in allen Wesen. Die ewige Heimat für alles Lebendige und jede Erscheinungsform. Die Vergangenheit, die Gegenwart

## Abb. 3 Vergeistigung des Universums

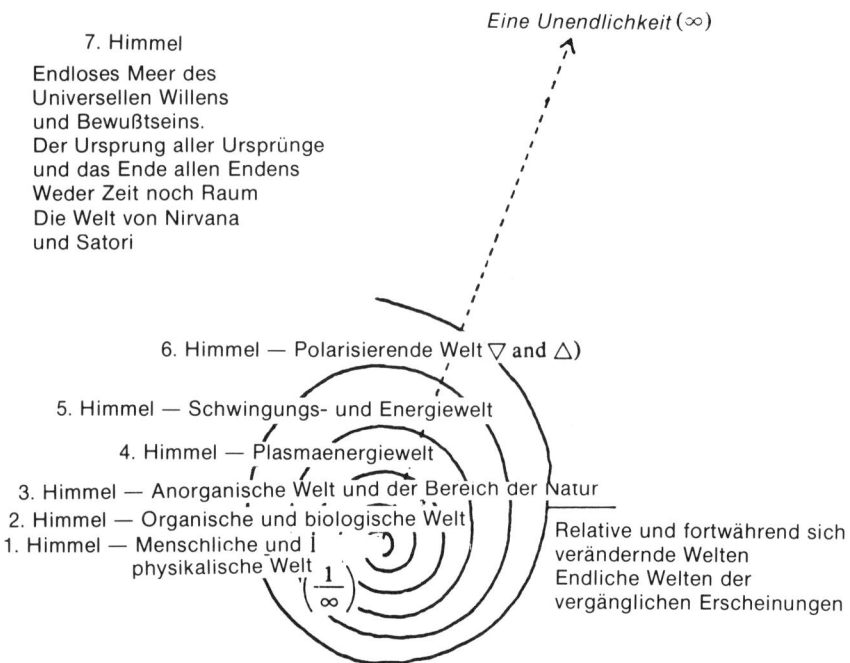

7. Himmel
Endloses Meer des
Universellen Willens
und Bewußtseins.
Der Ursprung aller Ursprünge
und das Ende allen Endens
Weder Zeit noch Raum
Die Welt von Nirvana
und Satori

*Eine Unendlichkeit* ($\infty$)

6. Himmel — Polarisierende Welt $\triangledown$ and $\triangle$)

5. Himmel — Schwingungs- und Energiewelt

4. Himmel — Plasmaenergiewelt

3. Himmel — Anorganische Welt und der Bereich der Natur

2. Himmel — Organische und biologische Welt

1. Himmel — Menschliche und physikalische Welt $\left(\dfrac{1}{\infty}\right)$

Relative und fortwährend sich verändernde Welten
Endliche Welten der vergänglichen Erscheinungen

und die Zukunft aller relativen Welten. Die Welt des Nirvana, absolute Freiheit und absolute Gerechtigkeit, absolute Liebe und absoluter Friede. Alles kommt aus dieser Welt und kehrt in diese Welt zurück, und entsteht dann wieder aus dieser Welt.

Zwischen diesen einzelnen Bereichen des Yin-zentrifugalen, zurückkehrenden Ablaufs, von dem unendlich kleinsten Stadium des Lebens bis hin zum unendlichen Meer des Lebens gibt es keine Grenzlinien: Es besteht eine kontinuierliche, fortschreitende Veränderung in diesem Auflösungsverlauf des spiralförmigen Universums, das aus dem Meer der Unendlichkeit entstanden ist. Jede Welt nimmt fortschreitend an Ausmaß im Vergleich zu jeder vorhergehenden Welt zu, und zwar in einer logarithmischen Weiterentwicklung.

Unser menschlicher Körper, unsere massive physische Verkörperung ist der Beginn dieses zurückkehrenden Verlaufes in Richtung des unendlichen Meeres des Lebens. Wir sind aus der Unendlichkeit gekommen, wir leben in dieser Unendlichkeit, und wir kehren zur Unendlichkeit zurück. Wir erfahren diese seit hunderttausend Milliarden von Jahren dauernde Reise des Lebens Stufe für Stufe, wir verwandeln und passen unsere Beschaffenheit den speziellen Bedingungen jeder Stufe an. Die Erfahrung eines menschlichen Lebens ist nur wie ein Blinzeln des Auges im Vergleich zu dieser langen Reise des Lebens. Das menschliche Leben ist vergänglich, und alles, was wir in diesem Leben tun, ist vergeblich, wenn wir unser menschliches Leben als getrennt von dieser langen Reise des Lebens auffassen. Aber das menschliche Leben auf diesem winzigen Planeten, der Erde, ist ein Stadium zwischen dem Yang-Ablauf der Physikalisierung und Materialisierung und dem Yin-Ablauf der Entphysikalisierung, welcher im Bereich des unendlichen Universums in unendlichen Zeitspannen und in unendlichen Dimensionen der geistigen, seelischen und körperlichen Erscheinungen stattfindet.

Das menschliche Leben ist ein Ergebnis einer vergangenen Reise des Lebens seit Millionen und Milliarden von Jahren. Das menschliche Leben ist ein Ergebnis aller vergangenen Erfahrungen, die in diesem Universum erschienen sind, und es verkörpert einen brennenden Wunsch, einen Traum, eine Hoffnung für die endlose Zukunft, um mit der Unendlichkeit, mit der absoluten Gerechtigkeit und Freiheit, mit absolutem Frieden und Liebe eins zu werden. Unser tägliches Leben ist der Vorgang, bei dem wir unsere körperliche, seelische und geistige Weiterentwicklung anstreben, um uns auf die nächste Stufe der Lebensreise vorzubereiten. Was immer wir tun oder denken, wird sich in unserem Leben in der nächsten Stufe auswirken, genau wie unser jetziges Leben von dem beeinflußt wurde, was wir in unserem vorhergehenden Leben getan oder gedacht haben.

Diejenigen, die diese endlose Reise des Lebens verstehen, sollten ihr menschliches Leben so gestalten und handhaben, daß sie Tag für Tag ihre körperlichen, seelischen und geistigen Qualitäten weiterentwickeln, um sich so auf die nächste Stufe der Reise vorzubereiten. Diejenigen, die diese endlose Reise nicht begreifen, sind unklug in der Ausrichtung ihres täglichen Lebens, sie verschwenden ihr Leben auf dieser Erde für unbedeutende, wertlose Angelegenheiten und suchen nach vergänglicher Zufriedenheit und Befriedigung.

# 3. Die ewige Reise des Lebens

Im Verlauf dieser langen Reise des Lebens, die Zeitdimensionen von hunderten, tausenden Millionen und Milliarden von Jahren und Raumdimensionen von fast unendlicher Reichweite umfaßt, ist das menschliche Leben die Stufe, von wo der zurückkehrende Ablauf in das unendliche Meer der Lebens, die ewige Heimat für alles Lebendige und jede Erscheinungsform, eingeleitet wird. Unser ganzes Leben lang, Tag und Nacht, erleben wir alle einen Teilbereich dieses zurückkehrenden Ablaufes.

Verschiedene Stufen dieses zurückkehrenden Verlaufes erfahren wir durch unsere körperlichen, seelischen und geistigen Aktivitäten die in unserem Erinnerungsvermögen erhalten werden. Einfach ausgedrückt, erfahren wir gewöhnlich die verschiedenen Stufen unserer Rückreise wie folgt:

*Die erste Phase des Lebens:* Unsere Rückreise beginnt, wenn unsere Formen aus früheren Bereichen sich in zwei entgegengesetzte und sich ergänzende Fortpflanzungszellen unterscheiden — das Ei der Mutter und die Spermien des Vaters. Beide stammen aus den Blutzellen der Eltern, die wiederum aus dem Pflanzenreich kommen. Die Fortpflanzungszellen, die im Unterleib der Mutter aktiv sind, sind das Ergebnis einer seit Hunderten von Milliarden von Jahren dauernden Reise der Umwandlung von Leben, die in dem unendlichen Meer des Universums vor einer für uns fast unbekannten Zeit begann. Sie haben die Stufe organischen Lebens erreicht und der ursprünglichen Beschaffenheit des Tierlebens, hochgradig aufgeladen mit elektromagnetischer Schwingung. Wenn diese gegensätzlichen und sich ergänzenden Fortpflanzungszellen, das Yang-Ei und die Yin-Spermien, sich verbinden und miteinander verschmelzen, dann ist dies der Beginn des Rückwegs, der hundert Milliarden von Jahren dauert und in das unendliche Meer des Lebens einmündet. Jede dieser Zellen trägt ihre vergangenen Erinnerungen und ihre Zukunftsvision in sich. Wenn sie miteinander verschmelzen, dann ist ihre Erinnerung, daß sie vom selben Ursprung, der Einen Unendlichkeit abstammen, und ihre Vision der Zukunft, wenn sie wieder in der Unendlichkeit eins sein werden, niemals vergessen worden, obwohl sie in ihren vorangegangen Reisen in verschiedenen Arten von Pflanzen, verschiedenen Molekülformen und verschiedenen Blutzellen des Vaters und der Mutter getrennt waren. Wenn sie miteinander verschmelzen, gestalten sich ihre Erinnerungen und ihre Visionen in einem Organismus, der sich als ein unvergänglicher Traum vererbt, damit die Rückreise des Lebens vollendet werden kann, um weiterhin absolute Freiheit, Gerechtigkeit, Liebe und Frieden zu realisieren.

Physisch gesehen ist das befruchtete Ei ein Ebenbild der Erde, die aufgrund ihrer Umdrehung von elektromagnetischen Gürteln umgeben ist, und in periodischen Abständen Verschiebungen ihrer Achse erfährt. Darüber hinaus wird das befruchtete Ei durch elektromagnetische Strömungen genährt, die spiralförmig durch den geistigen Kanal der Mutter fließen: Die himmlische Kraft, Yang, die vom Himmel zum Zentrum der Erde herabsteigt, und einer anderen elektromagnetischen Kraft, die von der Erde kommt und vertikal durch den Uterus der Mutter fließt, die Erdkraft Yin, die zentrifugal vom Zentrum der Erde zum Himmel aufsteigt. Durch diese beiden Kräfte, eine zentripetale und eine zentrifugale, wird das befruchtete Ei ständig zwischen der himmlischen Bewegung der Planetenstellungen und der Bewegung der Erde im Gleichgewicht gehalten. Die herabsteigende Himmelskraft, die durch den geistigen Kanal der Mutter fließt, wird auch durch Gefühle, Gedanken, Ideen und Vorstellungen der Mutter genährt. Während diese Kraft durch das Gehirn der Mutter läuft, wird sie durch die verschiedenen Gedanken und Vorstellungen in neue Art energetischer Kraft ausgerichtet und gestaltet.

*Die zweite Phase des Lebens:* Das Leben, das unmittelbar auf die Befruchtung folgt, umfaßt einen Zeitraum von etwa sieben Tagen. Während dieser Phase reist das neue Leben durch den Eileiter in den Uterus der Mutter. Seine Zellorganismen vermehren sich rasch durch die Bewegung der fortwährenden Umdrehungen und den häufigen Achsenverlagerungen. Dieser Lebensabschnitt ist eine Wiederholung des frühesten Lebenswachstums in vielfältige Zellorganismen während des einstigen Gaszustandes der urzeitlichen Erde vor nahezu vier Milliarden Jahren. In dieser Phase entfernt sich das Leben schnell aus dem Bereich der Eierstöcke und bewegt sich auf einen anderen Pol zu, der sich im tiefsten Innern des Uterus, dort wo die Plazenta zu wachsen beginnt, durch die intensive Aufladung von Himmels- und Erdkräften gerade entwickelt hat. Erstes mechanisches Bewußtsein bestimmt und lenkt die Lebensform. Die Erinnerungen und Visionen, die in den Fortpflanzungszellen der Eltern gespeichert waren und sich während der Befruchtung vermischt haben, werden auf jede einzelne der schnell anwachsenden individuellen Zellen verteilt. Jede Zelle trägt die gleiche Erinnerung und die gleiche Vision als eine Einheit in sich. Während dieser Phase wird das Leben durch den Fluß der unsichtbaren elektromagnetischen Ladungen genährt, die aus der herabsteigenden Himmelskraft und der nach oben steigenden Erdkraft stammen; es wird ebenfalls durch die Kräfte, die sich zwischen den beiden Polen, den Eierstöcken und dem tiefsten Innern des Uterus, dem Bereich, der Hara genannt wird, aufgeladen, wie auch durch die Kräfte, die durch die eigene Drehung und Achsenverschiebung erzeugt werden, genährt.

*Die dritte Phase des Lebens:* Die dritte Stufe des Rückkehrprozesses in die Unendlichkeit beginnt mit der Einpflanzung im tiefsten Innern der Gebärmutter und dem Wachstum der Plazenta. Diese Phase setzt sich bis zur Geburt fort und spiegelt die biologische Evolution in der Ära des Lebens im Wasser wider. Die Fruchtblase, in welcher der Embryo schwimmt und Nahrung von der Plazenta durch die Nabelschnur bekommt, steht stellvertretend für das Urmeer, das einstmals die gesamte Oberfläche der Erde bis zur Bildung des Festlandes bedeckte. Während dieses Zeitraums entwickelt der Embryo seine Systeme, Organe und Drüsen wie auch seine gesamten zusätzlichen Körperteile. Neben der Nahrung, die er durch die Plazenta und die Nabelschnur bekommt, primär das gefilterte Blut der Mutter, erhält der Embryo fortwährend unsichtbare Schwingungsenergie, nämlich die Himmels- und Erdkräfte zusammen mit dem Einfluß der Energie, die durch die Meridiane an beiden Seiten des Uterus verläuft, durch den geistigen Kanal der Mutter. Der Embryo dreht sich und wiederholt seine Achsenverlagerungen, sein Erinnerungsvermögen und seine Visionen werden differenzierter und werden auf die sich beständig vergrößernden Zellen verteilt. In diesem Zeitraum entwickelt der Embryo das nahezu dreimilliardenfache Gewicht, verglichen mit dem eigentlichen Gewicht vom befruchteten Ei.

Das Leben im Wasser ist die vorbereitende Stufe für den nächsten Bereich, dem Leben in der Luft. Während dieser embryonalen Phase im Wasser wächst der Zellenorganismus fortwährend, und die körperliche Grundlage für das nachfolgende Leben in der Luft wird vollendet. Mit anderen Worten, der Hauptzweck dieser Lebensphase ist die Ausbildung der körperlichen Beschaffenheit, die gleichzeitig die Grundlage für die seelisch-geistige Entwicklung der nächsten Lebensstufe darstellt. Das embryonale Leben im Wasser ist bestimmt durch die mechanische Urteilskraft, und es existiert bis gegen Ende der Schwangerschaft so gut wie kein objektives Bewußtsein. Die Beschaffenheit, die während dieser Zeit entwickelt wurde, ist bestimmend für das Schicksal der nächsten Phase und aus diesem Grunde ist es für den Embryo sehr wichtig, welche Qualität der Nahrung, welche Art der Energie er durch die Tätigkeit der Mutter erhält, und welche Art der Schwingungen ihm durch die Gedanken und Vorstellungen der Mutter zukommen. Alle diese Dinge vollenden die embryonale Entwicklung und bestimmen die Art des Lebens, das der Säugling in der kommenden Luftwelt führen wird.

*Die vierte Phase des Lebens:* Der Rückweg in die Unendlichkeit setzt sich von dem Leben im Wasser in eine ausgedehntere Umgebung fort: dem Leben in der Luft. Nach ungefähr 280 Tagen Wasserleben in der Dunkelheit vollzieht sich die Geburt mit wiederholten Kontraktionen des Uterus und einem Ausfluß von Wasser. Das neue Leben beginnt in einer Atmosphäre, die halb hell und halb dunkel ist — Tag und Nacht. Die Geburt ist eine Wiederholung der Ereignisse auf der Erde vor ungefähr 400 Millionen Jahren: sich wiederholende Katastrophen während der Festlandbildung und riesige Fluten. Um sich der neuen, viel größeren atmosphärischen Umgebung anzupassen, erlebt das neugeborene Kind Kontraktionen — Yangisierung: Durch das Austreten durch die schmale Öffnung, durch das Trinken der gelben Flüssigkeit aus den Brüsten der Mutter, bevor es richtige Milch zu sich nehmen kann. Deshalb erfolgt ein Gewichtsverlust während einigen Tagen unmittelbar nach der Geburt.

Das Leben innerhalb der Luft auf der Erde ist unser menschliches Leben, in dem wir die Plazenta und die Nabelschnur zurücklassen, um mit allen Zellorganismen, dem Körper, unsere Rückkehr in die Unendlichkeit fortzusetzen. In der sich anschließenden Periode von ungefähr einem Jahr, wiederholen wir die biologische Entwicklung auf dem Lande, vom Stadium der Amphibien, über die Stadien der Reptilien, Säugetiere und Affen bis wir endlich die Stufe des Menschen erreichen. Dieser Prozeß ist mit dem Zeitpunkt der aufrechten Haltung — dem Stand — und der Entwicklung des Sinnes- und Gefühlsbewußtseins vollendet, das sich parallel zu der physischen Evolution von der Geburt bis zum Zeitpunkt der aufrechten Haltung steigert.

Mit der Fähigkeit zu Stehen beginnt das wirkliche menschliche Leben. Obwohl das körperliche Wachstum noch während der ersten zwanzig Jahre des menschlichen Lebens andauert, das auf die Entwicklung während des Lebens im Wasser oder dem embryonalen Zustand folgt, ist der größte Zeitraum unseres menschlichen Lebens zum Zwecke der Entwicklung unseres Bewußtseins bestimmt. Das Verhältnis des Zeitraums, der für die körperlich-seelische Entwicklung, und dem Zeitraum, der für die seelisch-geistige Entwicklung benötigt wird, beträgt ungefähr eins zu fünf oder eins zu sieben. Das Hauptziel des menschlichen Lebens besteht in der Entwicklung des seelisch-geistigen Bewußtseins auf der physischen Ebene. Mit anderen Worten, das menschliche Leben zielt — materiell gesehen — auf eine fortwährende Verfeinerung seiner Qualität hin, um die größtmögliche Fähigkeit für die größtmögliche seelisch-geistige Entwicklung zu garantieren; und geistig gesehen — um bis zum Ende des menschlichen Lebens die größtmöglichen Dimensionen universellen Verständnisses und Bewußtseins zu erlangen.

Die Entwicklung des Verständnisses und des Bewußtseins vollzieht sich in diesem menschlichen Leben in sieben Stufen, die sich in einer zentrifugalen, logarithmischen Spirale entwickeln:

*Die erste Stufe:. Mechanische und spontane Urteilskraft.* Zumeist körperliche Bewegung, insbesondere diejenige, die durch die autonomen nervlichen Aktivitäten bestimmt ist, einschließlich aller grundlegenden körperlichen Funktionen, wie die Verdauung, Atmung, Kreislauf, Ausscheidung, Nervenreaktionen u.a.

*Die zweite Stufe: Sinnliche Urteilskraft.* Mit der Entwicklung der fünf Sinne — Fühlen, Schmecken, Riechen, Hören, Sehen — und dem Richtungs- und Gleichgewichtssinn, entsteht diese Urteilsstufe während des Säuglingsalters und der frühen Kindheit. Während des gesamten Lebens setzt sich ein Verfeinerungsprozeß durch die Verbesserung der Qualität dieser Sinnesorgane wie auch durch den größeren Erfahrungshorizont fort.

*Die dritte Stufe: Gefühlsmäßige und emotionale Urteilskraft.* Bald nachdem die Sinnesfunktionen zu arbeiten beginnen, beginnt auch die gefühlsmäßige Urteilskraft zu wachsen und man erkennt Freude und Traurigkeit, Bequemlichkeit und Unbequemlichkeit, Zuneigung und Abneigung; und dies erweitert sich laufend in größere Dimensionen, die wir gewöhnlich als das Gefühlsleben, einschließlich dem Erkennen von Liebe und Haß, Schönheit und Häßlichkeit, Erregung und Gleichmut, Aggressivität und Passivität, und anderen gedanklichen Vorgängen, bezeichnen. Diese sentimentale und emotionale Urteilskraft verfeinert sich fortwährend bis zum Ende des menschlichen Lebens.

*Die vierte Stufe: Die intellektuelle Urteilskraft.* Mit ungefähr drei Jahren, kurz nachdem die gefühlsmäßige Urteilskraft eingesetzt hat, beginnt sich eine neue Urteilskraft — die intellektuelle — zu entwickeln. Identifizieren, Rechnen, Abbilden, Ausformen, Numerieren, Organisieren, Analysieren, Teilen, Vergleichen, Zusammensetzung und andere begriffliche und verstandesmäßige Handlungen beginnen sich zu entfalten. Durch Erfahrung und Übung wächst diese intellektuelle Urteilskraft, und wird befähigt, die Logik anzuwenden und Theorien, Einschätzungen und Vermutungen auszubilden. Dieser Prozeß dauert durch Erfahrung und Übung bis zum Ende des Lebens an.

*Die fünfte Stufe: Soziale Urteilskraft.* Wenn sich die intellektuelle Urteilskraft entwickelt, beginnen sich ebenfalls die Beobachtungen der Bezüge innerhalb der Familie, der Gesellschaft, des Landes und schließlich auch der Welt herauszubilden. Die Entschlossenheit, harmonische Beziehungen mit anderen zu erhalten, die sozialen Bedingungen und das Gemeinschaftsleben zu verbessern, Wohlergehen, Liebe und Friede zu verwirklichen, beginnt den Lebensweg und die Ausdrucksweise zu bestimmen. Soziales Bewußtsein ist ein Merkmal des Erwachsenseins im menschlichen Leben und bedeutet ebenfalls, die Tradition zu respektieren, wie auch die Zukunft vorzubereiten. Diese soziale Urteilskraft entwickelt sich, ebenfalls mit beständiger Vervollkommnung, bis zum Ende des menschlichen Lebens weiter.

*Die sechste Stufe: Ideologische Urteilskraft.* So wie sich die soziale Urteilskraft durch die Erfahrung verschiedener Konflikte, die immerfort unter den Menschen und innerhalb der Gesellschaft entstehen, entwickelt, tauchen philosophische und ideologische Fragen auf, die enthüllen, was der Mensch ist, was das Leben ist, wie das Leben geführt werden sollte, wie sich die Gesellschaft verändert, warum der Mensch da ist und auf welches Ziel unser Leben ausgerichtet sein sollte. Das Verständnis dieser grundlegenden Fragen des menschlichen Lebens regt uns schließlich dazu an, die endlose Ordnung des Universums und dessen universellen Mechanismus zu entdecken; und auf dieser Basis beginnt sich die nächstfolgende, höchste Stufe der Urteilskraft herauszubilden.

*Die siebte Stufe: Höchste und kosmologische Urteilskraft.* Nachdem alle vorhergehenden Stufen der Urteilskraft voll erfahren, angewandt und ausgebildet wurden, beginnt sich das Verständnis des Lebens, des Menschen, und des Universums zu entwickeln. Während dieser Entwicklung sind alle Erscheinungsformen als sich ergänzende Offenbarungen des einen, unendlichen Meers des Universums zu verstehen. Wir sehen, daß es nichts Widersprüchliches gibt, und daß alles in Bewegung und Wandlung befindlich ist, entsprechend dem universellen Gesetz, die endlose Harmonie der Unendlichkeit zu erreichen und beizubehalten. Auf dieser Bewußtseinsstufe erkennt man alle Probleme von Gesundheit, Krieg und Frieden, Armut und Krankheit, Glück und Unglück, Elend und Reichtum, als sich verändernde Verkörperungen des fortwährenden Wandels, der aus dem Meer des Universums entspringt.

Diese Entwicklung des Verständnisses und des Bewußtseins während des menschlichen Lebens, unserem Leben in der Luft, bereitet die Grundlage für unser nächstes Leben. Wenn der Tod des menschlichen Körpers eintritt, verlassen wir unseren physischen Körper, den Zellorganismus, der aus dem Leben im Wasser, der embryonalen Zeit, stammt, und gehen mit unserer Schwingungsmasse des Verstandes und des Bewußtseins in das nächste Leben ein.

*Die fünfte Phase des Lebens:* Das neue Leben beginnt mit dem Tod des menschlichen Lebens, welcher die Geburt in eine neue Umgebung darstellt. Die Umgebung des vor-menschlichen Lebens war das Wasser; die Umgebung des menschlichen Lebens war die Luft; und die Umgebung des neuen Lebens, das aus der Luft geboren wurde, ist die Welt der Schwingung.

Während die Dunkelheit die Umgebung für das Leben im Wasser war und die sich abwechselnde Helligkeit und Dunkelheit, Tag und Nacht, die Umgebung für das menschliche Leben in der Luft war, ist die neue Umgebung erfüllt von immerwährender Helligkeit. Ähnlich wie der Raum des embryonalen Lebens sehr begrenzt war und der Raum des menschlichen Lebens hundertmilliardenfach größer war und die gesamte Oberfläche der Erde umfaßte, erfährt das neue Leben in der Schwingungswelt eine weitaus größere Dimension — billionenfach größer als die vorherige Welt umfaßt sie den gesamten Bereich des Sonnensystems.

In dieser riesigen Dimension jedoch erlebt das neugeborene Leben des Bewußtseins — man kann es auch die Seele nennen — entsprechend seiner Qualität verschiedene Bereiche. Diejenigen, die aus einer Ansammlung von irreführenden, schweren Schwingungen bestehen, schweifen in den niedrigeren Ebenen dieser neuen Raumdimension umher, die oftmals die Atmosphäre der menschlichen Wesen berührt, und diese sind manchmal, unter bestimmten Umständen, sogar für Menschen mit ungewöhnlich scharfem Wahrnehmungsvermögen sichtbar.

Diejenigen, deren Schwingungsmasse verfeinerter und aus kürzeren Wellen besteht, bewegen sich in der mittleren Region der riesigen Schwingungswelt und verbleiben dort, während sich ihre Beschaffenheit noch weiterentwickelt. Von dieser Ebene aus gehen einige in höhere Dimensionen der Schwingungssphäre ein, während andere in die Atmosphäre herabsteigen und eine Wiedergeburt durch die Verschmelzung mit physischen Bestandteilen in der Welt des Wassers und der Luft erreichen. Solche mit einer hochgradig verfeinerten Schwingungsmasse erklimmen die höheren Stufen der Schwingungssphäre, während sie sich auf noch größere Verfeinerung vorbereiten, um sich dem nächsten Leben durch das Verwandeln ihrer Schwingungsmasse in Wellen und Strahlen zu nähern.

In dieser Welt umfassen alle Schwingungsmassen, die man gewöhnlicherweise als „Seelen" bezeichnet, Verstand und Bewußtsein, die sich zwar von der körperlichen Wahrnehmung unterscheiden, aber den Erfahrungen des seelischen und geistigen Bewußtseins im menschlichen Leben doch entsprechen oder ähnlich sind. Von diesem Leben aus kann das vorhergehende Leben betrachtet werden, genau wie wir während unseres menschlichen Lebens das vorhergehende embryonale Leben erfassen können. Glück oder Unglück in diesem

Schwingungsleben hängen zum großen Teil von dem Grad des Verständnisses und des Bewußtseins ab, der in dem vorhergehenden menschlichen Leben entwickelt wurde, genau wie unser Schicksal im menschlichen Leben zu einem Großteil von dem Zeitraum der embryonalen Entwicklung abhängig ist. Ob klarer oder unklarer, höher oder niedriger, alles ist abhängig von dem Stand unserer Urteilskraft und unseres Bewußtseins, den wir im menschlichen Leben entwickelt haben, wie auch davon wie seine Verfeinerung während dem Schwingungsleben weiterverläuft.

*Die sechste Phase des Lebens:* Der Tod auf der Schwingungsebene geschieht durch die Auflösung der Schwingungsmasse, welche die Geburt in das nächste Leben als eine Einheit von Wellen und Strahlen, die sich mit hoher Geschwindigkeit fortbewegen, darstellt. Die Umgebung dieser nächsten Lebensstufe ist die Welt der Strahlung, welche die gesamte galaktische Dimension des Weltraumes umfaßt. Der lebende Körper wird bei der Geburt in diese Welt der Strahlung in glänzendes Licht — man kann es „Geist" nennen — übertragen. Er trägt Gedanken und Bilder in sich und bewegt sich im Bereich von hunderttausenden von Lichtjahren.

Von dieser Welt aus steigen einige Einheiten in die Schwingungssphären der verschiedenen Sonnensysteme und Planeten durch Umformung in Schwingungsmassen herab, und andere schreiten weiter fort und lösen sich in Bewegungen von unendlicher Geschwindigkeit auf. Einige derjenigen, die in die Schwingungssphäre und den noch darunter liegenden Sphären herabgestiegen sind, gehen den Weg der Materialisation in Richtung einer körperlichen Gestalt auf dem Planeten.

*Die siebte Phase des Lebens:* Das Leben verwandelt und entwickelt sich in eine Bewegung von unendlicher Geschwindigkeit und umfaßt alle Dimensionen jenseits von Zeit und Raum. Diese Lebensstufe ist der Endpunkt des Rückkehrprozesses in das Heimatland, die Unendlichkeit. Das Leben wird eins mit dem unendlichen Meer; es wird zur totalen Feiheit — allgegenwärtig, allmächtig, allwissend. Die gesamte relative Natur, welche die vorherigen Lebensformen charakterisiert hat, verschwindet, und in diesem Sinne erreicht das Leben das Stadium der Nicht-Erscheinung, des Unsichtbarwerdens und der Nicht-Verkörperung. Weil es sich jedoch mit unendlicher Geschwindigkeit fortbewegt und sich fortwährend in dem sich unendlich ausdehnenden Strom abwandelt, der sich schließlich durch spiralförmige Bewegung wiederum zur relativen Welt herausbildet, kann man sagen, daß dieses Leben der Universelle Wille, oder das Universelle Bewußtsein, Gott, ist. Aus dieser unendlichen Welt erheben sich hier und dort wiederum spiralförmige Bewegungen und wiederum bildet sich der Materialisations- und Physikalisierungsprozeß heraus, sobald Formen in dem weiten Meer des unendlichen Universums erscheinen und wieder verschwinden. Der universelle Wille bildet und verkörpert sich in Form von Bildern und Gedanken in der Sphäre der Strahlung, der geistigen Welt; er verwandelt sich

**Abb. 4    Der ewige Kreislauf des Lebens**

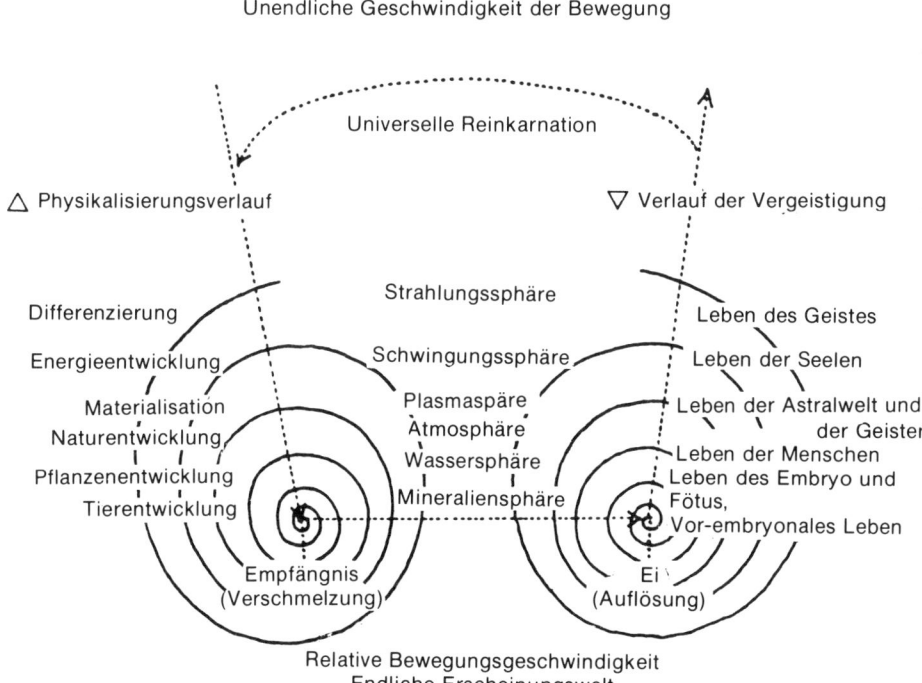

in verschiedene relative Träume und Ideen in der Schwingungswelt; und formt sich weiterhin als Körperwerdung in den darunterliegenden Sphären. Somit findet die Reinkarnation

**45**

zwischen jeder Stufe andauernd statt; und die Wiedergeburt im universellen Bereich, in den unendlichen Dimensionen des Universums, findet gleichwohl unendlich oft statt. Die Erinnerung jeder vorhergehenden Stufe des Lebens wie auch die Vision der Zukunft wird mit sich geführt. Ewige Erinnerung und endloser Traum, die gesamte Dimension der universellen Reinkarnation umfassend, werden durch jede Form des Lebens mitgeführt, obwohl dies oftmals — vor allem in den niedrigeren Lebensstufen — unerkannt bleibt.

# 4. Die Ernährungsweise

Die makrobiotische Lebensweise, die von den weisen Völkern der alten Zeiten empfohlen und für körperliche, seelische und geistige Entwicklung allgemein angewandt wurde, besteht aus folgenden Künsten: Die Ernährungsweise, Atmungsweise, die tägliche Lebensweise.

Weil ein menschliches Wesen Teil seiner Umgebung ist und durch eine mehr als drei Milliarden Jahre dauernde biologische Entwicklung auf diesem Planeten entstanden ist, ist sein körperlicher, seelischer und geistiger Zustand auf dem begründet, was er aus seiner natürlichen Umgebung und seiner Nahrung zu sich nimmt. Die Ernährungsweise ist der wichtigste Faktor für seine Entwicklung. Die makrobiotische Ernährungsweise, die seit einigen tausend Jahren empfohlen und traditionell angewandt wurde, besteht aus folgenden Ernährungsmustern, solange wir in einem gemäßigten vier Jahreszeiten-Klima oder subtropischen Klima leben.

## A. Grundnahrungsmittel

Zumindest die Hälfte unserer täglichen Nahrungseinnahme oder wenn möglich mehr als die Hälfte: 50 — 60%, sollte aus Vollkorngetreide oder deren Produkten, einschließlich Naturreis, Vollkornweizen, Gerste, Hafer, Roggen und Hirse bestehen. Mais und Buchweizen kann ebenfalls zusätzlich zu den Getreidekörnern verwandt werden. Verschiedene Kochmethoden einschließlich Kochen, Dämpfen, Backen und das Zermahlen zu Mehl für die Bereitung von Brot, Chapati, Nudeln und anderen Produkten, können für jedes Getreide angewandt werden. Dem Klima entsprechend werden verschiedene Arten von Bohnen, wie z.b. Kichererbsen, Nierenbohnen und Linsen ebenfalls als ein Teil der Grundernährung verwendet.

## B. Ergänzende Nahrungsmittel

Ergänzende Nahrungsmittel bestehen aus allen anderen Produkten des Pflanzen- und Tierreichs, außer dem Fleisch von Säugetieren.

*1. Landgemüse.* Bei den Beilagen sollte der größte Teil — oder zumindest die Hälfte — aus Landgemüsesorten bestehen, die in der selben klimatischen Region, in der selben oder ähnlichen Umwelt wachsen. Aus diesem Grunde wurde die Auswahl der Gemüsesorten und anderer landwirtschaftlicher Produkte oftmals innerhalb eines Radius von ungefähr 750 km in der direkten oder benachbarten Umwelt getroffen. Gemüsesorten, die traditionell in der Umwelt wachsen, sind den Gemüsesorten, die aus entfernten Gegenden eingeführt wurden, vorzuziehen. Die Kochmethoden für diese Gemüsesorten sind sehr verschieden und umfassen Kochen, Dämpfen, Backen, Sautieren, Braten, und Einsäuern. Der Verzehr von großen Mengen Rohgemüse, wie z.B. Salate, sollte gewöhnlich vermieden werden.

*2. Hülsenfrüchte und Körner.* Bohnen, Erbsen und verschiedene Samenkörner, wie Sesamsamen, Kürbiskerne und Sonnenblumenkerne, wie auch kleine Mengen Nüsse stehen an zweiter Stelle der Beilagen. Eine größere Menge Bohnen und Erbsen sollten verzehrt werden und ein vergleichsweise kleinerer Anteil an Samenkörnern. Diese Hülsenfrüchte und Saaten werden verschiedenartig gekocht, einschließlich Kochen, Dämpfen, Backen, Rösten und Zermahlen. Einige davon, besonders Sojabohnen, werden traditionell durch natürliche Fermentation mit Getreide und Meersalz weiterverarbeitet, um Gewürze wie Miso und Soyasauce herzustellen. Einige Saaten werden gepreßt, um Öl herzustellen und andere werden als Gewürze und Snacks, leicht gewürzt mit Meersalz, verwandt.

*3. Meerespflanzen (Seetang und Seemose).* Verschiedene Arten von Meeresgemüse einschließlich Kombu, Wakame,

Arame, Hiziki, Nori, Agar-Agar, Kelp, Irisches Moos und viele andere, werden besonders von Menschen, die auf Inseln oder an der Küste leben, als Beilagen verwandt. Die Seegemüse werden entweder getrennt oder zusammen mit den Landgemüsen und Bohnen gekocht. Sie werden ebenfalls geröstet, geschmort und gebacken und können nach dem Rösten zu Pulver zermahlen werden. Häufig werden einige davon als Gewürz, mit oder ohne Zusatz von Saaten und Meersalz verwandt.

*4. Obst.* Innerhalb der pflanzlichen Nahrungsmittel gilt das Obst als weniger wichtig als die Land- und Seegemüse, denn die Frucht, die das menschliche Wesen jeden Tag zu sich nehmen sollte, ist das Vollkorngetreide. Obst jedoch, das in der gleichen klimatischen Region wächst, wird, hauptsächlich zu seiner Reifezeit, als Beilage verwandt.

Es gibt viele Zubereitungsarten für Obst. Es kann gekocht, getrocknet oder eingesäuert wie auch roh gegessen werden. Traditionell wird es zum Schluß der Mahlzeit in einer angemessen kleinen Menge als Dessert verwandt. Menschen, die keine großen Mengen tierischer Nahrung zu sich nehmen, neigen nicht dazu, oft nach Obst zu verlangen.

*5. Meerestiere.* Meerestiere, einschließlich wirbelloser und Wirbeltiere, und Meeres- wie auch Süßwasserfische werden nicht sehr oft als Beilage verzehrt. Innerhalb der Fischsorten werden diejenigen mit weißem Fleisch für den Verzehr empfohlen. Rotfleischige und blauhäutige Fische, obwohl diese vielleicht weißes Fleisch haben, sollten traditionsgemäß vermieden werden. Schalentiere werden häufig auch gemieden, weil sie sehr leicht verderben.

Die Zubereitung dieser Meeres- und Süßwassertiere umfaßt Kochen, Dämpfen, Backen, Trocknen und Räuchern. Es ist allgemeine Tradition, daß man beim Verzehr dieser Fische einen gleichgroßen oder größeren Anteil Gemüse, entweder leicht gekocht oder roh, zu sich nimmt. Es ist ebenfalls allgemeine Tradition, daß man einen kleinen Anteil geriebenen oder in Scheiben geschnittenen Ingwers, Senf, frische grüne Zwiebeln oder geriebenen Meerrettich zu sich nimmt, um Vergiftungserscheinungen zu vermeiden.

*6. Landtiere.* Es werden einige Landtiere als Beilagen verwendet; diese werden seltener als alle Gemüsearten und noch seltener als Meerestiere gegessen. Von den Landtierarten sollten die primitiveren Arten, wie die Amphibien, die Reptilien und die Vögel verzehrt werden, während man die biologisch weiter entwickelten Tiere wie z. B. die verschiedenen Arten der Säugetiere vermeiden sollte. Säugetiere können dann gegessen werden, wenn die Notwendigkeit aufgrund von Ausnahmesituationen dafür besteht: z. B. bei Nahrungsmangel, wenn man in der Wildnis ist, oder während sehr kaltem Schneewetter. Säugetiere, die sich von Pflanzen ernähren, werden den Fleischfressenden vorgezogen. Die Zubereitung dieser Landtiere ist wieder mannigfaltig, einschließlich Kochen, Dämpfen, Rösten, Backen, Trocknen, Räuchern und Einpökeln. Bei der Zubereitung ließ man traditionell eine größere Vorsicht walten als bei allen anderen Nahrungsmitteln. Vor dem Kochen z. B. wurde das Fleisch einige Stunden lang in Salzwasser eingelegt und die starken Fettteile wurden entfernt. Das Fleisch wurde zusammen mit dem Gemüse gekocht und wurde mit scharfen Gewürzen und rohen Gemüsesorten serviert, um schädliche Wirkungen zu vermeiden.

## C. Getränke

Jede zusätzliche Einnahme von Flüssigkeit neben der Flüssigkeit, die naturgemäß in der Nahrung enthalten ist oder die während des Kochens verwandt wird, kann man Getränk nennen. Wasser von guter Qualität, heißes Wasser, traditionelle Kräutertees wie z. B. Banchatee, Löwenzahntee und Klettentee wie auch viele andere Teesorten werden empfohlen. Die Flüssigkeitsmenge sollte jedoch nicht das Maß übersteigen, das wir tatsächlich für unsere körperliche, seelische und geistige Gesundheit benötigen. Ein Barometer für unsere angemessene oder durchschnittliche Flüssigkeitseinnahme sollte sein, daß wir nur dann trinken, wenn wir durstig sind und nicht mehr als drei- bis viermal täglich urinieren.

## Abb. 5 Beispiel der Ernährungsrichtlinien für die körperliche Entwicklung (ungefähre Anteile)

A - Vollkorngetreide, auf verschiedene Art und Weise zubereitet.

B - Suppe, vor allem Gemüsesuppen, die gelegentlich durch tierische Produkte angereichert werden können.

C - Gemüsesorten, teilweise gekocht und teilweise roh, lokal und der Jahreszeit entsprechend, ausgewählt.

D - Tierische Produkte, einschließlich Fisch, Meerestiere und gelegentlich Geflügel, aber kein Fleisch und Fett von Säugetieren.

E - Bohnen und Meeresgemüse, zusammen oder getrennt gekocht.

F - Frische, gekochte oder getrocknete, lokale und der Jahreszeit entsprechende Früchte, geröstete Saaten und Nüsse; eingesäuerte und andere Gemüsebeilagen, einschließlich Desserts.

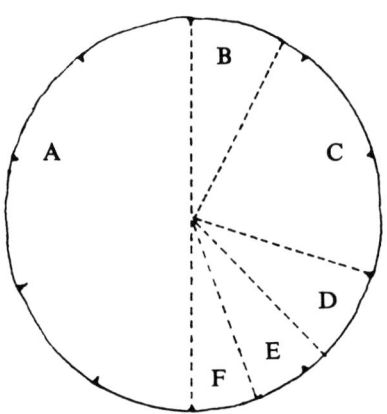

## Abb. 6. Beispiel der Ernährungsrichtlinien zur seelischen Entwicklung (ungefähre Anteile)

A - Vollkorngetreide, auf verschiedene Art und Weise zubereitet, aber mehr ganze Körner und weniger Mehlprodukte.

B - Gemüsesuppen mit sowohl Land- als auch Seegemüsesorten.

C - Gemüsesorten, teilweise gekocht und teilweise roh, lokal und der Jahreszeit entsprechend ausgewählt.

D - Bohnen und Seegemüsearten, einzeln oder zusammen gekocht, gelegentlich durch weißfleischigen Fisch oder andere Meerestiere angereichert.

E - Frische, gekochte oder getrocknete Früchte, lokal und der Jahreszeit entsprechend ausgewählt; geröstete Saaten und Nüsse, eingesäuerte und andere Gemüsebeilagen einschließlich Desserts zu bestimmten Gelegenheiten.

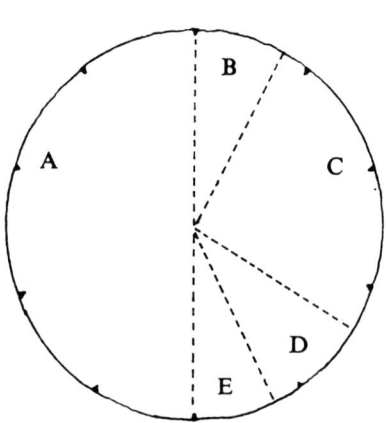

**Abb. 7.** Beispiel der Ernährungsrichtlinien zur geistigen Entwicklung (ungefähre Anteile)

A - Vollkorngetreide mehr in Form von ganzen Körnern und weniger als Mehlprodukte gekocht.

B - Gemüsesuppen, Land- und Meeresgemüse einschließend.

C - Lokal angebaute Gemüsesorten, teilweise gekocht und teilweise roh.

D - Bohnen und Meeresgemüsesorten, entweder zusammen oder getrennt gekocht.

E - Frische, gekochte oder getrocknete lokale und der Jahreszeit entsprechend Früchte, geröstete Saaten und Nüsse; eingesäuerte und andere Gemüsebeilagen einschließlich Desserts.

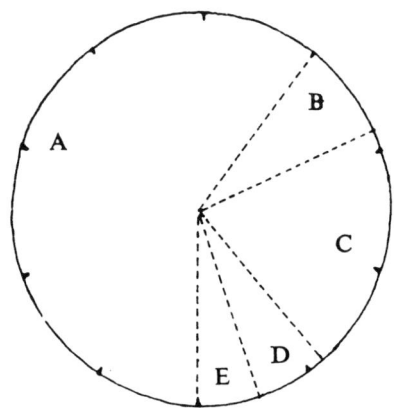

**Abb. 8.** Beispiel einer Ernährung für die körperliche, seelische und geistige Entwicklung bei Personen, die in hohen Gebirgen leben. (ungefähre Anteile)

A - Berghirse, Buchweizen und andere Getreidesorten. Verschiedene Samen und körnerartige Früchte von wilden Bäumen und Gräsern, die lokal in dem Gebirge wachsen, und die man kochen, rösten oder trocknen kannn.

B - Suppe, die in den Bergen wachsende Getreidearten, Wurzeln und Gräser enthält.

C - Blätter, Halme und Wurzeln von wilden Gräsern und Büschen, die im Gebirge wachsen, wie auch eßbare Rinden von einigen Bäumen, gekocht, geröstet, getrocknet oder eingesäuert.

D - Im Gebirge wachsende Früchte von Büschen und Bäumen; gelegentlich wilde Vögel und Fische aus Gebirgsflüssen.

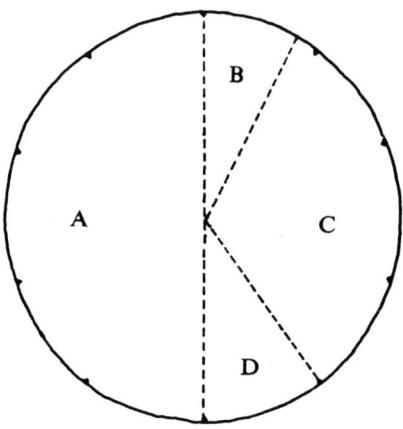

# Richtlinien für die Ernährungspraxis

*Die folgenden Richtlinien sind von großer Wichtigkeit für unsere Ernährungspraxis:*

1. Es gibt eine klare Unterscheidung zwischen Grund- und ergänzenden Nahrungsmitteln und die Hauptnahrung ist immer das Vollkorngetreide.

2. Weil der Mensch und seine Umgebung eine Einheit bilden, ist das menschliche Wesen ein natürliches Produkt seiner Umgebung. Die Art der Nahrung, die er zu sich nimmt, sollte innerhalb der Gemüsesorten und Tierarten ausgewählt werden, die in der gleichen klimatischen Zone wachsen oder leben. Diejenigen, die in der gemäßigten Klimaregion leben, sollten Produkte aus subtropischen, tropischen oder sehr kalten Polarregionen vermeiden und umgekehrt.

3. Aufgrund des Prinzips, daß der Erdboden dem Blut entspricht, ist es vorzuziehen, die Nahrungsmittel aus dem geographischen Gebiet auszuwählen, in dem wir leben: innerhalb eines 750 km-Umkreises in Amerika und anderen großen Ländern oder innerhalb eines 150 km-Umkreises in kleinen Ländern wie Japan und England, in denen die klimatischen Unterschiede von Region zu Region sehr markant sind.

4. Die menschlichen Wesen sollten primär ihre Nahrung aus dem Pflanzenreich beziehen, solange sie in der gemäßigten subtropischen und tropischen Zone leben. Ausnahmen treten bei ungewöhnlichen Umständen ein: wie z. B. in der Schneezeit im Winter oder in großen Berghöhen. In der kalten Polarregion ist es möglich, größere Mengen an tierischer Nahrung als in anderen klimatischen Zonen zu sich zu nehmen.

5. Die Nahrung sollte aus dem ganzen Produkt bestehen, welches sein natürliches Gleichgewicht beibehält. Wir sollten — soweit nur möglich — vermeiden, nur einen Teil von einem Organismus zu verzehren.

6. Die Nahrung sollte grundsätzlich gekocht sein. Soweit irgend möglich, sollte rohe Nahrung nur als Beilage zu gekochter Nahrung und nur unter bestimmten Umständen, wie z. B. während eines Zeitraumes, in dem ungewöhnlich viel tierische Nahrung verzehrt wird, oder bei heißen und trockenen Klimabedingungen gegessen werden.

7. Die Nahrung sollte ihre Lebenskraft bis zum Kochbeginn beibehalten. Alle nicht behandelten Vollkorngetreide, Bohnen, Saaten und Gemüsesorten behalten ihre Lebenskraft, wenn sie nicht mit künstlichen Methoden wie Mahlen, Konservieren und chemischen Behandlungen verarbeitet wurden.
8. Würzmittel sollten mäßig benutzt werden, und auch dann sollten sie in ihrer Qualität so natürlich wie möglich sein.
9. Während des Kochvorgangs sollte die Nahrung verständlicherweise allen entgegengesetzten und sich ergänzenden Faktoren, wie z. B. Mineralien zu Kohlehydraten, Kohlehydrate zu Wasser, Feuer zu Wasser, Salz zu Öl, Druck zu Luft, hohe Temperaturen zu niedrigen Temperaturen usw. ausgeglichen sein.

**Servieren und Essen**

*Die Art des Servierens und des Verzehrs der Mahlzeiten beinhaltet folgende Prinzipien:*
1. Das Servieren der Mahlzeit sollte anmutig und schön arrangiert werden, damit eine friedliche Atmosphäre entstehen kann.
2. Während der Mahlzeiten sollten übermäßige Geräusche vermieden werden.
3. Wir sollten gut kauen, zumindest 50 mal pro Bissen, vorzugsweise sogar 100 mal, und die Nahrung gut mit Speichel vermischen.
4. Eine dankbare Haltung sollte gegenüber dem Universum, der Natur, den Pflanzen und Tieren wie auch denen gegenüber, die unsere Nahrung hergestellt, zubereitet, gekocht und serviert haben, eingenommen werden, und zwar vor und nach der Mahlzeit.
5. Die Mahlzeiten sollten gewöhnlich zwei- bis dreimal pro Tag eingenommen werden, manchmal auch nur einmal am Tag, aber vorzugsweise nicht drei Stunden vor dem Schlafengehen.
6. Das Hauptnahrungsmittel, das Getreide, sollte vom Beginn der Mahlzeit bis zum Ende verzehrt werden, während die Beilagen zusammen mit der Hauptnahrung gegessen werden sollten und zwar in der folgenden Reihenfolge: Suppe; gut gekochtes Land- und Seegemüse und Hülsenfrüchte; leichter gekochtes Land- und Seegemüse und Hülsenfrüchte; rohe und frische Gemüsesorten, falls über-

haupt, und zum Schluß das Früchtedessert, wenn überhaupt.

7. Jede Mahlzeit sollte sich auf eine Nahrungsmenge von nicht mehr als 70% der Magenkapazität beschränken.

Die oben geschilderten Ernährungsmuster variieren natürlich entsprechend den Umweltbedingungen, wie beispielsweise den Unterschiedlichkeiten in den Klimaregionen, den Jahreszeiten, dem Wetter, dem Geschlecht, Alter, soziale Bedingungen, der Art der ausgeübten Arbeit als auch den persönlichen Bedürfnissen. In alter Vorzeit gab es einige Menschen, die sich selbst in der Entwicklung ihrer körperlichen, seelischen und geistigen Entwicklung ausgebildet haben, indem sie an einem abgeschiedenen Ort in einer natürlichen Umgebung verweilten und oftmals ganz alleine im Gebirge lebten. Bezüglich dieser Fälle ist es unwahrscheinlich, daß deren Ernährungsform die gleiche war, wie die der meisten Menschen, die gewöhnlich in den Ebenen leben. Ihre Ernährung umfaßte einen größeren Anteil wilder Pflanzen, wie z. B. Saaten, Früchte, Wurzeln oder Rinden. Ihre Nahrungsaufnahme der wilden Pflanzen war natürlich in Übereinstimmung mit den Prinzipien der Zubereitungs- und Ernährungsweise. Diese wilden Pflanzen umfaßten sehr häufig wilden Buchweizen und Hirse und diese Ernährungsform war naturgemäß makrobiotisch, entsprechend ihren besonderen Umweltbedingungen. Bei diesen Menschen führte diese Ernährungsweise zu der Entwicklung eines kosmischen, universellen Bewußtseins in Verbindung mit körperlicher Gesundheit und einem langen Leben; sie wurden häufig als Sen-Nin oder „freie Menschen" bezeichnet. Es gibt viele Beweise, einschließlich Protokolle, Dokumente und Legenden über deren ungewöhnlichen Fähigkeiten, die folgendes umfaßten:

1. Ein langes Leben, über mehr als 100 Jahre.
2. Außergewöhnliche telepathische Kommunikation über eine Entfernung von mehr als 1500 Kilometern hinweg.
3. Sich selbst mit einer ungeheuren Geschwindigkeit fortbewegen, gewöhnlich im Laufschritt, aber manchmal auch im Flug.
4. Die Fähigkeit, zukünftige Ereignisse klar vorauszusehen.
5. Die Kraft, verschiedene Krankheiten zu heilen.
6. Die Fähigkeit, Schwingungen und Luft in Materie umzuformen.
7. Die Fähigkeit, das Wetter zu verändern einschließlich der

Kontrolle des Regens.
8. Die Fähigkeit, den Geist, die Gedanken und die geistige Vergangenheit und Zukunft der Menschen zu lesen.
9. Die Fähigkeit, Tote zum Leben zu erwecken.
10. Die Fähigkeit, auf dem Wasser zu gehen.
11. Die Fähigkeit, vorherige Leben und die Zukunft in der geistigen Welt zu erfassen.

In der heutigen Zeit gibt es immer noch einige Menschen, die diesen uralten makrobiotischen Weg, Shin-Sen-Do ( 神仙道 ) besonders in den östlichen Ländern — Japan, China, Indien und anderen, praktizieren. Deren Existenz und deren Praktiken sind in den modernen zivilisierten Gesellschaften nicht sehr bekannt. Die oben beschriebenen Ernährungsrichtlinien jedoch stellen die biologische und physiologische Grundlage zur Entwicklung unserer körperlichen, seelischen und geistigen Freiheit dar. Durch die tägliche Anwendung dieser Ernährungsrichtlinien erfahren wir fast sofort, gewöhnlich nach 10 Tagen oder später, verschiedenartige positive Veränderungen in unserem körperlichen, seelischen und geistigen Zustand, die folgendes umfassen:

1. Befreiung von allgemeiner Müdigkeit.
2. Größere Klarheit im Denken.
3. Die stufenweise Wiedererweckung der Beweglichkeit und Ausdauer.
4. Der Beginn der Auflösung verschiedener körperlicher und geistiger Störungen.
5. Das stufenweise Erlangen von Friedfertigkeit und Ausgeglichenheit.
6. Die stufenweise Entwicklung einer liebenden Haltung gegenüber den anderen Menschen.
7. Die Wiederentdeckung des Selbstvertrauens, welches in einer Entwicklung der Ehrlichkeit resultiert.
8. Die stetige Entwicklung der Anpassungsfähigkeit an die sich verändernde Umwelt.
9. Die Befreiung vom Alptraum der Verwirrung, vom Geiz, vom Egoismus; und die Auflösung der egozentrischen Arroganz.
10. Die stufenweise Entwicklung des Abenteuergeistes.
11. Die stufenweise Entwicklung der Dankbarkeitshaltung.
12. Die stufenweise Entwicklung der Ordentlichkeit in allen Lebensbereichen.

Ohne die Ausübung der rechten Ernährung entsprechend den makrobiotischen Prinzipien in der täglichen Praxis ist es für niemanden möglich, seinen geistigen, seelischen und körperlichen Zustand weiterzuentwickeln. Es gibt jedoch hier und dort einige Menschen, die nicht ordnungsgemäß essen und trinken, und die trotzdem recht hohe Stufen in der körperlichen, seelischen und geistigen Entwicklung erreichen.; aber diese Menschen wurden während ihrer embryonalen Zeit durch die Essensgewohnheiten der Mutter richtig ernährt, und während der Säuglings- und Kindheitsphase mit der entsprechenden Ordnung genährt. Mit anderen Worten, ihre angeborene und frühe Beschaffenheit war in einem guten Zustand und aus diesem Grunde sind sie dennoch fähig, trotz ihrer Unwissenheit in Bezug auf den Einfluß der Nahrung und ihren ungeordneten Ernährungs- und Trinkgewohnheiten im Erwachsenenalter, ihre ursprüngliche, gesunde Konstitution beizubehalten. Bis zu einem gewissen Grade können sie ihren physischen, seelischen und geistigen Zustand aufrechterhalten, aber ohne Zweifel werden sie wahrscheinlich nach ihrem 50. oder 60. Lebensjahr, nachdem sie ihre ursprüngliche Stärke verloren haben, mit rapiden Verfallserscheinungen konfrontiert werden.

Alle körperlichen, seelischen und geistigen Übungen, seien sie traditioneller oder moderner Art, müssen auf einer regelmäßigen, rechten, makrobiotischen Enährungsweise gegründet sein. Alle alten Philosophen, Denker, geistigen Führer, Künstler, politischen, Wirtschafts- und sozialen Führer, wie auch die Begründer von anderen Künsten und Techniken zur Entwicklung der Gesundheit, des Willens und des Geistes zu vollkommener Lebensfreude, haben in der Tat die makrobiotische Ernährung beachtet. Es wird sehr empfohlen, daß alle modernen Menschen, besonders diejenigen, die ihre körperliche und geistige Gesundheit wiederfinden wollen und diejenigen, die ihr Wohlergehen und ihre Schönheit als ein Ganzes zusammen mit unbegrenztem Verständnis und Bewußtsein entwickeln wollen, vor allem anderen zuerst die rechte Enährungsweise entsprechend den makrobiotischen Grundsätzen befolgen.

# 5. Die Prinzipien der Atmung

Indem man die Prinzipien der täglichen Eß- und Trinkgewohnheiten befolgt, ist die zweite wichtige Funktion, die zwischen dem Menschen und seiner Umgebung besteht, die Atmung. Die Nahrung ist ein Teil der mineralischen, pflanzlichen und tierischen Umgebung des Menschen, seine geographische und biologische Umgebung. Der Weg der Nahrungseinnahme ist der Weg, uns selbst auf harmonische Weise dieser Umgebung — als ein Teil der Umgebung — anzupassen. Die Flüssigkeitseinnahme ist der Weg der Anpassung durch die Erreichung einer Einheit zwischen uns selbst und der flüssigen Welt, die ein Bestandteil unserer natürlichen äußeren Umgebung ist. Indem wir unsere Gewohnheiten der Flüssigkeitsaufnahme richtig handhaben, können wir uns mit der flüssigen Umwelt: Meere, Flüsse, Regen, Bodenfeuchtigkeit, Luftfeuchtigkeit, in Einklang bringen.

Ähnlich dazu ist die Atmung der Austausch zwischen uns selbst und der atmosphärischen Umgebung, der Luft. Die Art und Weise der Atmung hat das Ziel, mit größtmöglicher Wirksamkeit, unsere harmonische Anpassung an die atmosphärische Umgebung als ein Teil dieser Umgebung zu erreichen, und zwar in der gleichen Art und Weise, wie die richtige Anwendung des Essens und Trinkens für unsere körperliche, seelische und geistige Entwicklung von Wichtigkeit ist. Ebenso wichtig für unsere Gesundheit und unsere Lebensfreude in Verbindung mit unserem universellen Verständnis und Bewußtsein ist das richtige Atmen. Die Atmung ist eine Verbindung der Yin-zentrifugalen, sich ausdehnenden Funktion, und der Yang-zentripetalen, sich zusammenziehenden Funktion, die beide in einem harmonischen Bewegungsablauf hauptsächlich durch unsere Atmungsorgane abwechselnd stattfinden. Aber nicht nur die Atmungsorgane wie die Nase, die Bronchien und die Lungen, sondern auch die Organe des Kreislaufssystems und deren Funktionen sind eng mit der Atmung verbunden. Das Nervensystem einschließlich der autonomen Nervenreaktionen und Gehirnfunktionen sind eng mit der Atmung verbunden. Allgemein ausgedrückt: die aktive Funktion dieser Systeme und Organe fördet die aktive Atmung und umgekehrt dazu fördert diese Atmungsfunktion die aktive Funktion dieser Organe und Systeme. Und andererseits resultiert deren langsame und inaktive Funktion in einer langsamen und inaktiven Atmung;

und diese langsame und inaktive Atmung resultiert mit der Zeit in deren langsamen und inaktiven Funktionen. Dementsprechend hat die Kontrolle des Atmens, und zwar der Luftmenge bei Ein- und Ausatmung, der Dauer bei Ein- und Ausatmung, wie auch die Geschwindigkeit der Atmung verschiedene Auswirkungen auf alle Verdauungs-, Kreislauf-, Nerven- und Ausscheidungssysteme und -funktionen. Dies beeinflußt ebenfalls direkt und indirekt unseren psychologischen und geistigen Zustand, und verwandelt die Art, Umfang, Richtung und Dimension der Ansichten und Gedanken.

Im folgenden sind einige grundlegende Beispiele verschiedener Atmungsarten und deren Auswirkungen auf unseren körperlichen, seelischen und geistigen Zustand aufgeführt:

## a. Geschwindigkeit der Atmung

*Langsamere Atmung (größere Yin-Auswirkungen)*

1. Der körperliche Stoffwechsel, einschließlich Herzschlag, Blutkreislauf und andere Flüssigkeitssysteme unseres Körpers verlangsamt sich. Die Körpertemperatur sinkt leicht ab.
2. Seelisch gesehen wird ein ausgeglichener und friedlicher Zustand, ein klareres Denken und ein objektives Verständnis, wie auch ein sensibleres Empfinden der Umwelt herbeigeführt.
3. Geistig gesehen, wird eine größere Aufnahmefähigkeit, eine tiefere Einsicht entwickelt, was zu einem mehr universellen Bewußtsein führt.

*Schnellere Atmung (größere Yang-Auswirkungen)*

1. Physisch gesehen ruft dies einen schneller arbeitenden Stoffwechsel der verschiedenen Körperfunktionen hervor. Der Herzschlag wie auch der Blutkreislauf und der Kreislauf anderer Körperflüssigkeiten werden beschleunigt. Die Körpertemperatur neigt zur Erhöhung.
2. Seelisch gesehen, wird ein eher schwankender und erregbarer Zustand und dementsprechend emotionale Veränderungen herbeigeführt. Die Einstellung wird entweder mehr angreifend oder mehr verteidigend.
3. Geistig gesehen, wird eine subjektivere und egozentrischere Sicht und Einschätzung der Umgebungsbedin-

gungen mit einer größeren Anhaftung an bruchstückhafte und voreingenommene Angelegenheiten, anstatt eines breiteren und universellen Bewußtseins entwickelt.

## b. Die Tiefe der Atmung

*Flache Atmung (größere Yin-Auswirkungen)*

1. Physisch gesehen führt dies zu einem weniger aktiven Stoffwechsel wie auch zu einem mangelnden Zusammenwirken und einer Disharmonie innerhalb der verschiedenen Körperfunktionen. Die Körpertemperatur neigt zu unregelmäßigen Schwankungen.
2. Seelisch gesehen wird eine eher schwankende, ängstliche, enttäuschte und unzufriedene Neigung, die oftmals zu Angst wird, erzeugt.
3. Geistig gesehen entwickelt sich eine Neigung zur oberflächlichen Wahrnehmung, zu häufigen Meinungsänderungen, einem Verlust des Selbstvertrauens, Mutlosigkeit wie auch zu einem Verlust des Erinnerungsvermögens und der Zukunftsvision.

*Tiefere Atmung (größere Yang-Auswirkungen)*

1. Physisch gesehen führt dies zu einem kräftigeren und aktiveren Stoffwechsel und einem Gleichgewicht innerhalb der Systeme und Organe. Die Körpertemperatur tendiert zur Stabilität.
2. Seelisch betrachtet wird eine größere Zufriedenheit, emotionale Stabilität, stärkeres Vertrauen und die Beibehaltung einer regelmäßigen und gleichbleibenden Ausdrucksweise gefördert.
3. Geistig betrachtet entwickelt sich eine größere Aufmerksamkeit und ein unumstößlicher Glaube wie auch die Neigung, allumfassend zu sein, in Verbindung mit einer größeren Fähigkeit zu lieben.

## c. Die Dauer der Atmung

*Längere Atmung (größere Yin-Auswirkungen)*

1. Körperlich gesehen resultiert dies in einer besseren Zusammenarbeit der verschiedenen Stoffwechsel-

funktionen. Die Körpertemperatur neigt zur Stabilität und im allgemeinen neigen die Aktivitäten aller Organe und Drüsen zu einer Verlangsamung.

2. Seelisch betrachtet wird ein friedlicheres und zufriedeneres Gefühl erzeugt. Größere Ausdauer, Geduld und Ruhe ergeben sich ebenfalls wie weniger emotionale Aufregung und Reizbarkeit.

3. Geistig gesehen entwickelt man eine objektivere und größere Sicht, wie auch ein tieferes Verständnis. Die Erinnerungen und die Zukunftsvisionen neigen dazu, sich zu erweitern.

*Kürzere Atmung (größere Yang-Auswirkungen)*

1. Körperlich gesehen führt dies zu einer Tendenz schnellerer und unregelmäßigerer Stoffwechselaktivitäten innerhalb der verschiedenen Körperfunktionen. Die Körpertemperatur neigt zu einer leichten Erhöhung.

2. Seelisch gesehen werden häufig wechselnde Anschauungen und Gedanken wie auch häufige Sinnersänderungen erzeugt. Die Neigung zur Ungeduld, zu mangelnder Ausdauer und zu schnell wechselnden Stimmungen vergrößern sich.

3. Geistig gesehen entwickelt sich eine größere Disharmonie mit der Umwelt. Konfliktreichere und widersprüchlichere Gefühle entwickeln sich zusammen mit einem Anwachsen eines kurzsichtigen Blickfelds und einer subjektiveren Betrachtungsweise.

Entsprechend den oben genannten Unterschieden der Auswirkungen verschiedener Atmungstechniken, ist es ratsam, daß wir eine Atmung anwenden, die langsamer, tiefer und länger ist anstatt schneller, flacher und kürzer. Die körperliche, seelische und geistige Entwicklung entspricht dem Atmungsstand, der durch die Anpassung an diese Variationsmöglichkeiten erreicht wird. Jede bewußte Anpassung der Geschwindigkeit, der Tiefe und der Länge der Atmung sollte in Richtung einer natürlichen Atmung, die ohne besondere Anstrengung funktioniert, entwickelt werden. Eine langsame, tiefe und lange Atmung kann in der Tat automatisch durch die makrobiotische Ernährungsweise und den Verzehr von mehr pflanzlichen Nahrungsmitteln, mit dem Schwergewicht bei Vollkorngetreide und Gemüsebeilagen, die auf dem Land oder im Meer wachsen, ortsgebunden und der Jahreszeit entsprechend ausgewählt, und durch ein Minimum an tierischer Nahrung durch das Vermeiden verschiedener Fleischsorten und Milchprodukte, erreicht werden. Durch eine größere Flüssigkeitsaufnahme als auch den Verzehr von zuckerhaltigen Produkten entwickelt sich die Neigung zu schnellerer, flacherer und kürzerer Atmung. Das Essen und Trinken großer Mengen führt im allgemeinen ebenfalls zu einer schnelleren Atmung und macht diese flacher und kürzer. Aus diesem Grunde ist die Einnahme einer geringeren Menge an Nahrung und Flüssigkeit für die Entwicklung unserer körperlichen, seelischen und geistigen Harmonie und unseres Friedens ratsamer.

## Fünf generelle Atmungsarten

Als Standardpraxis für unsere körperliche, seelische und geistige Entwicklung, kann die Atmung in fünf verschiedenen Arten, entsprechend deren Stärkegrad, ausgeführt werden.

1. *Sehr langsames, ruhiges und langes Atmen: Die Atmung der Selbstlosigkeit.* Diese Atmung geschieht sowohl beim Einatmen als auch beim Ausatmen durch die Nase; sie ist fast geräuschlos bis zu einem Ausmaß, daß sich ein Stück Reispapier, das vorne an der Nase angebracht ist, nicht bewegt. Die Dauer des Ausatmens sollte zwei- bis dreimal länger sein als die Dauer des Einatmens. Diese Atmung bewirkt Beruhigung aller körperlichen, seelischen und geistigen Handlungen, so daß wir in eine tiefe Meditation eintreten, um unsere innere Sicht durch das Erreichen der größtmöglichen Anpassung an die Umwelt zu entwickeln. Durch diese Atmung wird auch eine Verringerung der egozentrischen Täuschung erreicht.

2. *Normales langsames und ruhiges Atmen:* Die Atmung der Harmonie. Diese Atmung geschieht ebenfalls durch die Nase, ist aber ein klein wenig stärker als die oben genannte Atmung (Nr.1). Dies ist die gewöhnliche stille Atmung in einer Ruhezeit. Wiederum sollte die Ausatmung zwei- bis dreimal länger sein als die Einatmung. Diese Atmung bewirkt die Aufrechterhaltung der friedvollen, harmonischen Beziehungen mit der sich aktiv bewegenden Umwelt, während das Selbst im Mittelpunkt bleibt. Dies verstärkt unser Bewußtsein gegenüber unserer Umgebung.

3. *Langsames und ruhiges, aber stärkeres Atmen:* die Atmung des Selbstvertrauens. Bei dieser Atmungstechnik atmet man durch die Nase ein und durch den leicht geöffneten Mund wieder aus. Die Ausatmung ist drei- bis fünfmal länger als die Einatmung. Diese Atmungsart ist stärker als die beiden oben beschriebenen. Sie bewirkt das Ansteigen des aktiven Zusammenspiels aller körperlichen, seelischen und geistigen Funktionen durch die Entwicklung des inneren Vertrauens und bereitet für jede eventuell nötige Handlungsweise zu jeder Zeit vor, um sich den sich schnell verändernden Umweltbedingungen anzupassen.

4. *Langes, tiefes und kräftiges Atmen:* Die Atmung der Tat. Diese Atmung geschieht durch den leicht geöffneten Mund bei der Ein- wie auch bei der Ausatmung. Die Dauer der Ausatmung sollte drei- bis fünfmal länger sein wie die Dauer des Einatmens. Diese Atmung bewirkt die Aktivierung alle körperlichen, seelischen und geistigen Kräfte, um jeden notwendigen Schritt, ohne Verlust der objektiven Betrachtung, der Umweltsituation, einzuleiten. Diese Atmung kann auch zur Ausschaltung von körperlichen und geistigen Stagnationen verwandt werden, und man erzielt dadurch eine Entspannung.

5. *Langes tiefes, kräftiges und starkes Atmen, mit einem Klang:* Die Atmung der Vergeistigung. Diese Atmung geschieht beim Ein- und Ausatmen durch den Mund. Die Ausatmung sollte drei- bis fünfmal länger sein als die Einatmung. Beim Einatmen entsteht ganz natürlich der klare Klang „Hi" durch die intensive Einatmung zwischen den leicht geöffneten Zähnen und der leicht angespannten Zunge. Während des Ausatmens entsteht kontinuierlich der lange, natürliche Klang „Fu". Diese Atmung bewirkt aktive Kräftigung des körperlichen und geistigen Stoffwechsels und die Spiritualisierung der gesamten Persönlichkeit. Der Klang „Hi" bedeutet „Geist", „Feuer" und „Sonne" in dessen prähistorischer Aussprache, die universell und intuitiv in allen Teilen der prähistorischen Welt benutzt wurde. Der Ton „Fu" bedeutet „Wind", „Differenzierung" und „Ausdehnung" in der altertümlichen Bedeutung. In jener Zeit hatten Hi und Fu auch die entsprechenden Bedeutungen von „Eins" und „Zwei".

# Fünf spezielle Atmungsmethoden

Als spezielle Atemübungen für die körperliche, seelische und geistige Entwicklung können die folgenden fünf Methoden, jede für ihre spezielle Aufgabe, angewandt werden.

1. *Atmung mit dem Tan-Den (Hara, dem Zentrum des Bauches): Die Atmung der Physikalisierung:* Die Atmung geschieht tief und langsam mit der natürlichen Bewegung des Hara-Bereichs (der zentrale Bereich des Bauches). Tan-Den ist ein anderes Wort für Hara, der tiefste Punkt des Bauchbereichs. Während der langsamen aber tiefen Einatmung, füllt sich der Tan-Den mit Energie und der untere Bauchbereich dehnt sich nach vorne aus. Während der langsamen und längeren Ausatmung zieht sich der gleiche Bereich naturgemäß zusammen.
   Zwischen dem Ein- und Ausatmen sollte der Atem für mehrere Sekunden angehalten werden. Die Ausatmung sollte gewöhnlich zwei- bis dreimal länger dauern als die Einatmung. Diese Atmungstechnik bewirkt die Entwicklung der körperlichen Energie, der seelischen Stabilität und des geistigen Selbstvertrauens. Sie führt zu der festen Verankerung des Selbst auf dieser Erde und zu der Fähigkeit, die Beeinflussung der sich verändernden Umwelt zu vermeiden. Sie erzeugt eine Erhöhung der Körpertemperatur. Diese Atmungsmethode aktiviert ebenfalls die Verdauungs- und Kreislauffunktionen im ganzen Körper, was sich in der Entwicklung einer vollkommenen Gesundheit und Langlebigkeit äußert.

2. *Atmung mit dem Zentrum der Magengegend: Die Atmung der Stärke.* Diese Atmung geschieht mit einer natürlichen Bewegung des Magenbereichs. Beim Einatmen streckt sich die Magengegend, der Bereich von Chu-Kan, ganz natürlich nach vorne und während des Ausatmens zieht sie sich zusammen. Zwischen dem Ein- und Ausatmen sollte der Atem mehrere Sekunden lang angehalten werden. Die Dauer des Ausatmens ist ein wenig länger als die Dauer des Einatmens.
   Diese Atemtechnik bewirkt die Entwicklung von Ausdauer, Geduld und Toleranz und wenn der Atem längere Zeit zwischen Ein- und Ausatmen angehalten wird, wird die innere Energieaufladung im ganzen Körper bewirkt, so daß

der Körper mit elektromagnetischer Energie — oder wie wir es nennen mögen: geistige Stärke — aufgeladen ist. Wenn dies wiederholt angewandt wird, bewirkt diese Atmung die Entwicklung verschiedener körperlicher und geistiger Fähigkeiten.

3. *Atmung mit der Herzgegend, oder dem Zentrum des oberen Brustkorbes: Die Atmung der Liebe.* Bei dieser Atemtechnik sind sowohl Ein- als auch Ausatmung langsam und lang zusammen mit der Konzentration auf die Herzgegend, oder dem zentralen Bereich des oberen Brustkorbes. Die Dauer des Einatmens ist fast so lange wie die Dauer der Ausatmung und der Atem wird zwischen Ein- und Ausatmen nicht angehalten — beides geschieht natürlich und sanft in langsamen, langen Bewegungen. Diese Atmung bewirkt die Harmonisierung des Herzschlags und einen gleichmäßigen Kreislauf des Blutes und anderer Körperflüssigkeiten. In seelischer Hinsicht erzeugt sie ein Gefühl der Harmonie und der Liebe mit allen Bereichen der Umwelt wie auch zu den uns umgebenden Menschen. Sie dient ebenfalls der Entwicklung der Sensibilität, Sympathie, des Verständnisses und Mitgefühls.

4. *Atmung mit dem Halsbereich und dem Beginn der Zungenwurzel: Die Atmung der Intelligenz:* Diese Atmung geschieht im Bereich des Rachens und der Zungenwurzel mit einer stärkeren Einatmung und schwächeren Ausatmung. Während des Einatmens konzentriert man den Atem in der Rachengegend und der Zungenwurzel, hält diesen dort für mehrere Sekunden an und atmet dann aus.
Diese Atmung bewirkt die Entwicklung einer scharfen Sinnesfunktion zum Zwecke der körperlichen und geistigen Konzentration auf ein bestimmtes Objekt. Diese Technik entwickelt weiterhin eine klare Betrachtungsweise und klar durchdringende Einsicht in das Problem, dem man gegenübersteht. Die geistige Konzentration wird erhöht und das intellektuelle Verständnis wird angeregt.

5. *Atmen mit dem Bereich des Mittelhirns: Die Atmung der Vergeistigung.* Diese Atmung geschieht im Bereich des Mittelhirns, dem inneren Zentrum des Kopfes. Die Einatmung geschieht langsam aber klar, als ob man zum höchsten Punkt des Kopfes atmen würde, mit dem Gefühl, daß

man den Körper nach oben hebt. Die Einatmung sollte so lange wie möglich weich und kontinuierlich geschehen, und auf dem Höhepunkt sollte der Atem plötzlich aber sanft befreit werden. Die Ausatmung sollte nach unten in Richtung Mund geschehen.

Diese Ausatmung bewirkt die Vergeistigung unsers relativen Bewußtseins zu einer mehr universellen Sicht hin, und sie dient weiterhin dem Ziel, unser Auffassungsvermögen in grenzenlose Dimensionen zu führen, einschließlich dem Verstehen von Ereignissen, die weiter entfernt stattfinden. Der gesamte körperliche Stoffwechsel verlangsamt sich rapide, wenn man die Atemtechnik wiederholt ausübt, und die Körpertemperatur verringert sich in einem solchen Maße, als würde man sich dem Tode nähern.

Die oben genannten fünf generellen Atmungsarten zur allgemeinen Entwicklung unseres körperlichen, seelischen und geistigen Zustandes und die fünf speziellen Atmungsmethoden zum besondern Zwecke der körperlichen, seelischen und geistigen Entwicklung können ohne Einschränkung während unseres ganzen Lebens ausgeübt werden: beim Sitzen, Arbeiten und Handeln, wie auch beim Zusammentreffen und Zusammenarbeiten mit anderen Menschen. Es gibt noch viele andere Atmungsmethoden, um allgemeine Gesundheit und Wohlergehen zu erlangen, wie auch zur Entwicklung von besonderen körperlichen, seelischen und geistigen Fähigkeiten, aber die oben vorgestellten zehn Atmungsmethoden sind die grundlegenden Methoden für alle anderen Atmungsformen.

Um jedoch diese Atmungsmethoden wirkungsvoll durchzuführen, ist es von großer Wichtigkeit, daß wir unsere Ernährung maßvoll gestalten.*

---

*),,Atmungsquotient (AQ): Dies ist das Verhältnis des Volumens von produziertem Kohlendioxyd ($CO_2$) und verbrauchtem Sauerstoff ($O_2$), wie folgend dargestellt wird:

$$\frac{\text{Volumen des ausgeatmeten } CO_2}{\text{Volumen des eingeatmeten } O_2} = \text{Atmungsquotient}$$

Bei der Verbrennung von Kohlehydraten findet folgende Reaktion statt:

$$C_6H_{12}6\,O_2 \rightarrow 6\,CO_2 + 6\,H_2O \text{ plus Energie}$$

Dann:

$$\frac{6 \text{ Volumen } CO_2}{6 \text{ Volumen } O_2} = 1,0 \text{ (AQ eines Kohlehydrates)}$$

Ähnlich ist der AQ für ein Fett 0,71; für Eiweiß ist er 0,80; Für eine Person bei einer durchschnittlichen gemischten Ernährung ist er 0,85. Für eine Person, die 12 Stunden gefastet hat, ist der AQ 0,82;" (Aus: Anatomy and Physiology, Vol. 1, von Steen and Montagu, Harper & Row, 1959, S. 195)
Der AQ zeigt, daß, wenn wir eine große Portion tierischer Nahrung essen, die aus viel

# 6. Die tägliche Lebensweise

Um körperliche, seelische und geistige Lebensfreude zu erlangen, ist es von Wichtigkeit, daß wir unser tägliches Leben entsprechend den folgenden Richtlinien ordnen:

1. *Wir sollten vor Sonnenaufgang aufstehen:* Das Jahr beginnt mit dem ersten Tag des ersten Monats, und die täglichen Aktivitäten beginnen beim Aufgehen der Sonne. Das Verlassen des Bettes und die Begrüßung der aufgehenden Sonne mit einer einfachen Do-In Übung ist von Wichtigkeit für unsere körperliche, seelische und geistige Ausrichtung für die Tagesaktivitäten. Kurz vor Sonnenaufgang beginnt sich die uns umgebende Atmosphäre aktiver aufzuladen und dies regt unseren körperlichen und geistigen Zustand an. In alten Zeiten wurden in den fernöstlichen Ländern, wie z. B. in Japan und China, Regierungsentscheidungen über öffentliche Angelegenheiten vor Sonnenaufgang getroffen. Wegen dieser uralten Praxis wurde das Zentrum der Regierung Cho-Tei, „Die Morgenversammlung", genannt. Die frühmorgendliche Atmosphäre ist für unsere klare Sicht und für das Pläneschmieden für die Zukunft sehr günstig.

2. *Wir sollten uns selbst und unsere Umgebung kurz nach dem Aufstehen am Morgen reinigen:* Wir sollten unser Gesicht und unseren Körper mit möglichst kaltem Wasser reinigen und unsere Zähne mit Meersalz oder anderen traditionellen natürlichen Zahnputzmitteln reinigen, um unsere körperlichen und geistgen Funktionen für die kommenden Handlungen des Arbeitstages zu wecken. Zur gleichen Zeit sollten wir unsere Umgebung säubern, indem wir mit dem uns umgebenden Zimmer beginnen, und dann das gesamte Haus einschließlich des Außenhofes reinigen.

3. *Wir machen Do-In oder andere körperliche, seelische und geistige Übungen:* Jede Morgenübung, die wir ausführen, sollte der Aktivierung des harmonischen Energieflusses einschließlich des Kreislaufes des Blutes und anderen Körperflüssigkeiten wie auch des elektromagnetischen Flusses in unserem gesam-

---

Eiweiß und Fett besteht, schnelleres und rauheres Atmen erforderlich ist, das unseren Geist beeinflußt und uns aus unserer gewöhnlichen Ruhe stört. Demzufolge sollten diejenigen, die Meditation und andere geistige Übungen praktizieren, den Konsum von großen Portionen tierischer Nahrung vermeiden.

ten Körper dienen. Solche Übungen sollten die Atmung, den üblichen Gebrauch eines passenden Spruchs oder Gesangs umfassen, um einen aktiven Austausch zwischen uns und der natürlichen Umgebung herzustellen.

4. *Wir widmen unser Gebet den Menschen und allen Schöpfungen:* Nachdem wir unser Wohlbefinden durch Reinigung und Übung angeregt haben, widmen wir unser Gebet allen Vorfahren, allen Menschen, allen Lebewesen und allen Erscheinungen in der Ordnung des unendlichen Universums — dem Universellen Geist, Gott. Dieses Gebet erweist ihnen unsere von Herzen kommende Dankbarkeit und bittet um ihre Führung und Ermutigung für das, was wir während des Tages zu leisten haben. In diesem Zusammenhang ist es oftmals wichtig, eine Mahlzeit aus Getreide und Gemüse anzubieten.

5. *Wir drücken unsere Dankbarkeit und unseren Respekt für das, was wir essen, aus:* Zur Frühstückszeit, während dem Mittagsmahl und der Abendmahlzeit, wenn wir die Nahrung zu uns nehmen, sollten wir daran denken, daß unsere Nahrungsmittel aus der Natur kommen, die uns erschaffen hat als Wesen, die mit der gesamten natürlichen Umgebung in Harmonie leben und die es uns ermöglicht, unsere körperliche, seelische und geistige Beschaffenheit für unser Wohlbefinden und unsere Lebensfreude zu entwickeln. Wenn jeder Mensch und jede Familie ihre Dankbarkeit und ihren Respekt für jede Mahlzeit, für die Natur und für diejenigen, die unsere Nahrung hergestellt und zubereitet haben, ausdrücken würde, wäre dies der Beginn einer friedlichen Gesellschaft. Wir sollten:

a. Darüber nachdenken, ob wir diese Mahlzeit verdient haben.
b. An die unermeßliche Vollkommenheit der natürlichen Ordnung denken, und an die Personen, die das Mahl hergestellt und zubereitet haben.
c. An die Menschen auf dieser Erde denken, die sich eine solche Mahlzeit nicht leisten können.
d. An unsere Vorfahren denken, die Nahrung zu sich genommen haben und an diejenigen, die durch die Weiterführung der Ernährungsweise von ihnen abstammten.
e. An unsere Nachkommenschaft denken, die genau so essen werden wie wir, und die unseren Geist auf der Erde verbreiten werden.

*Während der Mahlzeit sollten folgende Gewohnheiten praktiziert werden:*

a. Jeder Bissen soll mindestens 50 mal gekaut werden.
b. Während des Kauens sollten die Eßutensilien auf den Tisch gelegt werden.
c. Vom Beginn bis zum Ende der Mahlzeit sollte eine gerade Sitzhaltung beibehalten werden.
d. Die Unterhaltung, die zwischen der Familie und den Freunden, die zusammen am gleichen Tisch essen, stattfindet, sollte fröhlich und friedlich sein.
e. Das Servieren der Mahlzeit sollte anmutig und ordentlich geschehen.
f. Kein Essen sollte nach Beendigung der Mahlzeit auf dem Teller übriggelassen werden.
g. Die Schüsseln, Kochgeräte, Töpfe und Pfannen wie auch die Kochstelle und die Eßzimmer sollten sauber und ordentlich sein.

6. *Wir beginnen unsere tägliche Arbeit mit Freude und Begeisterung:* Jede Tätigkeit sollte mit einer positiven, kreativen und energetischen Haltung ausgeführt werden. Wir sollten uns vollständig entspannen, um eine akkurate und schnelle Arbeitsweise beizubehalten; wir sollten unsere Arbeit und unseren Lohn nicht berechnen; wir sollten unsere Arbeit als ein Mittel zur Erreichung von körperlicher, seelischer und geistiger Befriedigung genießen, mit dem Lohn, der natürlicherweise aus dieser Befriedigung entsteht.

Wir bieten unseren Arbeitskollegen in einem brüderlichen Geist unsere Hilfe an, denn wir betrachten alle Kollegen als unsere Brüder und Schwestern, und teilen mit ihnen ihr Glück und ihr Leid. Wir erhalten unsere Arbeitsumgebung friedlich und freundlich, genauso wie wir aus unserem Heim einen friedlichen und glücklichen Ort machen. Der Arbeitsplatz ist für uns und für alle anderen Kollegen, die zusammen mit uns arbeiten, ein nach außen erweitertes Heim.

7. *Wir übernehmen die Verantwortung für jede soziale Bedingung:* Wir sind alle Mitglieder der menschlichen Gesellschaft. Wann immer Verwirrung und Chaos innerhalb der sozialen Ordnung auftreten, dann sind wir dafür verantwortlich. Wenn es irgendwo in unserer Gemeinschaft und in unserer menschlichen Gesellschaft Elend und Leiden gibt, sind wir ver-

antwortlich. Wenn es irgendwo in der Welt Krieg und Hunger gibt, sind wir verantwortlich. Alle Menschen sind organisch miteinander verbunden und wir alle beeinflussen uns gegenseitig in unseren Lebensbedingungen.

a. Beklage dich nicht über andere, sondern berücksichtige unsere eigene Unfähigkeit, Situationen zu verbessern.
b. Beschuldige nicht die anderen, sondern berücksichtige unsere eigenen Irrtümer.
c. Kritisiere nicht die anderen, sondern bedenke unsere eigene Unzulänglichkeit.
d. Verlasse dich nicht auf andere, sondern betrachte unsere eigene Unabhängigkeit.
e. Ignoriere nicht die anderen, sondern berücksichtige unsere eigene Unwissenheit.

8. *Wir bringen unsere Dankbarkeit für den Tag dar:* Nachdem wir unsere tägliche Arbeit vollbracht haben, entweder vor oder nach der Abendmahlzeit, bringen wir der Natur und dem Universum, wie auch der Gesellschaft und den Freunden, die während der Tagesarbeit mit uns zusammengearbeitet haben, unsere Dankbarkeit dar. Wir bilden unser eigenes Urteil über das, was wir während unserer Tätigkeit am Tage vollbracht haben, wie folgt:

a. Ob wir Irrtümer und Fehler begangen haben.
b. Ob wir anderen Verdruß bereitet haben.
c. Ob unsere Arbeit nicht wirkungsvoll war.
d. Ob wir kein Problem übersehen haben.
e. Ob wir Freude an dem hatten, was wir getan haben.

Diese Selbsteinschätzung hilft uns bei der besseren Bewältigung der Arbeit am folgenden Tag und hilft uns weiterhin, die gleichen Fehler innerhalb der verschiedenen Aspekte unserer Tätigkeiten nicht zu wiederholen.

9. *Wir untersuchen unsere Lebensweise:* Nach dem aktiven Teil des Tages verbringen wir zumindest einige Stunden in Stille, die wir der Entwicklung unseres ästhetischen, theoretischen und spirituellen Verständnisses unserer Lebensweise widmen. Entweder durch Lesen, Schreiben, Darstellungen oder Denken und Meditation sollten wir kontinuierlich unsere Persönlichkeit verfeinern und unser Verständnis der Kunst, der Literatur, der Wissenschaft, der Philosophie, der Religion und den verschie-

**69**

denen anderen Kunstrichtungen vertiefen. Unser Leben sollte gut ausgeglichen sein zwischen sowohl der Yang körperlichen Tätigkeit und der Yin geistigen Tätigkeit. Wir müssen uns sowohl körperlich als auch geistig entwickeln, wie es die asiatische Tradition — mit dem Begriff Bun-Ru Ryo-Do (文武両道) ausgedrückt — seit Jahrhunderten lehrt. Von einem heldenhaften Samurai wurde gefordert, daß er seine Persönlichkeit durch das Erlernen von Gedichten, Künsten, Musik und Literatur einschließlich der Teezeremonie kultiviert; und von einer sanften Frau, die hauptsächlich mit der Haushaltsführung beschäftigt war, wurde gefordert, daß sie in einer Kampfes- und Selbstverteidigungskunst geübt war, um in jeder Notsituation zurechtzukommen.

10. *Wir beenden den Tag durch Selbstbesinnung:* Bevor wir die Nachtruhe beginnen, beenden wir unsere Tagestätigkeit durch die Widerspiegelung unseres Verhaltens am Tage:
   a. Biologische Selbstbesinnung: Habe ich richtig gegessen?
   b. Geistige Selbstbesinnung: Habe ich an meine Eltern gedacht und empfinde ich für meine Vorfahren Dankbarkeit?
   c. Soziale Selbstbesinnung: Habe ich jeder Person, mit der ich zusammengetroffen bin, meine Grüße freundlich vermittelt?
   d. Selbstbesinnung über die Natur: Habe ich die Natur und das Universum bewundert: deren Schönheit, deren Anmut und deren Herrlichkeit?
   e. Umfassende Selbstbesinnung: Kann ich sagen, daß dieses Leben wunderbar ist und meine unbegrenzte Dankbarkeit allen Wesen und dem unendlichen Universum erweisen?

In Verbindung mit diesen Besinnlichkeiten reinigen wir unser Gesicht, die Hände, Füße, den Körper, wie auch die Zähne. Wir wechseln unsere Kleidung und gehen in die vollständige Ruhe, den Schlaf, ein — falls nötig mit einer einfachen Do-In Übung.

# Kapitel 2
# Die körperliche und geistige Beschaffenheit des Menschen

## 1. Stufen der geistigen Umwandlung

Die Beziehung zwischen geistigen Erscheinungen und körperlichem Sein besteht lediglich aus einem Unterschied der Abstufung: Ob diese Yin, ausgedehnte, unsichtbare Erscheinungen einschließlich der verschiedenen Manifestationen der Schwingungen, Wellen, Strahlen und anderer unsichtbarer Kräfte sind, oder ob diese Yang, zusammengezogene, sichtbare Erscheinungen, einschließlich der körperlichen Bewegung und sinnlichen Aufnahmefähigkeit wie auch der materiellen Erfahrung sind.

Der Begriff „Geist", so wie er in unserem täglichen Gebrauch verwandt wird, hat gewöhnlich drei verschiedene Bedeutungen:

### a. Verkörperter Geist

Wir benutzen „Geist" für Begriffe wie „Unser menschlicher Geist", „der Geist meines Landes", „der unserer Familie", „der Geist des Mannes oder der Frau", „der Geist des Christentums oder des Buddhismus" usw. „Geist" in diesem Sinne drückt eine Tradition, ein Erbe, Ideale, Disziplin oder andere gleichartige Konzepte aus, die sich in unserem physischen Leben innerhalb der äußeren Gesellschaft verkörpern. Dieser Ausdruck „Geist" kann als der „Verkörperte Geist" bezeichnet werden.

### a. Schwingungsgeist

Wir benutzen den Begriff „Geist" ebenfalls, wenn wir über eine tote Person oder über vergangene Ereignisse, die nicht mehr in der jetzigen Welt verkörpert sind, sprechen. Wir sagen häufig „der Geist meines toten Vaters", „der Geist des unbekannten Soldaten", „der Geist einer verstorbenen großen Persönlichkeit wie Jesus, Buddha", usw. So verehren und verherrlichen wir diese Geister und wir widmen ihnen unser Mitgefühl und unser Gebet. Mit solchen Ausdruckweisen meinen wir, daß ein solcher „Geist" oder eine solche „Seele", der astralen Manifestation oder den Wellen und Schwingungen, die als ein Abbild dieser Persönlichkeiten in unserer Erinnerung aufgenommen und interpretiert werden können, ähnlich ist. Dieser Geist kann „Schwingungsgeist" genannt werden.

## c. Universeller Geist

Wir gebrauchen den Begriff „Geist" auch in einem universellen und unvergänglichen Sinne, wie z.b. bei der Bedeutung von Gott, Ewigkeit, Universalität, Unsterblichkeit und Absolutheit, welche die Eigenschaften der Allgegenwart, der Allmacht und der Allwissenheit beinhalten. Der Begriff wird verwandt, um die absolute Gerechtigkeit, die bedingungslose Liebe, die allumfassende Weisheit und die universellen Grundsätze auszudrücken. Diese Bedeutung von „Geist" hat keinen Bezug zu irgendeiner Erscheinungsform innerhalb der relativen Welt; er weist auf etwas jenseits aller relativen Vorstellungen, wie Leben und Tod, Zeit und Raum, hin. Dies kann als „Universeller Geist" bezeichnet werden.

Diese drei Kategorien, welche die verschiedenen Bedeutungen des „Geistes" ausdrücken, sind tatsächlich ein einheitlicher Ablauf, der sich lediglich verschieden in jeder Stufe der Entwicklung innerhalb der spiralförmigen Bewegung dieses physikalischen Universums, das sich aus dem unendlichen Meer des Universellen Geistes erhoben hat, manifestiert. Der „Verkörperte Geist" ist ein begrenzter Teil des Schwingungsgeistes, und der Schwingungsgeist ist ein begrenzter Teil des Universellen Geistes. Der grenzenlose Bereich des Universellen Geistes kann als Gott, Ganzheit, Einheit, Nirwana, Yahweh, allgegenwärtig, allmächtig und allwissend, bezeichnet werden. Er ist ohne Anfang und ohne Ende. Er manifestiert sich nicht als relative Erscheinungsform und steht jenseits jeder relativen Beziehung zu irgendeiner Existenz. Er ist ewig und universell und aus diesem Grunde nicht identifizierbar — namenlos. Er ist der Wille aller Erscheinungen, der innerhalb sich selbst erscheint. Er ist der Ursprung der Ursprünge aller Erscheinungen und er ist das Ende des Endes aller Wesen.

Das Stadium des Schwingungsgeistes ist ein Übergangsprozeß bezüglich der Zeit wie auch des Raumes, zwischen dem unendlichen Universellen Geist und den endlichen physischen Manifestationen. Ein Teil dieses Übergangsbereiches kann als Strahlung, Wellen und Schwingungen wie auch aller Energiemanifestationen erfahren werden. Diese sind mehr verdichtet als der unendliche Universelle Geist, aber sie sind viel ausgedehnter als die verkörperten Wesenheiten. Dies ist die Welt der Träume, der Bilder und Gedanken, die in die physische Welt herübergeführt und dort verwirklicht wird. Wenn die physische Welt sich auflöst, wird sie zur gleichen Zeit in die Welt der Träume, Bilder und Gedanken herübergeführt. Diese Welt des Schwingungsgeistes ist die ursprüngliche Beschaffenheit der physischen Erscheinungsformen. Wir menschlichen Wesen haben uns auch aus dieser Welt heraus verkörpert.

Wenn sich der Mensch auf der Erde als ein biologisches Wesen verkörpert, geht die Welt der Träume, Vorstellungen und Gedanken der Biochemikalisierung aller Energien voraus, so wie der Strahlung, Wellen und Schwingungen wie auch der Bewegung der präatomaren Partikel, und mündet in der menschlichen Konstitution mit der Entwicklung des zellularen Organismus. Diese komplexen Kräfte in der Welt der Energien können zusammenfassend als die Kraft des elektromagnetischen Stroms bezeichnet werden, der sich fortwährend zwischen beiden entgegengesetzten Polen: Yin und Yang, zentrifugal und zentripetal, plus und minus, alpha und omega, Raum und Zeit, langsam und schnell, vorne und hinten, oben und unten, außen und innen, und allen anderen entgegengesetzten und sich ergänzenden relativen Erscheinungen bewegt.

Alle verkörperten Erscheinungen sind vergänglich. Sie verändern sich ohne Unterlaß — endloser Wechsel von Yin in Yang, Ausdehnung in Zusammenziehung, Geburt in Tod, Aufstieg in Verfall — dies ist das universelle Prinzip, das die physische Welt beherrscht. In dieser Welt der Unbeständigkiet strebt der Mensch nach der Beständigkeit des Universellen Geistes, der tief in seiner Erinnerung verankert ist, denn er kommt aus dem Universellen Geist in diese physische Welt und geht durch das Stadium des Schwingungsgeistes. Sein Streben ist das Zeugnis dafür, daß er den Universellen Geist gekannt hat und daß er der Universelle Geist selbst war.

Um wieder zu dem Universellen Geist — Gott, Ewigkeit oder Wille — zurückzukehren, möchte die Menschheit die vollkommene Harmonie mit der Umgebung erreichen, um zu einer Einheit zu gelangen. Dieser Vorgang der Harmonisierung des Menschen mit der Umgebung besteht in der Verwirklichung von körperlicher Gesundheit, Schönheit, geistigem Frieden und geistiger Vielseitigkeit. Es ist unbestreitbar, daß jeder Mensch Gesundheit und Lebensfreude sucht, um die Einheit mit der Unendlichkeit, dem Ursprung aller Ursprünge zu erreichen, denn jeder ist eine Manifestation des Universellen Willens. Der Universelle Wille, eine Unendlichkeit zu sein, ist gleichbedeutend mit dem persönlichen Willen, Gesundheit und Lebensfreude durch die körperliche, seelische und geistige Entwicklung in unserer Zeit auf dieser Erde als menschliche Wesen zu suchen und zu erreichen.

## 2. Die spiralförmige Beschaffenheit des Menschen

Alle Erscheinungsformen, die in diesem unendlichen Meer des Universellen Geistes erscheinen und wieder verschwinden, besitzen — ohne Ausnahme — eine spiralförmige Beschaffenheit. Die Beschaffenheit der Galaxien und Atome, die Bewegung des Windes und des Wasser, das Wachstum der Pflanzen und der Tiere — alle folgen sie diesem universellen Muster: der Spirale.

Der Mensch erscheint und verschwindet ebenfalls in diesem spiralförmigen Muster, mit seiner körperlichen, seelischen und geistigen Beschaffenheit, die spiralförmig angeordnet ist. Der Aufbau der Spirale für die Entwicklung der menschlichen Beschaffenheit wie auch unserer körperlichen, seelischen und geistigen Entwicklung vollzieht sich — wie unten beschrieben — in einem spiralförmigen Bewegungsmuster:

### a. Die Umweltphase

Wir verwandeln uns aus der Einen Unendlichkeit des endlosen Meers der Einheit durch die Polarisierung — Yin und Yang, die entgegengesetzten und sich ergänzenden Kräfte, die alle relativen Welten durch spiralförmige Muster entstehen lassen. Die Welt der Schwingung und der Energie erzeugt präatomare Erscheinungen, einschließlich verschiedener Teilchen durch die spiralförmige Bewegung der energetischen Kräfte.

Die Atome werden in vielfältigen komplexen Spiralen geformt und Moleküle entstehen ebenfalls in einer spiralförmigen Kette, die sich mit verschiedenen Atomen, wie z.B. bei dem

DNS-Code, verbinden. Die Welt der Natur, die sich aus Erde, Wasser und Luft zusammensetzt, manifestiert sich in der spiralförmigen Bewegung dieser Moleküle, wie wir es ohne Schwierigkeiten durch die sichtbare Bewegung der Galaxien, der Wasserströme, der Windbewegungen und den Mustern des Luftdruckes erkennen können. Das gesamte biologische Leben einschließlich aller Pflanzen- und Tierarten entwickelt sich ebenfalls spiralförmig, wie wir es bei dem Wachstumsprozeß der Wurzeln, Stämme, Rebstöcke, Blätter und Blumen wie auch bei der Bildung der Zellorganismen, einschließlich der Muskeln, Knochen, Organe, Drüsen und auch den Verdauungs-, Atmungs-, Kreislauf-, Ausscheidungs- und Nervenfunktionen der Tiere beobachten können.

**b. Die vor der Empfängnis liegende Phase**

Wenn die Nahrung im Verdauungssystem absorbiert ist, wird diese in unserem gesamten Körper in Gestalt der verschiedenen Substanzen des Blutes, der Lymphe und anderer Körperflüssigkeiten verteilt, die sich in spiralförmigen Mustern bewegen, was wir feststellen können, wenn wir unseren Körper entweder von oben oder unten betrachten. Diese Nahrung in der Form des Blutes und anderer Körperflüssigkeiten verwandelt sich daraufhin in die verschiedenen Körper- und Fortpflanzungszellen, die lediglich aus einer Ansammlung eng zusammenliegender Spiralen bestehen und zusammen die Organe, das Gewebe und die Muskeln bilden. In den Fortpflanzungsorganen, wie den Hoden und den Eierstöcken, bilden die Fortpflanzungszellen oder die Follikel — das Sperma durch eine zentrifugale Spirale in den männlichen Organen und das Ei durch eine zentripetale Spirale in den weiblichen Organen. Wenn sowohl das Sperma als auch das Ei spiralförmig ausstrahlende Schwingungen in den sie umgebenden Bereich abgeben, während sie sich gegenseitig in dem weiblichen Uterus angezogen fühlen, bilden ihre Bewegungen ebenfalls spiralförmige Muster, die sich durch ihre eigene Drehung vergrößern.

**c. Die embryonale und fötale Phase**

Vom Zeitpunkt der Empfängnis bis zur Geburt wächst das befruchtete Ei in vier grundlegenden Phasen. Jede Phase entwickelt sich in einem logarithmischen Zeitmuster im Verhältnis von eins zu drei in die nächste Phase.

*1. Die erste Phase: sieben Tage, vom Zeitpunkt der Befruchtung bis zum Zeitpunkt der Einnistung,* die im tiefsten Inneren des Uterus stattfindet. Während dieser Phase erhöht das befruchtete Ei die Zellteilung in einem logarithmischen Muster: 1 in 2, 2 in 4, 4 in 8, 8 in 16; und diese Bewegung der Zellvermehrung geschieht spiralförmig, in Verbindung mit der Umdrehungsbewegung des Eies wie auch den Bewegungen seiner Achsenverlagerungen.

*2. Die zweite Phase: 21 Tage vom Zeitpunkt der Einnistung bis zum Zeitpunkt der Bildung der generellen Körpersysteme..* Während dieser Phase bildet sich das innere System, das sich später in die Verdauungs- und Atmungsfunktionen entwickeln wird, das äußere System, das sich in das Nervensystem entwickeln wird, und das zentrale System, das sich in die Kreislauf- und Ausscheidungsfunktionen entwickeln wird. Die inneren Verdauungs- und Atmungssysteme wachsen in spiralförmigen Mustern, die sich zentrifugal ausdehnen, ebenso wie das äußere Nervensystem, das jedoch mehr von der zentripetalen, sich zusammenziehenden Kraft bestimmt ist. Die zentralen Kreislauf- und Ausscheidungssysteme werden ebenfalls durch spiralförmige Bewegungen zwischen den beiden Hauptsystemen gebildet. Es ist nicht nur jedes System spiralförmig gebildet, auch sind während dieser Phase die drei Hauptsysteme — das innere, das äußere, und das zentrale — als ein Ganzes in spiralförmigen Schichten angeordnet, die miteinander an beiden Enden verbunden sind.

*3. Die dritte Phase: 63 Tage, die Ausbildung der Organe, Drüsen und anderer Grundstrukturen.* Während dieser Phase bilden sich um die drei Systeme die zukünftigen Organe, Drüsen und andere grundlegende Körperstrukturen. Alle diese Strukturen wachsen spiralförmig, entweder durch die zentrifugale oder die zentripetale Kraft. Die erstgenannte bildet mehr hohle und bewegliche Strukturen, wie z.B. der Dickdarm, der Dünndarm, der Magen, die Galle und die Blase und die letztgenannte bildet mehr kompakte Gebilde, wie die Lungen, das Herz, die Milz, die Leber und die Nieren. Weil diese wiederum entsprechend der spiralförmigen Energiebewegung gebildet sind, bestehen sie aus mehreren Schichten.

*4. Die vierte Phase: 189 Tage, die Phase der allgemeinen Entwicklung bis zum Zeitpunkt der Geburt.* In diesem Zeitraum wachsen die Systeme, Organe, Drüsen, die grundlegenden Körperstrukturen und alle übrigen unterstützenden Teile und Funktionen und diese sind am Ende der 280 embryonalen Tage vollständig vorhanden. Während des gesamten Zeitraums wechselt der Embryo zwischen einer aktiven Bewegung und einer langsamen Bewegung. Darüberhinaus bewegt er sich spiralförmig durch eine Kombination der Umdrehung und der Achsenverlagerung. Während dieser regelmäßigen spiralförmigen Bewegung behält der Embryo sein Gleichgewicht zwischen dem Kopf und dem Körper, rechts und links, Vorder- und Rückseite, außen und innen, wie auch innerhalb der Systeme, Organe, Drüsen und Kreisläufe der verschiedenen Körperflüssigkeiten. Entgegengesetzte aber sich ausgleichende Tendenzen, Yin und Yang, sind im Gleichgewicht und bereiten insgesamt auf die Geburt vor. Zum Beispiel wird der Kopfbereich kompakter, während der Körperbereich sich mehr ausdehnt. Die Vorderseite des Körpers wird weicher während die Rückseite härter wird. Die Muskeln und das Gewebe sammeln Eiweiß und Fette, während die Knochen mehr Mineralien ansammeln.

### d. Die Säuglingsphase

Dieser Zeitraum erstreckt sich von der Geburt bis zur Fähigkeit, aufrecht als ein Kind zu stehen. Während dieser Phase wiederholen wir die Erfahrungen der einstigen Evolution der Tierarten, die nach der Bildung der Kontinente bis zur Neuzeit, als die menschliche Rasse entstand, auf dem Lande stattfand. Während dieser Phase von ungefähr 400 Millionen zu wiederholenden biologischen Jahren, entwickeln wir unsere mechanische, sinnliche und gefühlsmäßige Aufnahmefähigkeit wiederum in einer logarithmischen Gestaltung. Während der ersten vier Wochen nach der Geburt sind unsere Funktionen fast ausschließlich mechanischer Art; während der zweiten zwölf Wochen entwickelt sich ein wachsendes sinnliches Aufnahmevermögen im Zusammenhang mit den mechanischen Funktionen; und während der dritten 36 Wochen vergrößern wir zusammen mit den vorhergehenden mechanischen und sinnlichen Funktionen — wiederum logarithmisch — die Dimensionen des uns umgebenden Raums, während sich unsere Haltung, nach den Stufen der Amphibien, der Reptilien, der Säugetiere und des Affens, aufrichtet. Die Bewegungen unseres wachsenden Körpers zeigen wiederum spiralförmige Muster: wenn wir unseren Körper nach vorne neigen, ziehen wir unsere Körperspirale zusammen; und wenn wir unseren Körper strecken, lösen wir die Spirale auf. Wenn wir unsere Arme anwinkeln, bilden wir Spiralen und wenn wir sie ausstrecken, lösen wir die Spiralen auf. Bei unserer Atmung bilden sich während der Ausamtung entgegengesetzte spiralförmige Luftbewegungen, während sie durch die Nasenhöhle strömen. Wenn wir Nahrung und Flüssigkiet schlucken, bildet deren nach unten verlaufende Bewegung eine Spirale, die entgegengesetzt zu der Bewegung der Urin- und Stuhlausscheidung ist.

## e. Kindheit

Während der Kindheit, vom Zeitpunkt der aufrechten Haltung bis zum Zeitpunkt der Pubertät, wird unsere körperliche Beweglichkeit aktiver und folgt einem spiralförmigen Muster zwischen Ausdehnung und Zusammenziehung. Wenn wir am Tage stehen, neigen wir dazu, unsere Körperspirale auszustrecken und unseren Körper gewöhnlich gerade zu halten ; und während wir in der Nacht schlafen, neigen wir dazu, unsere Körperspirale, mit eingezogenem Kopf und Füßen, zusammenzuziehen. Wenn wir uns schnell bewegen, z.b. beim schnell laufen, haben wir die Tendenz, unsere Spirale mehr gebogen zu halten; wenn wir uns ausruhen, haben wir die Tendenz, unsere Spirale mit den Beinen, Armen und dem ganzen Körper entspannt ausgestreckt zu halten. Wenn wir Töne von uns geben, strömt Luft aus und bildet eine sich ausdehnende Spirale; wenn wir einatmen, strömt Luft nach innen und bildet eine sich eher zusammenziehende Spirale. Unsere Sinnesfunktionen wie Schmecken, Riechen, Hören und Sehen ergeben sich aus spiralförmigen Bewegungen des Kopfes, um die Intensität, die Richtung und die Entfernung des Sinnesimpulses zu identifizieren.

Zur gleichen Zeit entwicklen sich in einem spiralförmigen Muster die psychologischen Funktionen wie auch der Verlauf verschiedener Gedanken. Nach Ablauf der früheren Säuglingsphase, in der wir unser Sinnes- und Gefühlsbewußtsein entwickelt haben, entwickeln wir in dieser Phase unser intellektuelles Bewußtsein weiter. Es wächst und arbeitet spiralförmig in Richtung der größeren Dimensionen der äußeren Umgebung in Gestalt von Phantasie, Spekulation, Kalkulation, Vermutung und den übrigen Funktionen, die allgemein als „Verständnis" bekannt sind. Indem wir die rechte Gehirnhälfte benutzen, die mehr mit der grundlegenden mechanischen Begriffsbildung beschäftigt ist, bilden wir spiralförmige Gedankenschwingungen um unsere rechte Gehirnhälfte; wenn wir unsere linke Gehirnhälfte benutzen, die mehr das ästhetische komplexe Denken formt, bilden wir wiederum spiralförmige Gedankenschwingungen um unsere linke Gehirnhälfte.

Alle unsere körperlichen Bewegungen wie auch unsere verschiedenen psychologischen Aktivitäten bilden entweder sich ausdehnende, zentrifugale oder sich zusammenziehende, zentripetale spiralförmige Muster, die entweder im Uhrzeigersinn oder gegen den Uhrzeigersinn angeordnet sind, — das sind spiralförmige Energie- und Schwingungsbewegungen.

## f. Das Erwachsenenalter

Der Zeitraum von der Pubertät bis ungefähr zum 50. Lebensjahr, wenn bei der Frau gewöhnlich das Klimakterium beginnt, kann als Erwachsenenalter bezeichnet werden. Während dieser Phase setzt sich zwar das körperliche Wachstum nicht fort, dafür aber die psychologische und geistige Entwicklung. Diese Entwicklung vollzieht sich wiederum in einer logarithmischen Spirale und setzt die psychologische Entwicklung der vorhergehenden Stufe fort. Unser mechanisches, sinnliches, gefühlsmäßiges und intellektuelles Bewußtsein bildet sich weiter aus und zusätzlich entwickeln wir fortwährend soziale Vorstellungen durch unsere Erfahrungen innerhalb der menschlichen Beziehungen. Diese soziale Erkenntnis bewirkt, ideologisch und philosophisch gesehen, ein erweitertes Bewußtsein — das Verstehen der Gesellschaft, des Lebens und des Universums als ein Ganzes; und dies entwickelt sich wiederum in einer logarithmischen Spirale weiter und vergrößert dadurch unsere Zeit- und Raumdimensionen.

Unser Interesse bezüglich der persönlichen Angelegenheiten erweitert sich auf die Familien- und Gruppenangelegenheit und darüberhinaus auf die Angelegenheiten der Gemeinschaft und der Gesellschaft und schließlich die der ganzen Welt. Das ideologische und philosophische Verständnis beginnt bei unserer persönlichen Erfahrung mit anderen Menschen und den uns umgebenden Bedingungen. Es erweitert sich in unsere Sorge um das Schicksal der gesamten Menschheit und dies wiederum entwickelt sich zu einem Verständnis des Universums einschließlich der sichtbaren und unsichtbaren, der materiellen und geistigen, körperlichen und gedanklichen, endlichen und unendlichen Welten — Warum sind wir hier, von woher kommen wir und wohin gehen wir? Was ist der Sinn des Lebens? Was ist Liebe,

Friede, Gerechtigkeit und Freiheit? Gibt es in der Bewegung des Universums eine bestimmte Richtung? Gibt es eine universelle Ordnung, die alle in diesem Universum erscheinenden Formen bestimmt? — usw.

Weil diese Aspekte unserer gedanklichen Entwicklung sich spiralförmig in einer sich ausdehnenden Yin-Richtung abspielen, tendieren unsere körperlichen Aktivitäten, die unsere Kontakte mit Menschen und anderen natürlichen Wesen herstellen, ebenfalls dahin, sich in einem sich ausdehnenden Yin-Muster zu erweitern. Zu Beginn dieser Phase sind unsere Kontakte auf unsere nächsten Familien und Freunde beschränkt; während wir wachsen, vermehren sich unsere Kontakte zu einer Anzahl von Menschen, Angelegenheiten und Ereignissen, die wir sowohl innerhalb der Gesellschaft als auch in der Natur erfahren. Darüber hinaus spiegeln wir uns häufiger die Vergangenheit wider, und planen mehr für die Zukunft. Entsprechend der allgemeinen Tendenz innerhalb der Familienbildung wird eine Einzelperson zu einem Paar, und ein Paar bringt mehrere Kinder hervor, die wiederum noch mehr Kinder haben werden. Die Anhäufung materieller Werte während dieser Phase entwickelt sich gewöhnlich ebenfalls in einer sich ausdehnenden Richtung. Es scheint eine allgemeine Tendenz zu sein, daß die Geschwindigkeit der Anhäufung materieller Werte langsamer ist als die Häufigkeit der menschlichen Kontakte, und daß das Anwachsen der menschlichen Kontakte langsamer vonstatten geht als die Entwicklung des Bewußtseins. Diese drei Entwicklungsphasen bilden die inneren, mittleren und äußeren Bahnen einer logarithmischen Spirale, welche die gesamte Entwicklung unseres menschlichen Lebens in diesem Zeitraum darstellt.

Innerhalb dieser sich vergrößernden Formation, tendiert die Entwicklung der beiden Aspekte — menschliche Kontakte und Bewußtsein — zu einer Verlangsamung, falls die Geschwindigkeit der materiellen Anhäufung übertrieben hoch ist.

### g. Das Alter der Reife

Der Zeitraum vom ungefähr 50. Lebensjahr bis zum Tod, kann als Zeit der Reife, die Vollendung des menschlichen Lebens, bezeichnet werden. Während dieser Phase wächst unser Bewußtsein sehr schnell in logarithmischer Anordnung und erweitert unser soziales Erkenntnisvermögen und unser ideologisches und philosophisches Verständnis. Diesem folgt die Entwicklung des geistigen und kosmischen Erkenntnisvermögens, was uns dahin führt, daß wir erkennen, daß unser Leben nur ein Übergangsprozeß im Verlauf der langen Reise ist, die in dem unendlichen Meer des Universums begann und die damit endet, daß wir zu diesem Meer zurückkehren. Dies führt uns weiterhin zu dem Verständnis, daß diese lange Reise des Lebens endlos zwischen der Einen Unendlichkeit und den unzähligen endlichen Erscheinungsformen verläuft. In diesem endlosen Lebenskreislauf bestehen alle physischen Erscheinungen aus der kompakten Yang-Form der nicht-physischen Schwingungen und geistigen Wesen, und alle geistigen Wesen sind nichts anderes als die ausgedehnte Yin-Form, die alle Dimensionen dieses Universums und sogar alles jenseits des Universums — wie die unendliche Allgegenwärtigkeit — umfaßt.

In dieser Lebensphase verwirklicht sich wahre Lebensfreude, indem unser Bewußtsein sich kosmisch und geistig entwickelt. Unser materielles Leben wie auch unsere Beziehungen mit anderen Menschen und Wesen werden auf natürliche Weise der höchsten kosmischen und geistigen Erkenntnis des ewigen Lebens angepaßt. Gegen Ende des Lebens verringert und verfällt unsere körperliche und gegenständliche Entwicklung allmählich, während unsere sozialen und menschlichen Kontakte weiterhin wachsen und die Bewußtseinsentwicklung mit zunehmender Geschwindigkeit vonstatten geht.

## h. Die Phase nach dem menschlichen Leben

Mit dem Tod des menschlichen Lebens auf dieser Erde wird das Yin Wachstumsmuster des Lebens durch die aktive Auflösung der menschlichen Beschaffenheit noch weiter verstärkt. Einige Teile, so wie der Zellorganismus kehren in ihre ursprüngliche Elementenwelt zurück, unterschieden und verteilt in die Erde, das Wasser und die Luft; und andere Bestandteile der menschlichen Beschaffenheit wie die Schwingungen, die Wellen und die Strahlung, die sich als körperliche und geistige Energien manifestiert haben, kehren ebenfalls in ihre ursprünglichen Welten zurück und verteilen sich dort. Darüber hinaus verbleibt das, was wir als Bewußtsein bezeichnen, als eine massive Schwingung, und existiert in Gestalt von „Seelen" oder „Geistern" weiter, welche in verschiedene Wellenlängen übertragen werden und die das Erinnerungsvermögen, die Bilder und Gedanken unserer noch lebenden Mitmenschen beeinflussen können.

Diese Schwingungsexistenzen lösen sich weiter auf und expandieren in größere Dimensionen und kehren schließlich in die unendliche Dimension, die das gesamte Universum umfaßt, zurück.

Diese acht Entwicklungsstufen der körperlichen, seelischen und geistigen Beschaffenheit des Menschen, variieren — obwohl sie sich als Einheit innerhalb des Musters einer logarithmischen Spirale verändern — entsprechend den folgenden Faktoren:

1. Den überlieferten und vererbten Eigenschaften, die wir durch unsere Eltern und Ahnen sowohl biologisch als auch psychologisch erhalten haben.
2. Den Umwelteinflüssen einschließlich der klimatischen und wettermäßigen Bedingungen, den geographischen Unterschieden und den atmosphärischen Bedingungen wie auch den planetarischen Einflüssen.
3. Der Menge und der Qualität der Nahrung und Flüssigkeit, die wir in unserem Leben Tag für Tag zu uns genommen haben, und die unsere körperlichen, seelischen und geistigen Eigenschaften und Neigungen bestimmen.
4. Der sozialen Umgebung, einschließlich der verschiedenen Beziehungen zu anderen Menschen und der Art der Zivilisation und der Kultur, die uns umgibt.

Ganz gleich ob diese Einflüsse positiv oder negativ sind, jeder von uns hat die Freiheit, durch Eigeninitiative in unserem täglichen Leben mit diesen Einflüssen zurecht zu kommen. Aus diesem Grunde ist es notwendig, um Gesundheit und Lebensfreude zu erlangen, daß wir unser tägliches Leben in einer angebrachten Art und Weise entsprechend den makrobiotischen Grundsätzen ausrichten, die unsere Ernährungsweise und körperliche, seelische und geistige Übungen, wie auch Do-In, beinhalten.

# 3. Die Beschaffenheit des Ki – der elektromagnetischen Energie beim Menschen

Während der embryonalen Entwicklung, die sich spiralförmig vollzieht, erhält der Embryo fortwährend Himmelskräfte, die durch den geistigen Kanal der Mutter nach unten fließen, und die durch den oberen magnetischen Pol, dem Zentrum der

Haarspirale am Kopf, spiralförmig einfließen. Der Embryo erhält auch, durch die sich drehende Erde, sich ausdehnende Kräfte, die durch den unteren magnetischen Pol, den Unterleibsorganen der Mutter, nach oben aufsteigen. Beide Kräfte laden den Embryo von oben und unten auf und erzeugen vitale Kraftströme elektromagnetischer Energien. Dieser „aufgeladene" Zustand des Embryos wird „lebendig sein" genannt.

Diese beiden „Aufladungskräfte" in Verbindung mit den Drehungsbewegungen des Embryos produzieren sich ausdehnende Energie, die aus dem Innern des Embryo in den umgebenden Raum ausstrahlen und eine unsichtbare elektromagnetische Energieschicht um den Embryo bilden. Diese Schicht wird vertikal in 12 Unterschichten entsprechend dem Einfluß der 12 grundlegenden elektromagnetischen Meridiane, die vertikal an der Innenseite des Uterus verlaufen, aufgeladen.

Jeder dieser 12 inneren Meridiane im Uterus entspricht genau den äußeren Meridianen der Mutter und diese äußeren Meridiane wiederum entsprechen den atmosphärischen Aufladungen der Erde, die durch die 12 Sternbilder, welche sich weit entfernt im Raum entlang der Umlaufbahn der Erde kreisend bewegen, entstehen.

Diese äußeren Meridiane und die Sternbilder, denen sie entsprechen, sind folgende:

| Meridian | Sternbild |
|---|---|
| Lungenmeridian | Widder |
| Dickdarmmeridian | Stier |
| Magenmeridian | Zwilling |
| Milzmeridian | Krebs |
| Herzmeridian | Löwe |
| Dünndarmmeridian | Jungfrau |
| Blasenmeridian | Waage |
| Nierenmeridian | Skorpion |
| Herzregentmeridian | Schütze |
| Dreifacher Erwärmer Meridian | Steinbock |
| Gallenblasenmeridian | Wassermann |
| Lebermeridian | Fische |

Zwischen der elektromagnetischen Schicht um den Embryo und dem inneren Zentrum des Embryos wird eine elektromagnetische „Ladung" in der Form von unsichtbaren Strömungen ausgetauscht, die sich spiralförmig von dieser Schicht aus in das

Innere des Embryo fortbewegt und sich in 12 verschiedenen Arten dreht. Wenn diese unsichtbaren Strömungen den innersten Teil des Embryo erreichen, bildet jede von ihnen eine Spirale. Einige bilden nach innen verlaufende Spiralen aufgrund ihrer niedrigen Geschwindigkeit und andere bilden nach außen verlaufende Spiralen aufgrund ihrer schnellen Geschwindigkeit. Diese nach innen und außen verlaufenden Spiralen wachsen beständig während der embryonalen Phase und entwickeln sich zu den Hauptorganen und -Funktionen. Die nach innen gerichteten Spiralen bilden die dichteren Organe, die sich langsamer bewegen, und die nach außen verlaufenden Spiralen bilden die mehr ausgedehnten Organe, die schneller in ihrer Bewegung sind. Innerhalb dieser Organe halten sich diejenigen, die eine yangige, dichte Struktur haben und eine yinige langsame Bewegung mit denen, die eine ausgedehntere Struktur und eine yangige aktive Bewegung aufweisen, gegenseitig im Gleichgewicht, so als ob sie Paare bilden würden. Im folgenden stehen diese Paare sich ausgleichender Organe und Funktionen:

*Feste Organe ( △ )*  *Ausgedehnte Organe ( ▽ )*
*Langsame Bewegung ( ▽ )*  *aktive Bewegung ( △ )*

| | |
|---|---|
| Lungen | Dickdarm |
| Milz und Bauchspeicheldrüse | Magen |
| Herz | Dünndarm |
| Nieren | Blase |
| Herzregent | Dreifacher Erwärmer |
| Leber | Gallenblase |

**Abb. 9  Embryonale Bildung von Organen, Armen und Beinen**

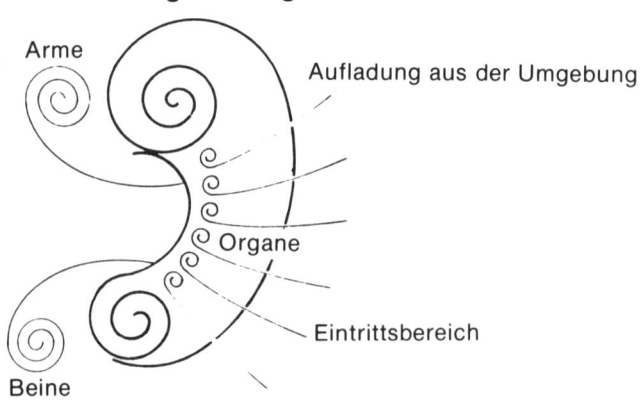

**Abb. 10 Embryonale Bildung der drei grundlegenden Systeme**

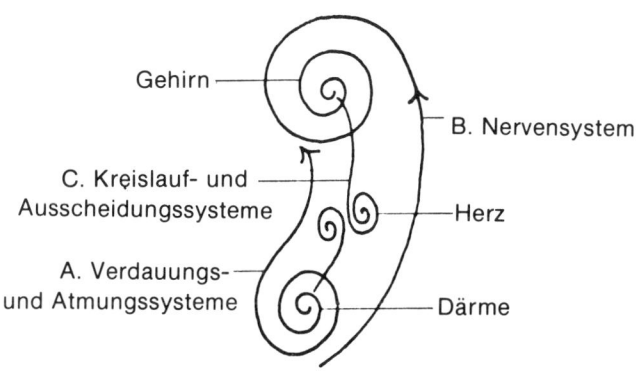

Nachdem sich diese Spiralen, die später die Hauptorgane und Funktionen bilden werden, entwickelt haben, beginnt sich elektromagnetische Energie sowohl nach unten als auch nach oben zu entladen. Die nach oben entladene Energie ist diejenige, die mehr an den Außenteilen der beiden Seiten des Embryos aufgeladen wurde, und die nach unten entladene Energie ist diejenige, die eher im Innern des Embryo aufgeladen wurde. Diese entladenen Energien bilden ebenfalls Außenspiralen, obere und untere Spiralen, und diese Spiralen entwickeln sich später als Arme und Beine. Dementsprechend entwickeln sich die elektromagnetischen Ströme, die als Meridiane durch die Arme und Beine laufen, wie folgt:

*Arme*

Lungenmeridian
Dickdarmmeridian
Herzregentmeridian
Meridian des Dreifachen
Erwärmers
Herzmeridian
Dünndarmmeridian

*Beine*

Milzmeridian
Lebermeridian
Magenmeridian

Gallenblasenmeridian
Blasenmeridian
Nierenmeridian

Sie bilden entsprechend die Finger und Zehen am Ausgangspunkt der Meridiane, die als ein Ganzes Spiralen aus sieben logarithmischen Umdrehungen bilden, wie das folgende Beispiel verdeutlicht:

**Abb. 11   Die spiralförmige Anordnung des Armes**

Stufe 1: Der Teil des Schlüsselbeins und des Schulter-
blattes, welcher die Arm-
wurzel darstellt.
Stufe 2: Der Oberarm
Stufe 3: Der Unterarm
Stufe 4: Der Handrücken, bis zu
den Fingern
Stufe 5: Außenseite der Finger,
von der Fingerwurzel bis
zum ersten Fingergelenk
Stufe 6: Die Außenseite des Fin-
gerbereichs vom ersten
bis zum zweiten Finger-
gelenk
Stufe 7: Die Außenseite der Fingerspitzen.

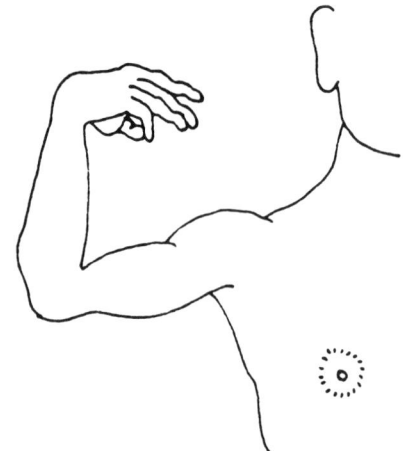

Weil die Arme und Beine Strukturen darstellen, die durch den elektromagnetischen Fluß, ausgehend von den im Körper erzeugten Organspiralen, gebildet werden, stehen die Arme und Beine wie auch die Finger und Zehen in einer sich ergänzenden Beziehung mit den Organen oder dem inneren Bereich des Körpers. Der äußere Bereich der Arme und Beine, einschließlich der Finger und Zehen entspricht den inneren Teilen der jeweiligen Organe: und die mehr nach innen liegenden dem Körper zugewandten Arm- und Beinwurzeln oder Gelenkteile entsprechen den äußeren Bereichen der jeweiligen Organe. Dementsprechend erzeugen Stimulierung und Impulse an den äußeren Bereichen der Arme und Beine einschließlich der Hände, Finger, Füße und Zehen eine sofortige Reaktion in dem inneren Bereich der jeweiligen Organe; während solche, die man an die mehr innen gelegenen Teile der Arme und Beine gibt, eine sofortige Reaktion in den äußeren Bereichen der Organe erzeugen.

Weil der embryonale Körper Energie aus der elektromagnetischen Schicht, die um den Embryo herum gebildet ist, erhält, sind die Eingangspunkte an der äußeren Oberfläche des Embryos gelegen. Diese äußere Oberfläche des Embryos verwandelt sich stufenweise in den Bereich, den wir die Rückseite des Körpers nennen, weil sich die elektromagnetischen Ströme in die Richtung der zukünftigen Arme und Beine bewegen. Der voll entwickelte menschliche Körper besitzt dementsprechend entlang der Wirbelsäule an der Rückseite des Körpers Haupteingangspunkte für die elektromagnetischen Aufladungen, die in der östlichen Medizin als *Yu-Ketsu*, „Yu-Punkte", oder „Eingangspunkte" bezeichnet wurden. *Yu* hat die Bedeutung von „eingießen". Durch diese Eingangspunkte fließen die atmosphärischen Ladungen in den inneren Bereich des Körpers, wo sie verschiedene Organe aufladen und deren Funktionen aktivieren. Jeder dieser Yu-Punkte ist dementsprechend speziell mit dem bestimmten Organ und dessen Funktion verknüpft und diese Punkte haben traditionsgemäß den Namen des Bezugsorgans, wie z.B. *Hai Yu*, „Lungeneingangspunkt", „Lebereingangspunkt", *Sho-Cho-Yu*, „Dünndarmeingangspunkt" usw.

Nachdem die elektromagnetischen Strömungen, die bei den Yu-Eingangspunkten eingeflossen sind, die entsprechenden Organe aufgeladen haben, strömen sie — wie schon erwähnt — an der Oberfläche des Vorderkörpers wieder aus und sammeln sich an bestimmten Punkten, die traditionsgemäß in der östlichen Medizin als *Bo-Ketsu*, „Sammelpunkte" bezeichnet werden. Aus diesem Grunde gibt es an der Vorderseite des Körpers Sammelpunkte für jeden elektromagnetischen Strom, der jedes Organ aufgeladen hat. Mit anderen Worten, diese Sammelpunkte vertreten ebenfalls bestimmte Organe und deren Funktionen. Diese Sammelpunkte stehen in einer Ergänzungsbeziehung mit den Eingangspunkten. Die folgende Graphik zeigt die beiden sich jeweils ergänzenden Punkte:

**Abb. 12**

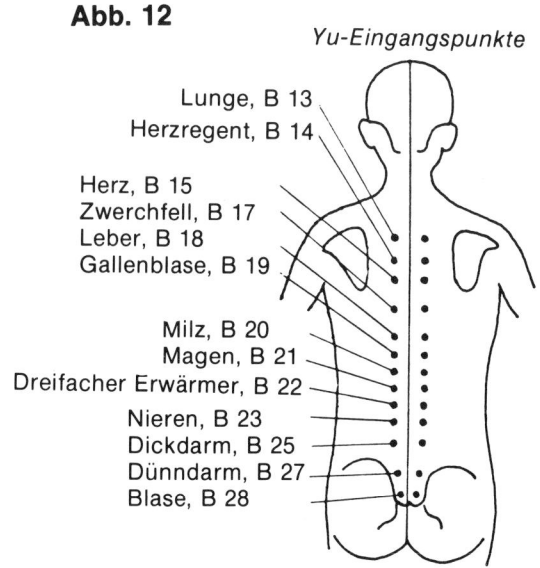

*Yu-Eingangspunkte*

Lunge, B 13
Herzregent, B 14

Herz, B 15
Zwerchfell, B 17
Leber, B 18
Gallenblase, B 19

Milz, B 20
Magen, B 21
Dreifacher Erwärmer, B 22
Nieren, B 23
Dickdarm, B 25
Dünndarm, B 27
Blase, B 28

*Bo-Sammelpunkte*

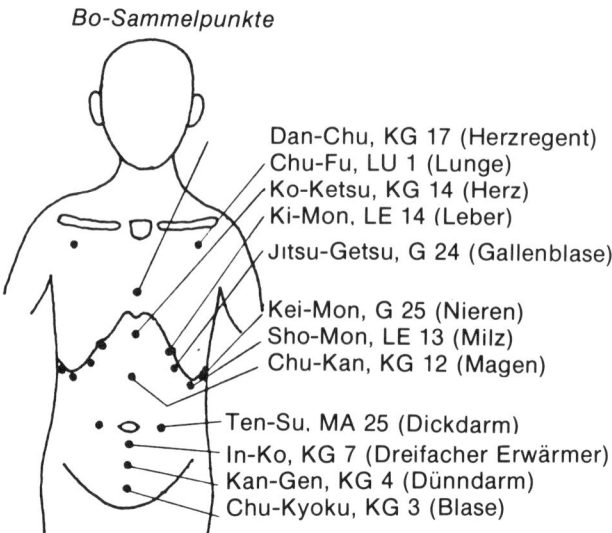

Dan-Chu, KG 17 (Herzregent)
Chu-Fu, LU 1 (Lunge)
Ko-Ketsu, KG 14 (Herz)
Ki-Mon, LE 14 (Leber)
Jitsu-Getsu, G 24 (Gallenblase)

Kei-Mon, G 25 (Nieren)
Sho-Mon, LE 13 (Milz)
Chu-Kan, KG 12 (Magen)

Ten-Su, MA 25 (Dickdarm)
In-Ko, KG 7 (Dreifacher Erwärmer)
Kan-Gen, KG 4 (Dünndarm)
Chu-Kyoku, KG 3 (Blase)

Der elektromagnetische Fluß, der sich in den Sammelpunkten im Vorderbereich des Körpers angesammelt hat, um in die Arme und Beine geleitet zu werden, bildet Meridiane für jede elektromagnetische Strömung, die in den Finger- und Zehenspitzen endet. Die Endpunkte dieser Meridiane werden als *Sei-Ketsu*, „Brunnenpunkte" bezeichnet. Der Name „Brunnen" deutet daraufhin, daß der elektromagnetische Fluß wie Wasser aus einem unterirdischen Brunnen hervorsprudelt. Jeder Brunnenpunkt eines jeden Meridians ist aus diesem Grunde am Ende eines jeden Fingers und jeder Zehe vorhanden mit der Ausnahme des Brunnenpunktes für den Nierenmeridian, der etwa 2 — 3 cm unter der Mitte des Fußballens zu finden ist. Diese Sei-Brunnenpunkte stehen demzufolge in einer Ergänzungsbeziehung zu den Bo-Sammelpunkten, was die Meridiane betrifft, und stehen ebenfalls in einer Ergänzungsbeziehung zu den Yu-Eingangspunkten hinsichtlich dem Fluß der elektromagnetischen Strömung als ein Ganzes.

Zwischen den Bo-Sammelpunkten und den Sei-Brunnenpunkten bildet jeder Meridian gewöhnlich sieben logarithmische Teile. Dementsprechend kommt die elektromagnetische Strömung, welche durch die Meridiane fließt, im vierten Teilbereich ins Gleichgewicht, wenn man von beiden Enden des Meridians zählt. Weil die Länge jedes Teilbereichs, der die Arme und Beine bildet, sich zunehmend verkürzt, wenn wir uns zu den äußeren Bereichen hinbewegen, befinden sich diese Gleichgewichtspunkte der Meridiane des Armes generell im Bereich des Handgelenks und für die Meridiane des Beines generell im Bereich des Knöchels und der Ferse. Diese Punkte werden traditionell als *Gen-Ketsu* „Quellpunkte" oder „Gleichgewichtspunkte" bezeichnet. Diese Gleichgewichtspunkte gehören zusammen mit den Yu-Eingangspunkten, den Bo-Sammelpunkten und den Sei-Brunnenpunkten zu den wichtigsten Punkten für das Gleichgewicht der elektromagnetischen Aufladung in den Meridianen und den Organen wie auch den Organfunktionen.

Die Sei-Brunnenpunkte und die Gen-Gleichgewichtspunkte eines jeden Meridians sind unten aufgeführt:

**Abb. 13 Gen-Quellpunkte an den Händen und Füßen**

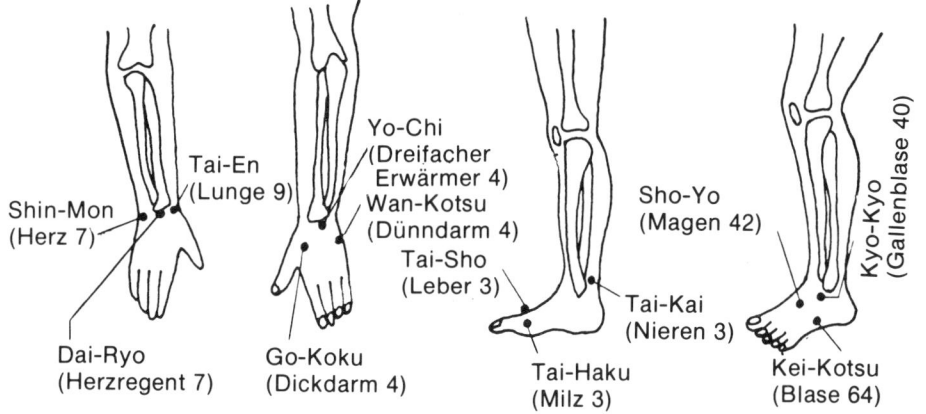

**Abb. 14 Sei-Punkte eines jeden Meridians**

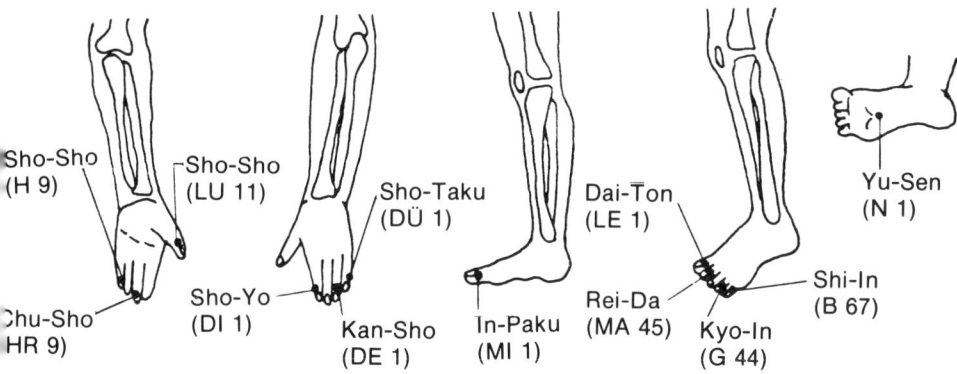

Die Meridiane, die durch unseren Körper verlaufen, entsprechen in etwa den Meridianen auf der Erdoberfläche. Die elektromagnetischen Ströme auf der oberen Schicht der Erde bilden die Berggebiete, die hauptsächlich in der Nord-Süd-Richtung verlaufen. Einige Berggebiete, die ost-westlich oder nordöstlich-südwestlich verlaufen, sind in der Vergangenheit vor oder während den Verschiebungen der Erdachse entstanden, welche die magnetischen Pole der Erde verändert haben. In den Berggebieten gibt es Quellen, Wasserfälle und Ströme und auch Vulkane, Täler, Wälder und Ebenen. Jeder dieser Orte besitzt bestimmte Merkmale, die durch den atmosphärischen Druck und andere äußere Bedingungen in Verbindung mit den Kräften und Bewegungen im Innern der Erde entstanden sind. Ähnlich dazu, gibt es entlang der Körpermeridiane verschiedene Punkte, die fast die Kennzeichen der verschiedenen Naturerscheinungen in den Berggebieten tragen. Einige Punkte entlang der Meridiane sind mehr wässriger Natur — der elektromagnetische Strom fließt, sammelt sich, fällt, sprudelt nach oben. Andere Punkte sind eher durch den Charakter von Feuer, von Metall, von Holz, von Erde u.a. Charakteren gekennzeichnet. Diese Punkte sind dementsprechend nach ihrem Kennzeichen benannt, obwohl innerhalb der modernen Anpassung der östlichen Medizin nunmehr eine Serie von Nummern aufgestellt wurde, um die Punkte zu identifizieren. Diese Punkte sind hauptsächlich entlang der Meridiane besonders um die Gelenke der Arme und Beine angeordnet und zwischen diesen Punkten entstehen weiterhin Gleichgewichtspunkte. In diesem Sinne entstehen in unserem Körper entlang der 12 Meridiane mehr als 360 Punkte und auf der Oberfläche unseres Körpers mehr als 2000 Punkte.

Die elektromagnetischen Hauptströme erscheinen als die 12 Hauptmeridiane, die mit unterschiedlichem Geschwindigkeitsgrad und Strömungsintensität im Körper verlaufen. Von diesen Meridianen verlaufen sechs Strömungen mit einer aktiveren Energie, während die sechs übrigen Strömungen weniger Aktivität aufweisen. Die aktiven Strömungen können leicht als Yang Meridiane erkannt werden, denn sie kommen aus den mehr aktiven Organen, die gewöhnlich eine ausgedehntere Yin-Struktur besitzen. Die weniger aktiven Strömungen können als Yin Meridiane bezeichnet werden, die von weniger aktiven, kompakten Yang Organen kommen. Die Yang Meridiane verlaufen im inneren Bereich der Arme und Beine, während die Yin Meridiane eher im äußeren Bereich verlaufen. Ihr unterschiedlicher Aktivitätsgrad, Yin und Yang, ist im folgenden aufgeführt:

## Unterschiedliche Aktivitätsgrade in den Meridianen

---

Lungenmeridian- Großes Yin
Milzmeridian - Großes Yin
Nierenmeridian - Kleines Yin
Herzmeridian - Kleines Yin
Herzregentenmeridian - Sehr kleines Yin
Lebermeridian - Sehr kleines Yin

Gallenblasenmeridian - Kleines Yang
Meridian des Dreifachen Erwärmers - Kleines Yang
Dickdarmmeridian - Mittleres Yang
Magenmeridian - Mittleres Yang
Blasenmeridian - Großes Yang
Dünndarmmeridian - Großes Yang

---

Innerhalb dieser 12 Meridiane ergänzen sich zwei Meridiane in ihren Funktionen: der Yang Herzregentmeridian und der Yin Meridian des Dreifachen Erwärmers. Diese beiden Meridiane besitzen kein spezifisches Organ, von dem aus die Energie eintritt und wieder ausfließt; es sind eher umfassendere elektromagnetische Ströme. Im Falle des Herzregentmeridians z.B. bestimmt die Energie, die durch die Bewegung im Herzbereich entstanden ist, den Kreislauf des Blutes und anderer Körperflüssigkeiten im gesamten Bereich des Körpers. Im Falle des Meridians des Dreifachen Erwärmers regulieren und kontrollieren die Schwingungen, die aus der Stoffwechselbewegung der oberen Herzgegend des mittleren Magenbereichs und des Unterleibs hergeleitet werden, beständig den Wärmestoffwechsel im Bereich des ganzen Körpers. Der Zustand der übrigen zehn Meridiane beeinflußt dementsprechend diese beiden Meridiane, und der Zustand dieser beiden Meridiane beeinflußt alle zehn Meridiane. Mit anderen Worten, sowohl der Meridian des Herzregenten als auch des Dreifachen Erwärmers stellen umfassende Funktionen dar, die jeden der zehn Meridiane vertreten, welche wiederum die Funktionen der Hauptorgane repräsentieren.

Neben den eben genannten zwölf Meridianen bildet der Embryo zwei weitere grundlegende Meridiane. Diese werden traditionsgemäß *Nin-Myaku*, das „Konzeptionsgefäß" und

*Toyu-Myaku*, das „Gouverneurgefäß" genannt. Elektromagnetische Energie, die als das Konzeptionsgefäß wirkt, fließt an der Vorderseite des Körpers nach oben, beginnt an dem Punkt zwischen After und Genitalbereich und endet beim Mund. Während der embryonalen Zeit stellt dieses Konzeptionsgefäß die innerste Schicht des Körpers dar, und das Gouverneurgefäß die äußerste Schicht des Körpers.

Außerdem sind diese beiden Funktionen als ein Kreislauf elektromagnetischer Energien miteinander verbunden. Am Ende des Konzeptionsgefäßes im Mundbereich tritt die Energie in das Verdauungssystem ein, bewegt sich in den innersten Bereich des Körpers, in den Unterleib und tritt am Ende des Steißbeins wieder aus. Von dort aus fließt die Energie entlang der Wirbelsäule wieder nach oben, erreicht den Kopf und endet im Mundbereich. Im Mundbereich tritt die Energie wiederum in den inneren Bereich des Körpers entlang des Verdauungssystems ein, wiederum weiter in den Unterleib und tritt im Bereich zwischen After und Genitalien aus und verwandelt sich dann wieder in einen Energiefluß, der entlang des Konzeptionsgefäßes nach oben fließt.

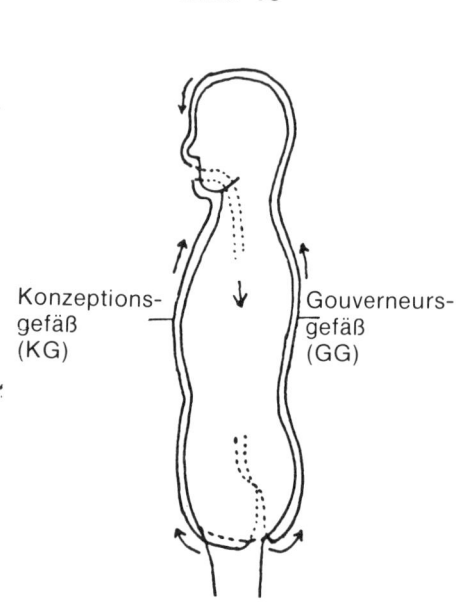

**Abb. 15**

Konzeptionsgefäß (KG)

Gouverneursgefäß (GG)

Diese beiden Meridiane, das Konzeptionsgefäß und das Gouverneursgefäß, die eigentlich ein Energiefluß sind, entsprechen der Energie, die sowohl entlang des Herzregenten als auch des Dreifachen Erwärmers entlangfließen und auf diese übergreifen. Dementsprechend haben diese vier Meridiane einen umfassenden Einfluß auf alle unsere körperlichen, seelischen und geistigen Aktivitäten, während die übrigen zehn Meridiane einen teilweisen Einfluß ausüben.

Elektromagnetische Energien, die als die 12 Meridiane arbeiten, einschließlich dem Herzregenten und dem Dreifachen Erwärmer, stellen keine völlig unabhängigen Ströme dar, die voneinander getrennt wirksam sind. Diese Ströme aller Meridiane sind an beiden Enden miteinander verbunden: an den äußeren Bereichen des Körpers, an Händen und Fingern, Füßen und Zehen, besonders an den Sei-Brunnenpunkten und an den zentralen Punkten des oberen, mittleren und unteren Bereichs des Dreifachen Erwärmers. Folglich fließt die elektromagnetische Energie in einem fortwährenden Strom von einem Meridian zum anderen und wird fortwährend aus der äußeren Atmosphäre durch die verschiedenen Punkte aufgeladen und entlädt sich ebenfalls fortwährend durch die verschiedenen anderen Punkte, während der Strom durch alle Meridiane fließt. Die folgende Tabelle zeigt die Anordnung des Energieflusses von einem Meridian zum anderen, abwechselnd zwischen Yin Meridianen und Yang Meridianen:

| Yin Meridiane | Yang Meridiane |
| --- | --- |
| Lungen | Dickdarm |
| Milz und Pankreas | Magen |
| Herz | Dünndarm |
| Nieren | Blase |
| Herzregent | Dreifacher Erwärmer |
| Leber | Gallenblase |

Folglich beeinflußt jede Stimulation einschließlich Druck auf bestimmte Meridiane oder einige Punkte von bestimmten Meridianen schließlich alle anderen Meridiane einschließlich der elektromagnetischen Aktivität der verschiedenen Punkte — nicht nur bei bestimmten Meridianen, sondern auch bei anderen. Diese Einflüsse, die eine Reaktion der Aktivierung und Wechselwirkung in dem elektromagnetischen Fluß dieser Meridiane erzeugen, können gewöhnlich durch die Erfahrungen verstanden werden, die in der traditionellen Theorie der „Fünf Stufen der Umwandlung" formuliert wurden.

Diese Fünf Stufen der Umwandlung ereignen sich universell in allen Erscheinungen dieser relativen Welt, in jedem Bereich wie der Chemie, der Physik, der Biologie und der Astronomie, wie auch in allen körperlichen, psychologischen und sozialen Erscheinungsformen. Diese Transformationen sind die Bewegungen von der Yin zentrifugalen Ausdehnung zur Yang zentripetalen Zusammenziehung und von der der Yang zentripetalen

Zusammenziehung zur Yin zentrifugalen Ausdehnung in einer endlosen Wiederholung.

In der Natur verwandelt sich die Materie von ihrer festen Form in eine flüssige durch die Anwendung zentrifugaler Faktoren, wie z.b. mittels höherer Temperaturen. Sie verwandelt sich weiterhin in einen Dunstzustand und danach in einen Plasmazustand. Dieser fortwährende Yin Ausdehnungsverlauf wird sich durch die Anwendung niedriger Temperaturen in einen Yang Verlauf der Zusammenziehung verwandeln, vom Plasmazustand durch den Verfestigungsprozeß wieder zum festen Zustand zurückkehrend. Dieser zuletzt genannte Yang Verlauf der Zusammenziehung verwandelt sich dann wieder in den Yin Verlauf der Ausdehnung und wiederholt ähnliche Vorgänge.

Diese Fünf Stufen der Umwandlung wurden in einfachen Begriffen erklärt, die für jeden verständlich sind, und es wurden Beispiele benutzt, die sich auf relative Objekte unserer Umgebung beziehen:

Die Stufe der Verdunstung . . . . . . . . . . . . Holz
Die Stufe des Plasma . . . . . . . . . . . . . . . . Feuer
Die Stufe der Verfestigung . . . . . . . . . . . . Erde
Die Stufe der Festigkeit . . . . . . . . . . . . . . Metall
Die Stufe des Flüssigen . . . . . . . . . . . . Wassers

Dieses allgemeine Modell der Verwandlung des Yin Ausdehnungsverlaufs und des Yang Verlaufs der Zusammenziehung, welches sich unendlich fortbewegt, erklärt auch die Reinkarnation, die universell in allen Erscheinungen stattfindet. Die elektromagnetische Energie, welche entlang der Meridiane in den Körper fließt und die in die verschiedenen Organe und deren Funktionen eintritt und wieder austritt, ist von dieser universellen Gesetzmäßigkeit der Umwandlung nicht ausgeschlossen. Wie die elektromagnetischen Ströme, die entlang der zehn Meridiane verlaufen und wie die beiden umfassenden Meridiane aufeinander reagieren, ist in Abb. 16 dargestellt.

Mit anderen Worten, übermäßige Energie für einen Meridian gibt die Energie an den nächsten Meridian weiter als natürliche Fortsetzung und vermindert die Energie in dem vorhergehenden Meridian. Z.B. übermäßige Energie für den Lebermeridian geht auf natürliche Weise in den Herzmeridian. Diese Beziehung kann eine „ergänzende Beziehung" oder auch „Eltern-Kind-Be-

**Abb. 16** **Die fünf Umwandlungen der Erscheinungsformen und entsprechende Funktionen von Organen und Meridianen**

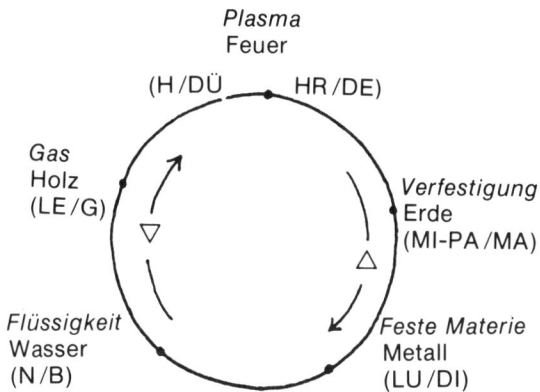

ziehung" genannt werden, wie dies traditionsgemäß in der östlichen Medizin bezeichnet wurde.

Darüber hinaus werden die Meridiane, die auf den sich gegenüberliegenden Zeichnungen aufgeführt sind, durch entgegengesetzte Tendenzen bestimmt: einige mit mehr ausdehnender Energie und andere mit mehr zusammenziehender Energie. Innerhalb dieser Fünf Meridiangruppen gibt es entsprechend antagonistische Beziehungen, wie es in Abb. 17 dargestellt ist.

**Abb. 17** **Entgegengesetzte Tendenzen im Funktionsablauf der Organe und Meridiane**

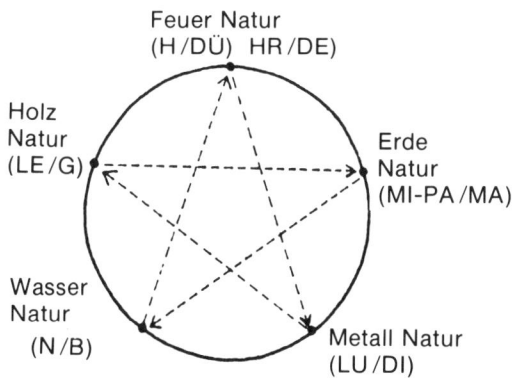

Mit anderen Worten ausgedrückt: eine Stimulation zur Beschleunigung der aktiven Funktion des Lebermeridians würde die aktive Funktion des Milz-Pankreas Meridians hemmen, und eine Stimulation zur Verminderung der Aktivität, beispielsweise des Nierenmeridians, würde die Aktivität des Herzmeridians beschleunigen. Diese Reaktion innerhalb der Meridiane kann als eine „gegensätzliche Beziehung" oder als „widersprüchliche Beziehung", wie sie traditionell genannt wurde, bezeichnet werden.
Diese Fünf Stufen der Umwandlung sind auch am äußeren Randbereich eines jeden Meridians wiederzufinden. Innerhalb der Punkte von den Fingerspitzen bis zum Ellenbogen am Arm und von den Zehenspitzen bis zu den Knien der Beine gibt es fünf Punkte an jedem Meridian, die entsprechend die Natur des Holzes, des Feuers, der Erde, des Metalls und des Wasser darstellen. Diese Punkte werden zu bestimmten Zwecken bei der Behandlung der elektromagnetischen Energie, entweder zur Erhöhung oder zur Verminderung der Energie, angewendet. Z.B. eine Stimulation des Wasserpunktes des Lebermeridians beeinflußt nicht nur den Lebermeridian, sondern auch den

**Abb.18**

▽ **Lungenmeridian**        △ **Dickdarmmeridian**

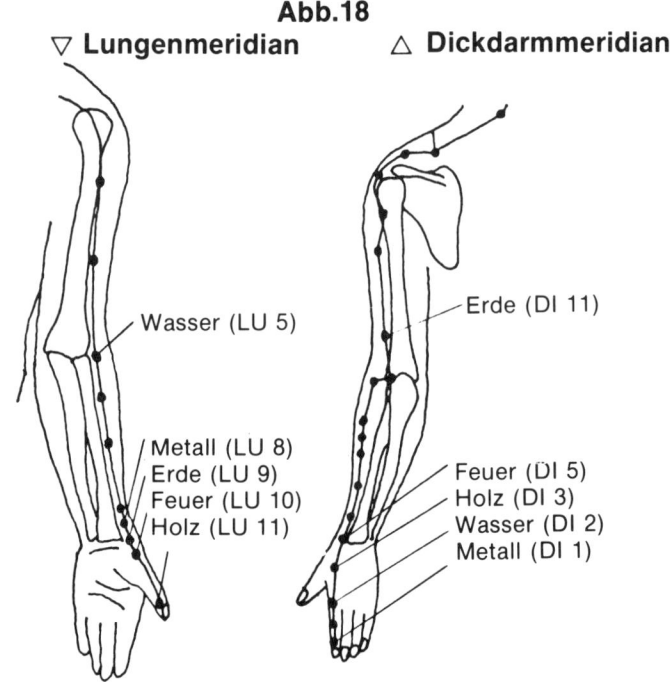

Wasser (LU 5)

Erde (DI 11)

Metall (LU 8)
Erde (LU 9)
Feuer (LU 10)
Holz (LU 11)

Feuer (DI 5)
Holz (DI 3)
Wasser (DI 2)
Metall (DI 1)

Nierenmeridian. Dementsprechend beeinflußt eine Stimulierung des Feuerpunktes des Magenmeridians nicht nur den Magenmeridian selbst, sondern auch den Meridian des Dünndarms. Diese Punkte sind in Abb. 18 aufgeführt.

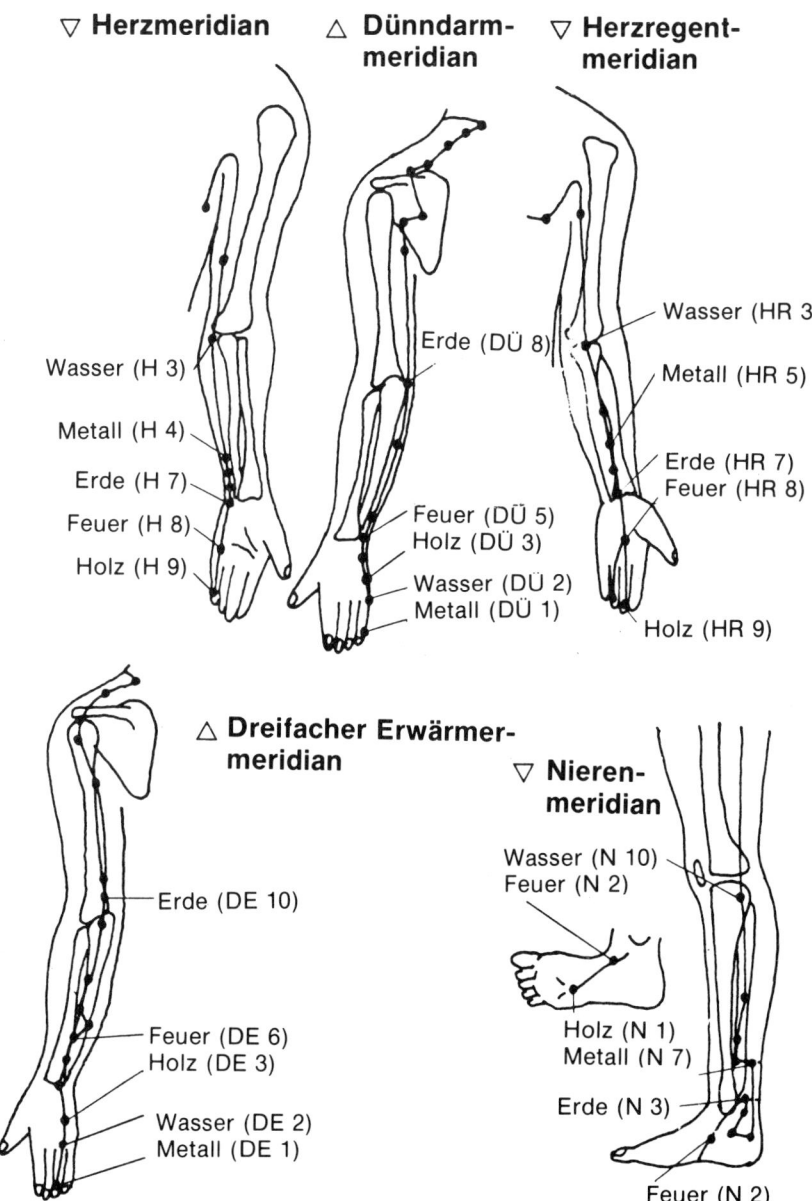

▽ **Herzmeridian**　　△ **Dünndarm-**　　▽ **Herzregent-**
　　　　　　　　　　　　　　**meridian**　　　　　**meridian**

Wasser (HR 3)

Erde (DÜ 8)

Wasser (H 3)

Metall (HR 5)

Metall (H 4)

Erde (H 7)

Erde (HR 7)
Feuer (HR 8)

Feuer (H 8)

Feuer (DÜ 5)
Holz (DÜ 3)

Holz (H 9)

Wasser (DÜ 2)
Metall (DÜ 1)

Holz (HR 9)

△ **Dreifacher Erwärmer-**
　　**meridian**

▽ **Nieren-**
　　**meridian**

Wasser (N 10)
Feuer (N 2)

Erde (DE 10)

Feuer (DE 6)
Holz (DE 3)

Holz (N 1)
Metall (N 7)

Wasser (DE 2)
Metall (DE 1)

Erde (N 3)

Feuer (N 2)

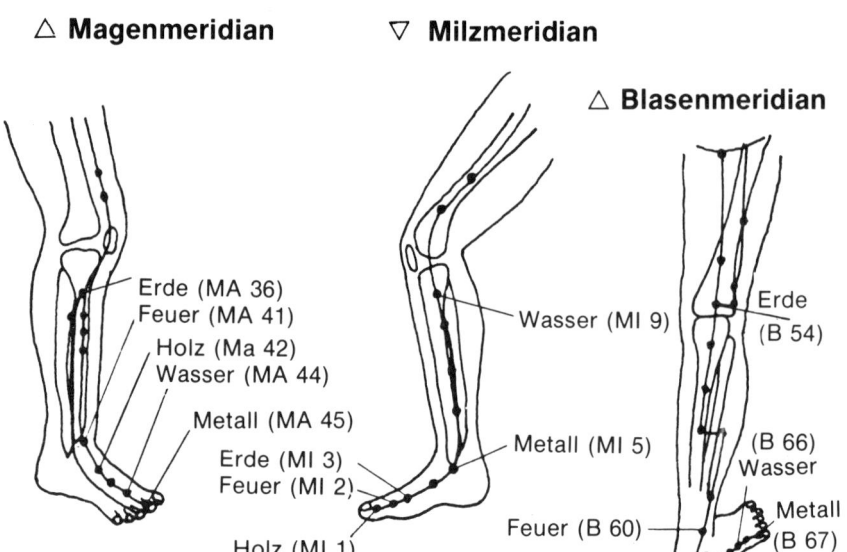

△ **Magenmeridian**    ▽ **Milzmeridian**

△ **Blasenmeridian**

Erde (MA 36)
Feuer (MA 41)
Holz (Ma 42)
Wasser (MA 44)

Metall (MA 45)

Erde (MI 3)
Feuer (MI 2)

Holz (MI 1)

Wasser (MI 9)

Metall (MI 5)

Erde
(B 54)

(B 66)
Wasser

Metall
(B 67)

Feuer (B 60)

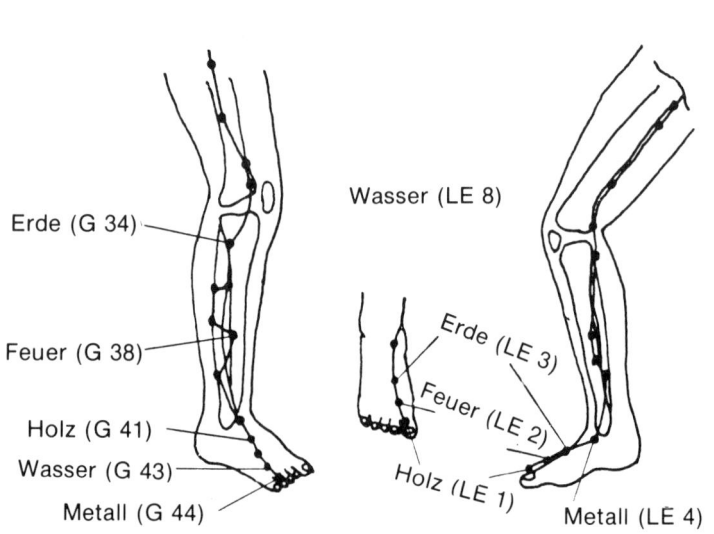

△ **Gallenblasenmeridian**    ▽ **Lebermeridian**

Erde (G 34)

Feuer (G 38)

Holz (G 41)
Wasser (G 43)
Metall (G 44)

Wasser (LE 8)

Erde (LE 3)
Feuer (LE 2)

Holz (LE 1)

Metall (LE 4)

# 4. Behandlungsmethoden

Behandlungsmethoden, bei denen die Meridiane und deren Punkte benutzt werden, zielen hauptsächlich auf eine Harmonisierung der elektromagnetischen Ströme im gesamten Körper hin. Wenn der Energiefluß an bestimmten Meridianen geringer als normal ist, wird eine Stimulation angewandt, um Energie herbeizuführen oder den Energiefluß anzuregen. Wenn einige Meridiane zuviel Energie haben, wird eine Stimulation eingesetzt, um die Energie zu verringern und um ein harmonisches Zusammenwirken zwischen den Meridianen zu erreichen. Die Kunst der Energiezuführung und -verringerung wurde hauptsächlich in den östlichen Ländern vor mehr als 5000 Jahren entwickelt. Innerhalb dieser Künste der Harmonisierung der Energie gibt es folgende Methoden:

## a. Akupunktur

In der Kunst der Akupunktur werden hauptsächlich Nadeln verwendet, die traditionsgemäß aus Gold und Silber, und in jüngster Zeit aus rostfreiem Stahl hergestellt sind. Bei der Behandlung werden eine oder mehre Nadeln an den richtigen Punkten des richtigen Meridians eingesetzt, manchmal werden diese hineingestochen und sofort wieder entfernt, und in anderen Fällen werden sie eingeführt und dort für eine Zeitlang belassen. Durch die verschiedenartige Benutzung der Nadeln wird Energie in verschiedenem Maße entweder zugeführt oder vermindert. Man kann diese Nadeln als Antennen betrachten, die elektromagnetische Ströme zwischen der Atmosphäre und dem Körper aufnehmen und wieder abgeben.

## b. Moxa-Behandlung

Eine Stimulation durch die aktive Schwingung des Feuers kann ebenfalls einen unterbrochenen Energiefluß entlang des Meridians oder bestimmter Bereiche um die Punkte wieder aktivieren. Die Substanz, die verbrannt wurde, war gewöhnlich *Moxa*, das traditionsgemäß aus Beifuß gewonnen wurde, obwohl andere Arten der Feuerstimulation ähnliche Wirkungen erzielen können: Reiskornmoxa, Papiermoxa und Zigarettenmoxa können bei verschiedenen Anlässen verwendet werden.

## c. Shiatsu oder Meridianmassage

Im Gegensatz zu der westlichen Massage umfaßt die östliche Massage die Meridiane und die Hauptpunkte entlang der Meridiane, um die elektromagnetischen Ströme im ganzen Körper zu harmonisieren. Weil sowohl die Hände und Finger wie auch die Füße und Zehen elektromagnetisch aufgeladen sind, kann deren Auflegen auf blockierte Meridiane oder verhärtete Punkte den ungestörten Energiekreislauf in den Meridianen aktivieren, und deren Benutzung in einem Bereich, wo der Energiefluß geringer ist als normal, kann diesen aktivieren. Wenn man die Finger in einer bestimmten Art benutzt, kann überschüssige Energie in bestimmten Bereichen vermindert werden. Diese *Shiatsu* oder Meridianmassage war in den östlichen Ländern sehr verbreitet und wurde sogar von ganz einfachen Menschen zu Hause angewandt.

## d. Heilen durch Handauflegen

Weil die Handinnenflächen und alle anderen Bereiche der Hand einschließlich der Fingerspitzen Energie aufnehmen und wieder abgeben, kann eine bestimmte Haltung der Handinnenflächen und der Finger und deren sanftes Auflegen auf einen Teilbereich eines Meridians oder auf Punkte eines Krankheitsbereiches, verschiedenartige Störungen verringern. In einigen Fällen können zwei oder mehr Finger benutzt werden, um die Energie zu verstärken oder beide Handinnenflächen können auch zusammen benutzt werden. In anderen Fällen können die Finger in sich entgegengesetzte Richtungen benutzt werden, und manchmal können zwei Finger benutzt werden, der eine um Energie zu geben, und der andere, um Energie zu vermindern.

## e. Yoga und körperliche Übungen

Viele Übungen, die das Biegen oder das Strecken des Körpers, des Halses, des Kopfes, der Arme und der Beine in bestimmte Richtungen erfordern, beeinflussen den Energiefluß entlang der Meridiane auf verschiedene Weisen und beheben Störungen in bestimmten Bereichen. Diese Übungen wurden schon im Altertum entwickelt, auch wenn sie in der heutigen Zeit nicht richtig verstanden werden, um den elektromagnetischen Fluß der Meridiane zu harmonisieren, was natürlich zu einer harmonischen

Entwicklung unseres körperlichen, geistigen und seelischen Zustandes führt.

Alle die eben genannten Künste haben ihren Ursprung in *Shin-Sen-Do*, der Kunst des langen Lebens und der Verjüngung bezüglich der körperlichen, seelischen und geistigen Entwicklung, die vor tausenden von Jahren praktiziert wurde. Innerhalb der verschiedenen Techniken des *Shin-Sen-Do*, ist Do-In die am meisten vereinfachte Übung im Vergleich zu anderen Heilmethoden: Sie kann alleine zu jeder freien Zeit ausgeführt werden. Do-In benötigt keine Expertentechnik, wie es die Akupunktur verlangt. Für das Do-In braucht man keine Instrumente, wie im Falle der Akupunktur und der Moxabehandlung, wenn diese auch einfacher Art sind. Für das Do-In benötigt man keine Person, die als Heiler fungiert, wie im Falle der Shiatsu-Massage und der Heilung durch Handauflegen, wie auch bei der Akupunktur und der Moxabehandlung. Und Do-In erfordert keine kraftaufwendige oder ungewöhnliche Handlung, wie man sie von Zeit zu Zeit bei Yoga-Übungen und anderen körperlichen Übungen anwenden muß.

Do-In verwendet bei seinen verschiedenen Übungen den elektromagnetischen Fluß oder die Energieströme im ganzen Körper durch einfache, normale Bewegungen einschließlich der Meridiane und Punkte, aber es umfaßt auch andere grundlegende Funktionen des Körpers, wie die Atmung, Singen, Denken und Meditation.

# 5. Die Chakras und der geistige Kanal

Während der embryonalen Zeit wie auch während des Wachstums ist unsere Beschaffenheit — wie die aller anderen organischen und anorganischen Lebensformen auf der Erdoberfläche, einschließlich des Erdbodens, des Wassers und der Luft — sowohl körperlich wie auch seelisch grundlegend durch die Kräfte des Himmels und der Erde bestimmt. Die Kraft des Himmels kommt aus dem unendlichen äußeren Weltraum zum Zentrum der Erde und die Kraft der Erde steigt vom Zentrum der Erde zum Weltraum auf. Die erstere ist die zentripetale, sich zusammenziehende Yang-Kraft und die letztere ist die zentrifugale, sich ausdehnende Yin-Kraft. Ohne diese Kräfte würde keine Erscheinungsform auf dieser Erde entstehen können. Diese Kräfte bewegen sich alle in Richtung der Erdoberfläche, aus dem äußeren Raum und vom inneren Zentrum der Erde; aber sie manifestieren sich auch in der Bildung und der Existenz aller Wesen, gleich welcher Art, die auf unserer Erde erscheinen.

Die Erde entlädt mehr zentrifugale, sich ausdehnende Yin-Kraft im Bereich um den Äquator, dort wo die fortwährende Umdrehungsbewegung die höchste Geschwindigkeit aufweist, weil die Erde in diesem Bereich ihren größten Umfang hat. Die Erde dreht sich entgegen dem Uhrzeigersinn, so wie wir es beobachten können, wenn wir vom Nordpol aus nach unten zum Zentrum der Erde schauen. Dementsprechend bildet diese zentrifugale, sich ausdehnende Yin-Kraft eine Spirale im Uhrzeigersinn, wenn sie sich entlädt. Umgekehrt bildet die Kraft des Himmels, die an der Polarregion herabsteigt, eine gegen den Uhrzeiger gerichtete Spirale, wenn sie sich in Richtung Erdzentrum bewegt. Die sich ausdehnende Yin-Kraft der Erde formt somit eine zentrifugale Spirale im Uhrzeigersinne und die sich zusammenziehende Yang-Kraft des Himmels bildet eine sich zusammenziehende, dem Uhrzeigersinn entgegengesetzte Spirale.

Yang, die zentripetale, sich zusammenziehende Kraft des Himmels produziert bei ihrem intensivsten Eintritt in der Polarregion eine hochgradig aufgeladene Atmosphäre, die als Aurora Borealis (Nordlicht) sichtbar wird. Dann bewegt sie sich zum Zentrum der Erde hin, kollidiert mit einer anderen sich zusammenziehenden Himmelskraft, die entgegen dem Uhrzeigersinne aus der südlichen Polarregion stammt und bildet eine gekrümmte Umlaufbahn. Darüber hinaus bilden sie eine weitere Schicht elektromagnetischer Ströme, die den Bereich des Erdmantels formieren. Auf ähnliche Weise bilden sie die Erdkruste und verschiedene Schichten elektromagnetischer Ströme, die um die Erde kreisen, einige von diesen sind als „Van Allen Gürtel" bekannt.

Ähnliche Beschaffenheiten erscheinen in allem, was gewöhnlich eine runde Form auf dieser Erde besitzt. Zum Beispiel bei Früchten ist das Kerngehäuse die nukleare Region, in welcher der Samen produziert wird und der Mantel ist der Bereich des Fruchtfleisches. Die Erdkruste entspricht der Fruchtschale. Die Himmelskraft tritt durch den oberen Stamm in die Frucht ein und eine andere Kraft tritt von unten ein. Auf die gleiche Weise ist unsere menschliche Beschaffenheit zwischen den Kräften gebildet, jede davon kommt spiralförmig vom Himmel — dem äußeren Raum und von der Erde, der Kraft, die spiralförmig aus dem Erdreich strömt.

## Abb. 19

*Aufbau eines Apfels und Früchte im allgemeinen*

*Aufbau der Erde*

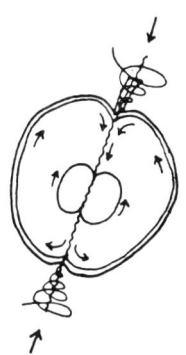

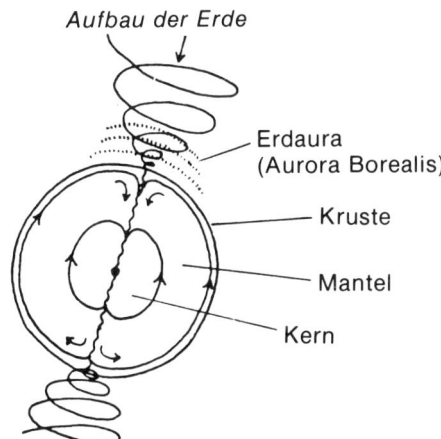

Erdaura
(Aurora Borealis)

Kruste

Mantel

Kern

Beim menschlichen Körper tritt die Himmelskraft in die Kopfregion ein, bildet den Haarwuchs entgegen dem Uhrzeigersinn und produziert die Aura, die der Aurora Borealis des nördlichen Erdhimmels entspricht. Nach Eintritt in den Kopf füllt die Himmelskraft intensiv den innersten Bereich des Gehirns — das Mittelhirn — von dem aus dann Aufladungen in alle anderen Teile des Gehirns verteilt und elektromagnetische Einflüsse an Millionen von Zellen ausgesandt werden. Aufgrund dieser Ladungen, die auf alle Bereiche des Gehirns verteilt sind, wirken diese Zellen, die in jedem Bereich des Gehirns organisiert sind, als hochkommunikationsfähige Instrumente und empfangen verschiedene Schwingungsarten wie auch elektromagnetische Impulse, welche Vorstellungen erzeugen. Das

## Abb. 20   Die Aura

Himmelskraft

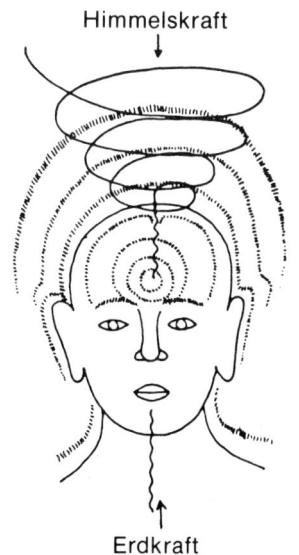

Erdkraft

**103**

Fernsehen, als ein sehr einfacher Mechanismus, vollbringt eine ähnliche Leistung. Unser Gehirn ist in der Lage, als Hauptbewußtseinsorgan und als Kontrollzentrum vieler körperlicher und geistiger Aktivitäten zu fungieren und zwar aufgrund der ständigen Aufladungen durch die Himmelskraft. Die Himmelskraft fließt fortwährend abwärts und bildet das Zäpfchen im tiefen inneren Bereich der Mundhöhle, welches den entgegengesetzten Pol zum spiralförmigen Zentrum des Kopfes darstellt. Aus diesem Grunde laden die elektromagnetischen Kräfte die Speichelansammlung im Innern der Mundhöhle um das Zäpfchen herum auf. Z.B. kann der Speichel verschiedene Substanzen aufweichen und chemische Zusammensetzungen wie Kohlehydrate aufgrund seiner elektromagnetischen Natur auflösen.

Die Kraft wird vom Zäpfchen aus zum Zungenbeginn und den Halsbereich einschließlich der Stimmbänder weiterbefördert. Aus diesem Grunde sind die Zunge wie auch die Stimmbänder beweglich. Die Schilddrüse und die Nebenschilddrüse, die von dieser Kraft aufgeladen sind, bilden die Hormone, genau wie die Hypophyse im Gehirn ebenfalls aufgrund der elektromagnetischen Ladungen, die vom Mittelhirn verteilt werden, Hormone produziert.

Die Himmelskraft steigt weiter herab in die Herzregion. Elektromagnetische Kräfte aktivieren den äußeren Herzmuskel und die Aufladung wird von dort aus in den gesamten Bereich des Kreislaufs innerhalb des Blut- und Lymphsystems verteilt und zwar genauso wie die Aufladungen vom Mittelhirn her in alle Gehirnzellen verteilt wurden. Aufgrund dieser verteilten Aufladungen beispielsweise ionisiert sich das Blutplasma wie auch einige organische Verbindungen und Chemikalien. Aufgrund ihrer Ionisierung sind diese auch in der Lage, ihre chemische Natur schnell zu verwandeln einschließlich der Transmutation, die sich im Blut ergeben kann. Die Aufladungen innerhalb des Kreislaufsystems werden weiterhin in jeder der Billionen von Zellen im ganzen Körper verteilt.

Die Himmelskraft steigt weiter nach unten und lädt den Magenbereich, von wo aus sie in die Nachbarorgane wie den Pankreas, die Milz, die Leber und Gallenblase und die Nieren verteilt wird. Dementsprechend produzieren diese Organe verschiedene Flüssigkeiten, die elektromagnetisch aufgeladen sind, einschließlich des Magensaftes, der Bauchspeichelflüssigkeit, der Leber- und Gallenflüssigkeiten wie auch der Bauchspeichel- und Zwölffingerdarm-Hormone.

Die Himmelskraft steigt weiter nach unten und lädt den unteren Bereich des Dünndarms. Dieser Bereich ist das Zentrum der Bauchgegend und wird *Ki-Kai,* „das Meer der elektromagnetischen Kraft" genannt. Dieses Gebiet wird auch als *Tan Den,* das „Mittlere Feld" oder *Hara,* das „Unterleibszentrum" bezeichnet. Aufgrund dieser Aufladung, die durch den Dünndarm und den Dickdarm wellenförmig verteilt wird, bewegen sich diese Organe durch Zusammenziehen und Ausdehnen. Die Verdauung, die Aufspaltung und die Absorption der Nahrungsmoleküle wie auch die Bewegung der Nahrung und der Stuhlgang werden durch diese sich verteilenden Kräfte ermöglicht.

Die Kraft steigt weiter nach unten und lädt den unteren Bereich des Körpers einschließlich der Blase und der Genitalien. Die Funktion der Blase, das Sammeln und Ausscheiden des Urins und die Funktionen des Genitalbereichs, die Erzeugung und die Ausscheidung der Fortpflanzungszellen, resultieren aus dieser Aufladung von elektromagnetischen Kräften. Die Himmelskraft, die vom Kopf aus nach unten steigt, bildet ein weiteres „Zäpfchen", den Penis beim Mann und die Klitoris bei der Frau, genau wie sie das Zäpfchen in der Mundhöhle des Kopfbereichs gebildet hat.

**Abb. 21**

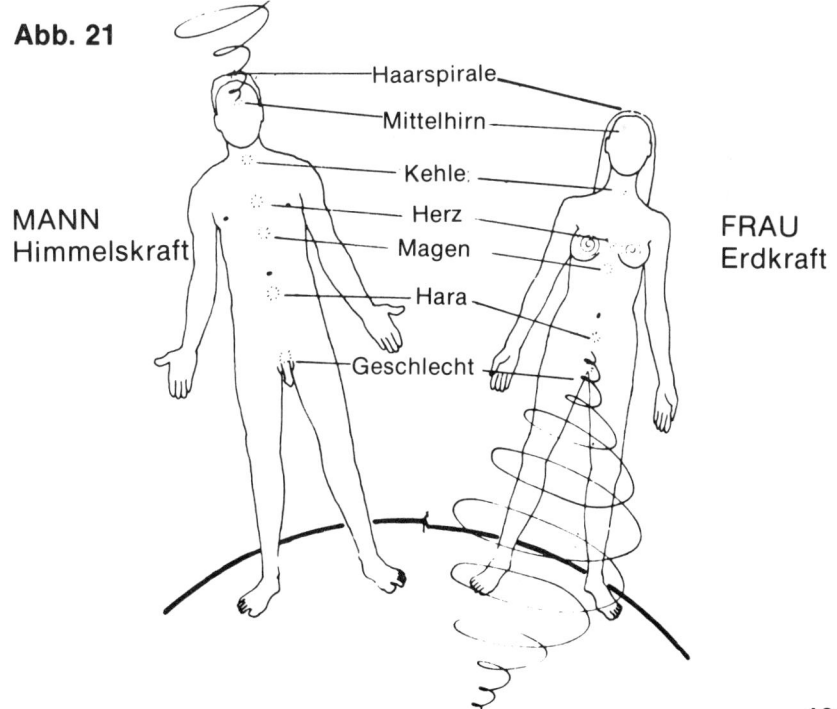

MANN
Himmelskraft

Haarspirale
Mittelhirn
Kehle
Herz
Magen
Hara
Geschlecht

FRAU
Erdkraft

Auf der anderen Seite steigt die Erdkraft vom Boden in Richtung Himmel auf, sie durchläuft denselben Kanal, durch den die Himmelskraft herabsteigt. Die Erdkraft tritt durch beide Füße in den Körper ein, steigt nach oben in den Tan-Den-Bereich. Sie tritt auch in dem untersten Bereich des Körpers, einschließlich der Genitalien ein, und bildet eine einzigartige Einhöhlung, die Prostata beim Mann und der Uterus und die Eierstöcke bei der Frau.

Die Erdkraft steigt weiter auf und intensiviert ihre Aufladung, und trifft im Unterleibsbereich mit der herabsteigenden Himmelskraft zusammen. Dies beschleunigt verschiedene Verdauungsvorgänge, einschließlich der Absonderung des Verdauungssaftes und der Keimdrüsenhormone. Bei der Frau ist der Tan-Den-Bereich, der als das „Meer der Elektromagnetischen Kraft" bekannt ist, der innerste Teil des Uterus, dort wo die Eieinnistung stattfindet und die Plazenta wächst. Die Aufladungen sind in diesem Bereich besonders bei der Frau so intensiviert, daß die embryonale Entwicklung in dem Uterus stattfinden kann.

Die Erdkraft steigt weiter auf und füllt den mittleren Bereich des Körpers einschließlich verschiedener Organe wie den Magen, den Pankreas und Milz, Leber und Gallenblase als auch die Nieren. Diese Bereiche werden in Zusammenwirkung mit der Himmelskraft aufgeladen. Z.B. ist die Leber mehr durch die Himmelskraft beeinflußt, während die Milz mehr durch die Erdkraft beeinflußt ist; und das Insulin, das durch den Pankreas abgesondert wird, ist mehr durch die Himmelskraft beeinflußt, während die Ausscheidung des Glukagons mehr durch die Erdkraft beschleunigt wird.

Diese Kraft steigt weiter auf und füllt den Herzbereich in Koordinierung mit der Himmelskraft. Die Herzbewegung wird durch beide Kräfte bestimmt — das Zusammenziehen durch die Himmelskraft und die Ausdehnung durch die Erdkraft. Die Erdkraft verteilt sich ebenfalls durch das Kreislaufsystem in alle Teile des Körpers, so wie die Himmelskraft verteilt wird und stärkende elektromagnetische Kräfte in alle Muskeln, Gewebe und Zellen geleitet werden.

Weiter aufsteigend setzt die Erdkraft die Stimmbänder in Bewegung, verstärkt die Atmungsfunktion und beschleunigt die Zungenbewegung und entlädt Kräfte in den Mundbereich. Aufgrund dieser Kräfte können hochtönige Geräusche entstehen und die Einatmung vonstatten gehen, und die schnellere Bewegung der Zunge wird ebenfalls erleichtert.

Gegenüber dem Bereich der Zungenwurzel und des Zäpfchens, steigt die Erdkraft in den Gehirnbereich auf und füllt dessen Zentrum, das Mittelhirn, von wo aus die Aufladung in alle Bereiche des Gehirns und in alle Zellen verteilt wird. Während die Verteilung der Himmelskraft im Mittelhirn eher den inneren und hinteren Gehirnteil auflädt, füllt die Erdkraft eher den äußeren und vorderen Bereich des Gehirns. Die erstgenannte füllt auch eher die rechte Gehirnhälfte, während die letztgenannte eher die linke Seite des Gehirns auflädt. Diese Unterschiede führen natürlich zu verschiedenen psychologischen Auswirkungen.

Diese beiden Kräfte, die zentripetale, sich zusammenziehende Yang-Himmelskraft und die zentrifugale, sich ausdehnende Yin-Erdkraft bilden einen Schwingungsstrom, der vertikal durch unseren Körper zwischen dem spiralförmigen Zentrum des Kopfes und dem untersten Teil des Körpers verläuft. Dieser Strom kann als „geistiger Kanal" oder als „ursprünglicher Lebensenergiekanal" bezeichnet werden.

Die Bereiche des Körpers, in denen die Kräfte des Himmels und der Erde zusammentreffen und Aufladungen stattfinden, wurden — besonders in der altindischen Medizin — traditionsgemäß Chakras genannt. Diese Stellen erzeugen einen elektromagnetischen Fluß nach außen und zur gleichen Zeit erhalten sie unsichtbare Kräfte aus der umgebenden Atmosphäre, um die inneren Funktionen aufzuladen. Diese Chakras sind lokalisiert, wie es in Abb. 22 aufgezeigt ist.

Die Funktionen der Chakras werden auf der folgenden Seite ausgeführt.

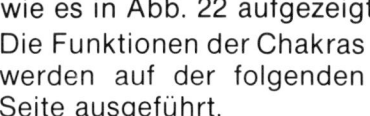

*A. Die Krone oder das Siebte Chakra:* Es bestimmt die Hirnrinde und verschiedene Bewußtseinsformen, einschließlich der einheitlichen Steuerung der geistigen, seelischen und körperlichen Aktivitäten.

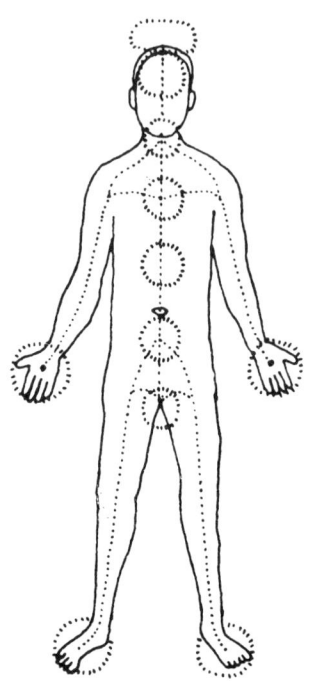

*B. Das Aina oder Sechste Chakra:* Steuerungskontrolle des Bewußtseins und der körperlichen Reaktionen. Die meisten Nervenstimulationen werden hier aufgenommen und verteilen sich auf alle Gehirnteile.

*C. Der Hals oder das Fünfte Chakra:* Es lenkt die Atmungs- und Sprachfunktionen wie auch die Zungenbewegung. Die Beschaffenheit und die Menge des Speichels und die Funktionen der Bronchien werden auch beeinflußt.

*D. Das Herz oder Viertes Chakra:* Es beherrscht das Herz und die Kreislaufaktivitäten und lädt das Blut und die Körperflüssigkeiten einschließlich der Lymphe elektromagnetisch auf. Es kontrolliert auch indirekt die Atmungs- und Verdauungsfunktionen.

*E. Das Sonnengeflecht oder das Dritte Chakra:* Es bestimmt die Aktivitäten des Magens, der Milz, des Pankreas, der Leber und Gallenblase und der Nieren. Die Ausscheidung der Hormone und der Verdauungssäfte wird ebenfalls hier kontrolliert.

*F. Das Kreuzbein oder Zweites Chakra:* Es bestimmt die Verdauung und die Absorption in Dick- und Dünndarm, wo ebenfalls die Absonderung der Verdauungsflüssigkeit beeinflußt wird. Die Fortpflanzungsfunktionen, einschließlich die der Eierstöcke, die Schwangerschaft und die Ausscheidung der Keimdrüsen-Hormone werden ebenfalls kontrolliert.

*G. Das unterste oder Erste Chakra:* Bestimmt die Funktionen der Blase und des Afters wie auch die Fortpflanzungsfunktionen;

und es bestimmt auch einen Teil der Nerven- und Kreislauf-funktionen.

Übermäßige Aufladungen in einem dieser Chakras stimuliert diese oben genannten Funktionen und eine Verminderung der Aufladung verlangsamt die Funktionen. Innerhalb dieser sieben Chakras ist das Sechste Chakra die zentrale Steuerungsstelle für verschiedene Funktionen der Bewußtseinskontrolle im Kopfbereich und das Zweite Chakra ist die Zentrale Steuerungs-stelle für den Körperbereich. Das Sechste Chakra ist gleichbe-deutend mit dem Bereich, der als Mittelhirn bekannt ist und das Zweite Chakra ist der Bereich, welcher als *Tan-Den* bezeichnet wird. Zwischen diesen beiden Chakras ist ein weiteres wichtiges Chakra — das Vierte Chakra — im Bereich des Herzens. Es hält alle anderen Chakras und die körperlichen und geistigen Funk-tionen aufgrund seiner Kontrolle über das Kreislaufsystem im Gleichgewicht. Man kann sagen, daß das Sechste Chakra das Zentrum des Nervensystems, das Vierte Chakra das Zentrum des Kreislaufsystems und das Zweite Chakra das Zentrum des Verdauungssystems darstellt.

Stimulierung der Chakras erzeugt ebenfalls verschiedene seelische und geistige Zustände. Durch die Praxis von Do-In kann in Form der Selbstübung eine Stimulierung dieser Chakras durch die verschiedenen Haltungen, durch Atmung und Gesang herbeigeführt werden.

Die Eigenschaften, die durch die verschiedenen Chakras herbeigeführt werden, sind folgende:

*Das Siebte, Kronenchakra:* Bewußtseinserweiterung mit dem Ziel der Entwicklung eines universellen Verständnisses und der Verringerung des egozentrischen Denkens.

*Das Sechste, Aina Chakra:* Kontrolle des Bewußtseins ein-schließlich der Reinigung der verschiedenen Gedankenfor-men in eine konzentriertere Denkform mit der stufenweisen Verringerung der rein sinnlichen Wahrnehmung.

*Das Fünfte, Halschakra:* Entwicklung der intellektuellen und logischen Ausdrucksfähigkeit wie auch des künstlerischen Ausdrucks.

*Das Vierte, Herzchakra:* Es erzeugt gefühlsbetonte Empfin-dungen, einschließlich der Liebe und Sympathie für andere.

Sensible Wahrnehmung der äußeren Welt kann entwickelt werden.

*Das Dritte, Sonnengeflecht-Chakra:* Es erzeugt verschiedene körperliche und geistige Kräfte, einschließlich der außergewöhnlichen Fähigkeit, die körperlichen Bewegungen zu beherrschen, auch die, die ein Gleichgewicht zwischen allen körperlichen Bewegungen erfordern.

*Das Zweite, Kreuzbeinchakra:* Es stellt die körperliche Stabilität wie auch seelisches Vertrauen her. Unumstößliche Stärke, sowohl körperlich wie auch geistig, kann entwickelt werden.

*Das erste, unterste Chakra:* Es stellt die körperliche und seelische Harmonie mit der Erde einschließlich deren atmosphärischen Bedingungen her. Es stärkt ebenfalls die sexuelle Vitalität wie auch die Fähigkeit, sich an die Umgebung anzupassen.

Neben diesen sieben Chakras gibt es noch vier zusätzliche Chakras, eines an jeder Hand und jedem Fuß. Das Zentrum des Handchakras ist der Mittelpunkt der Handinnenfläche *Ro-Kyu,* Herzregent Punkt Nr. 8; und das Zentrum des Fußchakras ist der mittlere Bereich der Fußsohle, der gewöhnlich als *Soku-Shin,* als „Herz des Fußes" bezeichnet wird. Die Handchakras sind verlängerte Zentren des Vierten, des Herzchakras, und die Fußchakras sind verlängerte Zentren des Zweiten, des Kreuzbeinchakras.

*Das Chakra der rechten Hand:* Bestimmt die Entladung der elektromagnetischen Ströme in Richtung Peripherie. Diese Aufladungen werden innerlich durch verschiedene Körperchakras, besonders aber dem Zweiten, dem Kreuzbeinchakra, dem Dritten, dem Sonnengeflecht-Chakra und dem Vierten, dem Herzchakra hervorgerufen.

*Das Chakra der linken Hand:* Bestimmt die aktive Aufnahme des unsichtbaren elektromagnetischen Flusses aus der Umgebungsatmosphäre. Diese einfließenden Energien versorgen verschiedene innere Chakras, besonders das Zweite, das Kreuzbeinchakra, das Dritte, das Sonnengeflecht-Chakra und das Vierte, das Herzchakra.

*Das Chakra des rechten Fußes:* Bestimmt die Entladung der elektromagnetischen Energie zur Erde — Energie, die aus verschiedenen Körperchakras, besonders dem Siebten, dem Kronenchakra, dem Sechsten, dem Aina Chakra und dem Fünften, dem Halschakra kommt.

*Das Chakra des linken Fußes:* Bestimmt die Aufnahme der Erdenergie und die Beeinflussung der verschiedenen Körperchakras, insbesondere des ersten, untersten Chakras und des Zweiten, Kreuzbeinchakras wie auch des Fünften, Sechsten und Siebten Chakras.

Stimulierung an den Fingern und Handinnenflächen wie auch an den Zehen und Fußsohlen beeinflußt direkt und indirekt die verschiedenen Aktivitäten der Chakras, die ihrerseits wiederum die verschiedenen Funktionen der Organe und Drüsen kontrollieren. Ebenfalls kann die Bewegung der Hände und Füße in bestimmten Richtungen — einschließlich des Zusammenführens der Handinnenflächen — und bestimmte Anordnungen der Finger verschiedene Auswirkungen auf unseren körperlichen, seelischen und geistigen Zustand haben. Die verschiedenartigen Formen und Anordnungen der Füße und Zehen stellen ähnliche Wirkungen her.

Diese Stimulierungen werden durch die verschiedenen Behandlungsmethoden einschließlich Akupunktur, Moxa-Behandlungen, Shiatsu-Massage, Yoga- und andere körperliche Übungen herbeigeführt. Beim Do-In erreichen wir die richtige Stimulierung durch Selbstmassage und Fingerdruck in diesen bestimmten Körperbereichen.

# 6. Die gegensätzliche, sich ergänzende Struktur des Menschen

Alle relativen Erscheinungsformen, die innerhalb des Universums auftreten, werden zwischen zwei gegensätzlichen und sich ergänzenden Kräften, nämlich der zentrifugalen, sich ausdehnenden Yin-Kraft und der zentripetalen, sich zusammenziehenden Yang-Kraft, gebildet. Bei den Menschen stellen sich diese beiden Kräfte als die zentripetale, sich zusammenziehende Yang-Himmelskraft und die zentrifugale, sich ausdehnende Yin-Erdkraft dar, wie schon vorher erwähnt wurde. Dementsprechend ist unsere menschliche Beschaffenheit wie auch die aller Pflanzen und Tiere in einer antagonistischen, sich ergänzenden Weise innerhalb der verschiedenen Systeme, Organe, Drüsen und all den anderen Teilen und deren Funktionen, aufgebaut. Diese gegensätzlichen und sich ergänzenden Strukturen und Funktionen innerhalb der verschiedenen Körperteile können auf allen Ebenen, sogar in den allerkleinsten und winzigsten Körperfunktionen beobachtet werden. Eine solche gegensätzliche und sich ergänzende Beziehung kann z.b. beobachtet werden bei den roten Blutkörperchen zu den weißen Blutkörperchen, dem Insulin zum Glukagon, dem Sympathikus zum Parasympathikus, bei den männlichen zu den weiblichen Hormonen, bei den positiv-ionisierten mineralischen Verbindungen zu den negativ-ionisierten mineralischen Verbindungen, den Basen zu den Säuren, Vitamin C zu den Vitaminen D,K,E oder B 12 usw.

Jene umfassenden Beziehungen jedoch, die wir für unsere praktische tägliche Lebensführung verstehen müssen, einschließlich der körperlichen, seelischen und geistigen Übungen, können in mehrere Gruppen gegensätzlicher, sich ergänzender Beziehungen allgemein zusammengefaßt werden. Dies sind die Beziehungen zwischen (1) Vorder- und Rückseite, (2) unteren und oberen Bereichen, (3) links und rechts, (4) Peripherie und Zentrum, (5) Organ- und Meridianfunktion und (6) dem Teilbereich und dem Ganzen.

## a. Die Beziehung zwischen Vorder- und Rückseite

Der vordere Bereich unseres Körpers ist weicher, während der hintere Bereich härter ist. Während der embryonalen Phase war der vordere Bereich mehr Yang und stellte den inneren Bereich des Embryos dar, während der hintere Bereich mehr Yin war und den Außenbereich darstellte. Bei der Nahrungsaufnahme verteilte der Embryo mehr Yin-Proteine und Fett nach innen und mehr Yang-Mineralien nach außen. Daraus ergibt sich, daß das vordere Verdauungssystem eine eher lange und hohle Yin-Struktur entwickelte, während das Nervensystem eher als eine engere, festere Form, einschließlich der Wirbelsäule strukturiert ist.

Während einer sehr frühen Stufe der embryonalen Entwicklung wird das Verdauungssystem durch eine sich ausdehnende Yin-Spirale und das Nervensystem durch eine sich zusammenziehende Yang-Spirale gebildet. Entsprechend diesem Unterschied und unter Berücksichtigung der Tatsache, daß sich die

Tierarten von einfacheren Strukturen zu komplexeren Strukturen entwickeln, wird das Verdauungssystem länger, während im Vergleich dazu das Nervensystem eher kürzer wird. Das hintere Nervensystem erhält elektromagnetische Schwingungsstimulationen aus der Umwelt, die zum Gehirn hinauf geleitet werden, während das vordere Verdauungs- und Atmungssystem die physikalische Umgebung in Form von festen Bestandteilen, Flüssigkeiten und Gasen durch die Nahrungs- und Flüssigkeitsaufnahme und die Atmung erhält. Diese beiden Systeme stehen zueinander in einer gegensätzlichen und sich ergänzenden Beziehung. Jedes vordere Organ steht mit einem Teil des Rückenmarks in Beziehung, und eine Stimulierung an der Wirbelsäule beeinflußt demnach die entsprechenden vorderen Organe und Drüsen.

Gleichfalls treten uns umgebende Energien — wie schon vorher erwähnt — durch die Yu-Eintrittspunkte entlang des Blasenmeridians ein, die parallel zum Rückenmark verlaufen. Nachdem diese Energien die verschiedenen Organe gebildet und aktiviert haben, sammeln sie sich an der Vorderseite des Körpers — an den Bo-Sammelpunkten. Eine Stimulierung der Yu-Eintrittspunkte oder der Bo-Sammelpunkte beeinflußt die entsprechenden Ergänzungspunkte wie auch die in Verbindung stehenden Organe.

In gleicher Weise deuten Male und Flecken auf der Hautoberfläche des hinteren Körperteils darauf hin, daß eine abnormale Funktion im vorderen Bereich des Körpers einschließlich der inneren Organe besteht oder bestanden hat. Das Rückensystem, besonders das Nervensystem, ist gegenüber kälteren Temperaturen, widerstandsfähiger und anpassungsfähiger, während das vordere System, vor allem das Verdauungs- und Atmungssystem, bei wärmeren Temperaturen aktiver wird.

## b. Die Beziehung zwischen oberen und unteren Bereichen

Der menschliche Körper besteht aus zwei Bereichen: dem Kopfbereich und dem Körperbereich. Diese beiden Bereiche sind entgegengesetzt und ergänzen sich. Der Kopfbereich besteht aus einer kompakteren Yang-Form und der Körperbereich aus einer ausgedehnteren Yin-Form. Wenn diese beiden Bereiche genau die gleiche Form und Größe hätten, würde sich das, was sich in der einen Region befindet, wie ein Spiegelbild in der anderen Region wiederholen. Aufgrund des Unterschieds in beiden Bereichen jedoch ist alles, was in dem oberen Bereich vorhanden ist, im unteren Bereich, dem Körper, in einer ausgedehnteren Form wiederzufinden. Und was immer im Körperbereich vorhanden ist, befindet sich in einer kompakteren Form im Kopfbereich. Z.B. ist der Dick- und der Dünndarm eine ausgeweitete Form des Gehirns und dieses wiederum stellt die zusammengezogene Form der Gedärme dar. Und dementsprechend nehmen beide Organe — die Gedärme und das Gehirn — die Umgebung in sich auf, aber auf verschiedene Art und Weise — die physikalische Umwelt durch die Gedärme, und die nichtphysikalische Schwingungsumgebung durch das Gehirn.

Entsprechend diesem Verständnis der gegensätzlichen und sich ergänzenden Beziehung zwischen den beiden Bereichen — dem Kopf und dem Körper — ist es leicht, die verschiedenen Körperbereiche mit den entsprechenden Kopf- und Gesichtsbereichen beginnend bei den Verbindungspunkten beider Bereiche — dem Gebiet der Mundhöhle und der Stimmbänder an der Vorderseite und dem Gebiet des verlängerten Rückenmarkes an der Rückseite — in Verbindung zu bringen. Der untere Bereich des Gesichtes entspricht dem oberen Bereich des Körpers. Z.B. entsprechen die Wangen den Lungen, die Nasenspitze dem Herz und die Nasenlöcher den Bronchien.

Auf ähnliche Weise entspricht der mittlere Gesichtsbereich dem mittleren Bereich des Körpers. Z.B. entspricht der Nasenrücken dem Magen und dem Pankreas; der Bereich um die Augen den Nieren, der Bereich zwischen den Augenbrauen der Nasenwurzel, der Leber und der Gallenblase; die Schläfen der Milz und dem Lymphsystem.

Beide Ohren entsprechen wiederum den beiden Nieren: die Ohren sind an zentraler Stelle am Kopf und die Nieren liegen im Mittleren Bereich des Körpers. Die Nieren repräsentieren umfassend den Zustand unserer Körperfunktionen. Entsprechend repräsentieren die Ohren die gesamte Beschaffenheit unseres physischen und geistigen Zustandes.

Darüber hinaus entspricht der obere Kopfbereich gewöhnlich dem unteren Körperbereich. Z.B. entspricht die Stirn dem Darmbereich, die obere Stirn nahe des Haaransatzes der Blase und beide Seiten der oberen Stirn der Fortpflanzungsfunktion.

Der Mund entspricht den Verdauungsorganen, denn wie wir sehen können, ist der Mund der Beginn dieses Systems. Was das Gebiet um den Mund betrifft, so entspricht es dem Bereich des Afters — dem Ende des Verdauungssystems — und den Genitalorganen. Die Oberlippe zeigt demzufolge den Magenzustand, während die Unterlippe Hinweise auf den Zustand des Darmes gibt; und im Gebiet um den Mund ist der Zustand der Prostata, der Eierstöcke und des Uterus klar erkennbar.

Ähnliche gegensätzliche und sich ergänzende Beziehungen bestehen zwischen den 32 Zähnen und den 34 Teilen der Wirbelsäule. Diese Beziehung besteht ebenfalls zwischen dem oberen Körperbereich, der Schulterregion und dem unteren Körperbereich, der Darmgegend.

Abnormales Anschwellen, ungewöhnliche Verfärbung, Verhärtung, Steifheit, Tumore, Sommersprossen, Pickel und schwarze und rote Punkte, die in bestimmten Bereichen erscheinen, zeigen einen abnormalen Zustand in den entsprechenden Körperteilen, einschließlich Störungen der Organfunktionen. Stimulierungen durch die Handinnenflächen oder die Finger produzieren direkt oder indirekt Reaktionen in den entsprechenden inneren Bereichen des Körpers. Übungen, wie z.B. Do-In, für irgendeinen Bereich des Kopfes oder des Körpers haben eine gute Auswirkung nicht nur für diesen speziellen Bereich, sondern auch für die entsprechenden Körperteile und deren Bezugsfunktionen.

## c. Die Beziehung zwischen links und rechts

Beim Hörvorgang benutzt jeder Mensch entweder das linke oder das rechte Ohr, um die Art des Geräusches zu unterscheiden, während das andere Ohr damit beschäftigt ist, die Entfernung festzustellen. Wenn wir durch die Nase atmen, benutzen wir entweder das linke oder das rechte Nasenloch hauptsächlich für die Einatmung und das andere für die Ausatmung. Beim Geschmackssinn benutzen wir eine der beiden Zungenhälften und beim Kauen eine der beiden Zahnreihen.

Im Gesicht repräsentiert die linke Seite gewöhnlich die ererbte körperliche und geistige Beschaffenheit des Vaters, während die rechte Seite die mütterliche Beschaffenheit darstellt. Es gibt niemanden, der ein vollkommen symmetrisches Gleichgewicht zwischen links und rechts besitzt. Bei den Fähigkeiten des Denkens, Sehens, Riechens, Hörens, Atmens, Sprechens und allen übrigen Tätigkeiten und Ausdrucksweisen in unserem Gesicht wird immer ein asymmetrisches Gleichgewicht beibehalten.

Wenn die linke Gesichtshälfte aktiver ist als die rechte, so zeigt das an, daß das biologische Erbgut des Vaters durch seine Fortpflanzungszellen mehr Einfluß besitzt als die der Mutter.

Die linke Körperseite steht in einem antagonistischen und sich ergänzenden Verhältnis zu der rechten Körperseite, wie wir es gewöhnlich bei der Körperbewegung beobachten können. Wir benutzen abwechselnd den linken und den rechten Arm und ebenso die Beine in unseren Bewegungen wie z.b. beim Laufen oder Rennen. In unserer Körperstruktur steht die linke Lunge in einem asymmetrischen Gleichgewicht zu der rechten Lunge. Ein ähnlich asymmetrisches Gleichgewicht besteht zwischen der Leber für die Blutverarbeitung und der Milz für die Lymphverarbeitung. Es besteht auch zwischen den beiden Nieren, den beiden Eierstöcken, den beiden Hoden, dem rechten und linken Vorhof des Herzens und dem aufsteigenden und dem absteigenden Dickdarm. Es besteht zwischen der linken und der rechten Schulter, den Armen, Händen, der Hüfte, den Beinen und den Füßen.

Im Kopf- und Gesichtsbereich ist die rechte Gehirnhälfte mit den eher grundlegenden, mechanischen Sinnestätigkeiten beschäftigt, während die linke Hälfte mit dem eher ästhetischen komplexen Denken beschäftigt ist. Die linke Gehirnhälfte steht in Bezug zu der körperlichen Bewegung der rechten Körperseite, während die rechte Gehirnhälfte in Bezug zur linken Körperseite steht. Beim Sehvorgang benutzt jeder Mensch entweder das rechte oder linke Auge, um seine Sehaufmerksamkeit auf ein bestimmtes Objekt zu richten, und das andere Auge, um die Ausmaße festzustellen.

Diese antagonistischen und sich ergänzenden Beziehungen bestehen auch in den Händen, Fingern, Füßen und Zehen. Z.B. sind die elektromagnetischen Ströme, die in die Finger und Zehen ein- und ausfließen, genau entgegengesetzt in dem linken und rechten Daumen, dem linken und rechten Zeigefinger und in den anderen Finger- und Zehenpaaren. Aufgrund dieser

**Abb.23 Abwechselndes Gleichgewicht der Yin- und Yangbeschaffenheit**

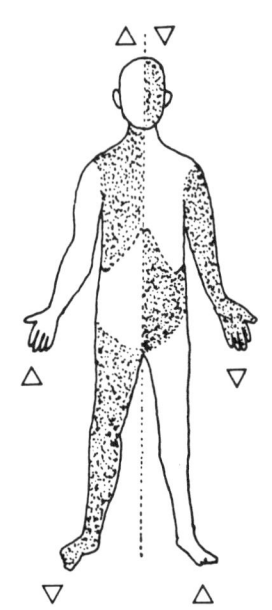

Die dunkleren Gebiete zeigen eine Yin-Beschaffenheit und die weißen Gebiete zeigen eine Yang-Beschaffenheit in den abwechselnden Körperbereichen.

sich ergänzenden Bezüge ist unser körperliches und geistiges Gleichgewicht zwischen der linken und der rechten Gehirnhälfte und des Körpers in einer friedlichen Harmonie, wenn wir unsere Handinnenflächen zusammenlegen und die sich gegenüberliegenden Finger leicht zusammenfügen, wie z.b. während der Gebets- oder Meditationshaltung.

Die verschiedenen geistigen Übungen, einschließlich dem Gebet, der Meditation und der Selbstbetrachtung, versuchen alle eine Harmonie zwischen den antagonistischen und sich ergänzenden Wesensarten und Funktionen von links und rechts zu erreichen, um einen Zustand der Zusammengehörigkeit oder Einheit herzustellen. Die Akupunktur, Moxa-Behandlung und verschiedene andere körperliche Anpassungsmethoden zielen ebenfalls auf eine Ausgewogenheit zwischen links und rechts ab. Die Do-In Übungen wenden diese antagonistischen und sich ergänzenden Formen des Gleichgewichts in den verschiedenen Stellungen und Bewegungen an, und helfen deren Vereinigung zu einer harmonischen Einheit zu Wege zu bringen.

## d. Die Beziehung zwischen der Peripherie und dem Zentrum

Alle relativen Erscheinungen in diesem Universum weisen eine antagonistische und sich ergänzende Beziehung zwischen der Peripherie und dem Zentrum auf. Ohne Oberfläche gäbe es kein Inneres und ohne Inneres gäbe es keine Oberfläche. Der äußerliche Zustand reflektiert demzufolge den innern Zustand und der innere Zustand wird entweder durch den äußeren Zustand hervorgerufen oder ruft diesen hervor. Was unseren menschlichen Organismus anbetrifft, sind die Beziehungen zwischen dem äußeren und dem inneren Zustand folgende:

*1. Hautfarbe.* In der östlichen als auch in der westlichen Medizin ist die Hautfarbe ein wichtiger Anhaltspunkt für die Diagnose der inneren Organe und deren Funktionen.

| *Hautfarbe* | *Innerer Zustand* |
|---|---|
| Gelb | Funktionsstörungen der Leber und der Gallenblase, wie z.B. bei Gelbsucht. |

| Hautfarbe | Innerer Zustand |
|-----------|-----------------|
| Rot | Funktionstörungen des Herz- und Kreislaufsystems, wie bei Blutgefäßerweiterung an den Wangen oder unnormalem Blutdruck. |
| Blaß | Funktionstörungen der Lunge und der Atmung, wie z. B. bei Lungentuberkulose. Es zeigt auch oftmals Funktionsstörungen im Milz- und Lymphsystem. |
| Dunkel | Funktionstörungen in den Nieren und Harnwegen, wie z. B. bei Niereninfektion und Nierensteinen. |
| Purpurrot | Funktionstörungen im Atmungs- und Kreislaufsystem, wie z.B. beim Purpurausschlag und in einigen Fällen von niedrigem Blutdruck. |
| Blau-grau | Störungen der Leber- und Pankreasfunktionen, wie z.B. bei Leberverhärtung. |
| Helles Grün | Störungen im Zellorganismus, wie z.B. in fortgeschrittenen Krebsstadien. |
| Durchsichtig | Fortgeschrittene Störungen im Atmungs- und Kreislaufsystem, wie z.B. bei fortgeschrittener Tuberkulose, Leukämie und Lepra. |
| Milchiges Weiß | Störungen im Lymphsystem und Schleimansammlungen in verschiedenen Körperbereichen, wie in frühen Stadien der verschiedenen Erkrankungen. |

*2. Male und Punkte auf der Haut.* Verschiedene Male, die auf der Oberfläche des Körpers erscheinen, resultieren aus einem unnormalen Körperzustand, der entweder in der Vergangenheit bestand oder sich gegenwärtig noch fortsetzt. Diese Male sind eine Form der Ausscheidung aus inneren Organen, Drüsen, Geweben und Muskeln und verkörpern die Energien, die in dem inneren Bereich unseres Körpers arbeiten. Sie erscheinen häufig entlang der Muskeln, der Meridiane und im Bereich der Organe. Hier sind einige Beispiele:

| Male | Zustand |
|------|---------|
| Sommersprossen | Ausscheidung von übermäßigem Zucker einschließlich Fruchtzucker. Störungen in der Leber, den Nieren und deren Funktionen. |
| Leberflecke | Ausscheidung von übermäßigem Eiweiß, besonders von tierischer Nahrung, wie z.b. Fleisch, Geflügel und Eier. Störungen im Verdauungssystem. |
| Warzen | Ausscheidung von übermäßigem Eiweiß und Fett, das speziell durch Fleisch, Eier, Milchprodukte und Zucker hervorgerufen wurde. Störungen im Darm- und Pankreasbereich. |
| Trockene Haut | Zu geringer Stoffwechsel aufgrund von Fettschichten unter der Haut, die durch übermäßigen Verzehr von Fetten und Öl einschließlich Fleisch, Milchprodukten, Zucker und Früchten hervorgerufen wurden. |
| Rote Flecken | Ausscheidung übermäßiger Mineralien, die besonders durch tierische Nahrung und Salz hervorgerufen werden. Störungen in der Leber und Gallenblase und deren Funktionen. |
| Schwarze Male | Die sogenannten „Schönheitsmale"; diese erscheinen entlang der Meridiane. Ausscheidung von übermäßigem Kohlenstoff und anderen Mineralien nach Infektionskrankheiten. Anzeichen für Störungen in bestimmten den Meridianen entsprechenden Organen und Funktionen. |

**119**

| Male | Zustand |
|------|---------|
| Weiße Flecken | Ausscheidung von übermäßigem Fett, das hauptsächlich durch den Verzehr von Milchprodukten entstanden ist. Störungen im Milz- und Lymphsystem, wie auch in den Atmungsorganen. |

3. *Körper- und Kopfbehaarung.* Das Haar ist eine Ausscheidungsform der Körperinnenseite durch die Kreislauf- und endokrinen Funktionen. Der Zustand des Haares, ob auf dem Kopf oder am Körper, weist auf den inneren Zustand der Organe, Drüsen und deren Funktionen hin. Nachfolgend einige Beispiele:

| Zustand des Haares | Innerer Zustand |
|--------------------|-----------------|
| Glatzköpfigkeit im Randbereich des Kopfes | Übermäßige Flüssigkeitseinnahme einschließlich Früchte, Säfte, Milch und Alkohol wie auch Zucker. Störungen der Verdauung und der Nieren und des Ausscheidungssystems. |
| Glatzköpfigkeit im mittleren Bereich des Kopfes | Übermäßige Einnahme von tierischer Nahrung einschließlich Fleisch, Geflügel und Eier, wie auch Alkohol. Störungen in der Funktion der Gedärme, der Leber, der Nieren und des Ausscheidungssystems. |
| Graues Haar | Übermäßige Einnahme von Mineralien oder Mangel an Eiweiß im Verhältnis zu Kohlehydraten, wie z.B. im Falle von übermäßiger Salzzufuhr. Störungen in dem Nieren- und Ausscheidungssystem und im Leber- und Nervensystem. |
| Gespaltene Haar enden | Übermäßige Nahrungseinnahme; übermäßige Mengen an Früchten, Säften, süssen Getränken und Gewürzen. Störungen in der Verdauung und den Fortpflanzungsfunktionen. |

| Zustand des Haares | Innerer Zustand |
|---|---|
| Oberlippenbart oder Barthaare bei Frauen | Übermäßige Nahrungseinnahme, besonders tierischer Eiweiße und Fette einschließlich Milchprodukte. Störungen in den Fortpflanzungsorganen und Funktionen und im endokrinen System. |
| Mangel eines Oberlippen- oder Vollbartes bei Männern | Übermäßige Einnahme von Zucker, Früchten, tierischem Fett und Milchprodukten. Störungen in den Fortpflanzungsorganen und -funktionen und im endokrinen System. |
| Kurze und dünne Augenbrauen | Übermäßige tierische Nahrung einschließlich Fleisch, Geflügel und Eiern. Störungen in den Atmungs-, Verdauungs- und Fortpflanzungsfunktionen. |
| Übermäßige Körperbehaarung | Übermäßige Einnahme von tierischem Eiweiß; Überkonsum aller Nahrung. Allgemeine Störungen im Verdauungsbereich. |

*4. Hände und Finger, Füße und Zehen.* Die Hände und Finger sind die äußeren Verkörperungen der inneren Organe und deren Funktionen, wie auch der Energien, die innerhalb dieser Organe tätig sind. Jeder Finger trägt bestimme Meridiane, die mit den Funktionen der bestimmten Organe in Verbindung stehen. Jegliches Übermaß wird durch die Hände und Finger in die umgebende Atmosphäre ausgeschieden; es wird aus dem inneren Bereich dès Körpers durch die Zirkulation des Blutes und der Körperflüssigkeiten wie auch durch den elektromagnetischen Fluß entlang der Meridiane in die äußere Umgebung geleitet. Dementsprechend zeigt der Zustand der Hände, Finger und Nägel den jetzigen oder vergangenen Zustand an. Hier sind einige Beispiele:

| Äußerer Zustand | Innerer Zustand |
|---|---|
| Gerötete Fingerspitzen | Aktive Ausscheidung von übermäßiger Energie durch Zucker, Früchte, Säfte, süße Getränke, Gewürze und ähn- |

| Äußerer Zustand | Innerer Zustand |
|---|---|
| | liche Nahrungsmittel verursacht. Störungen in den Nerven-, Atmungs- und Fortpflanzungsfunktionen. |
| Gerissene Nägel und Fingerspitzen | Übermäßige Ausscheidung von Flüssigkeit, Zucker, Früchte, Säfte und süße Getränke. Störungen in den Fortpflanzungsorganen und deren Funktionen. |
| Unregelmäßige Vertiefungen auf der Nageloberfläche | Unausgewogenheit der Ernährung, besonders von Würmern verursacht. Störungen im Verdauungssystem. |
| Furchen auf den Nägeln | Übermäßige Einnahme von Salz und Mineralien oder Mangel an Eiweiß und Fett. Störungen in der Leber und der Gallenblase oder der Nieren und dem Ausscheidungssystem. |
| Gebogene Finger | Unausgeglichener Energiefluß, vor allem in den Meridianen des betreffenden Fingers. Störungen in den entsprechenden Organen und deren Funktionen. |
| Steifheit der Finger | Stagnierender Energiefluß in den Meridianen, die mit diesem Finger in Verbindung stehen, hauptsächlich verursacht durch übermäßige Einnahme von Salz und tierischem Eiweiß. Störungen in dem entsprechenden Organ und dessen Funktion. |
| Feuchte Hände und Füße | Übermäßige Flüssigkeitszufuhr einschließlich Früchte und Säfte. Störungen im Verdauungs-, Kreislauf- und Ausscheidungssystem. |
| Kalte Hände und Füße | Übermaß an Zucker, Früchten und kalten Getränken. Störungen in den Verdauungs- und Ausscheidungssystemen und Nervenfunktionen. |

| Äußerer Zustand | Innerer Zustand |
|---|---|
| Warme Hände | Übermäßiger Verzehr von Nahrung und Flüssigkeit einschließlich tierischer Nahrung. Störungen im Verdauungs- und Kreislaufsystem. |
| Allgemeines Anschwellen der Hände und Füße | Übermäßige Flüssigkeits- und Fettzufuhr besonders durch Früchte, Säfte und Milchprodukte. Störungen im Kreislauf- und Fortpflanzungssystem. |

Die oben angeführten Beispiele beziehen sich lediglich auf einige wenige leicht erkennbare Zustände, die am äußeren Körperbereich erscheinen und in Verbindung stehen mit Störungen der inneren Organe und deren Funktionen. Diese äußeren Bereiche können für die Diagnose und zur gleichen Zeit für die Behandlung angewendet werden. Die Erhöhung oder Verminderung der Energie in der äußeren Zone kann sofort den Energiefluß in den entsprechenden Organen und in anderen inneren Bereichen des Körpers beeinflussen. Eine Stimulierung dieser äußeren Bereiche — wie z.B. durch Druck oder Temperatur — kann den inneren Zustand verändern. Wie viele andere medizinische Behandlungsweisen und körperlichen Übungen macht sich Do-In diese äußeren Körperzonen nutzbar, um den inneren Zustand zu verbessern.

## e. Die Beziehung zwischen Organ- und Meridian-Funktionen

Die Meridiane — die 14 Hauptmeridiane einschließlich des „Konzeptions-Gefäßes" und des „Gouverneur-Gefäßes" und einiger zusätzlicher Hilfsmeridiane — sind, wie schon zuvor erwähnt (auf Seite 82 ff), elektromagnetische Ströme, die an der Oberfläche des Körpers auftreten und die mit bestimmten inneren Organen und Funktionen in Verbindung stehen. Man kann diese Meridiane als erweiterte Energieflüsse des kompakten inneren Energiestroms — dem Organ selbst und seiner Aktivität — betrachten. Dementsprechend spiegeln die Zustände der äußeren Meridiane die Zustände der entsprechenden Organe und Funktionen wider. Diese Erscheinungen an den Meridianen sind von zahlreicher Verschiedenheit und zeigen unterschiedliche Zustände der inneren Funktionen. Nachfolgend sind nur einige

**123**

Beispiele dieser Beziehungen zwischen den Meridianen und den inneren Zuständen aufgeführt:

a. Wenn ein bestimmtes Organ und dessen Funktion aufgrund übermäßiger elektromagnetischer Energie zunehmend aktiver wird, produziert der entsprechende Meridian an den Armen oder Beinen aktivere Schwingungen und die Punkte, die an den Fingern oder den Zehen an den Meridianen liegen, erzeugen eine höhere Energieentladung.

b. Wenn sich der Stoffwechsel eines Organs verlangsamt, vermindert der entsprechende Meridian seinen Energiefluß und erzeugt weniger Schwingung.

c. Wenn eine Stagnation auftritt, die als Verhärtung, Steifheit oder Anschwellen in einem Teilbereich eines Meridians auftritt, zeigt dies, daß ein entsprechendes Organ oder dessen Funktion ebenfalls stagniert.

d. Wenn entlang eines Meridians ein Schmerz, eine Entzündung oder ein steifer Muskel auftritt, zeigt dies, daß ein bestimmter Bereich des entsprechenden Organs oder dessen Funktion stagniert.

e. Wenn sich an einem Finger oder Zeh oder an der Fußsohle eine Hornhaut bildet, sondert ein entsprechendes Organ angesammelten Schleim, Fett und übermäßige Energie ab.

f. Wenn eine ungewöhnliche Hautfarbe entlang eines Meridians entsteht, leidet ein entsprechendes Organ an einem degenerativen Zustand.

Diese Beziehungen zwischen den Meridianen und den Organen wie auch deren Funktionen beweisen, daß jede Stimulierung eines Teilbereichs eines Meridians eine sofortige Reaktion in einem entsprechenden Organ und dessen Funktion herbeiführt. Wie alle anderen Behandlungs- und Übungsarten nutzt Do-In aktiv diese Beziehungen zwischen den Meridianen und den inneren Organen und Funktionen: durch Druck auf bestimmte Punkte, um Stagnationen entlang eines Meridians aufzulösen, durch Handauflegen, um Wärme und Schwingungen zu erzeugen, oder durch Massage, um den Energiefluß in diesem Meridian zu steigern.

## f. Die Beziehung zwischen dem Teil und dem Ganzen

Jede Existenz innerhalb des Universums spiegelt alle Zustände des gesamten Universums in ihrer Beschaffenheit, Aufbau,

Form, Natur und ihren Funktionen wieder. Das menschliche Wesen ist eine Miniaturausgabe des Universums. Im Menschen sind alle Faktoren, die das gesamte Universum zusammensetzen, praktisch verkörpert — Raum und Zeit, Strahlung und Wellen, Schwingungen und Ströme, elektromagnetische Erscheinungen wie auch die Bewegung der präatomaren Partikel, Elemente, Moleküle, anorganische und organische Substanzen, Plasma und Gas, Flüssiges und Festes, Materielles und Geistiges, Körperliches und Seelisches. Die Mikroorganismen sind lebendige Widerspiegelungen des Makro-Universums. Ein Teil repräsentiert das Ganze. Das Ganze verkörpert sich in einem Teil.

Ähnlich reflektiert ein Körperteil die gesamte Beschaffenheit des ganzen Körpers, körperlich und seelisch, und der gesamte Körper läßt sich in einem Teil des Körpers erkennen. Dafür gibt es unzählige Beispiele in unserem Körper, einschließlich der Organe, Drüsen, Gewebe und Zellen. Im folgenden zeigen wir einige Beispiele, die durch die tägliche Übung zu einem allgemeinen Wissensgut für unsere körperliche, seelische und geistige Entwicklung werden:

## A. Die Beschaffenheit des Augapfels

In der Wissenschaft der Irisdiagnose wird der Zustand der Iris zum Zwecke der Diagnoseerstellung für den inneren Zustand untersucht; aber der Augapfel als Ganzes zeigt auch den gesamten körperlichen und seelischen Zustand. Wie wir es auf der Zeichnung sehen können, repräsentiert jeder Bereich des Augapfels einen bestimmten Körperbereich und dessen Funktionen. Einige grundlegende Diagnosebeispiele sind wie folgt:

*1. Die Farbe des Augapfels.* Bei Erwachsenen ist der Augapfel gewöhnlich weiß, während er bei Kleinkindern bläulich ist. Wenn ein Teil oder der gesamte Augapfel seine Farbe verändert, weist dies auf Störungen in bestimmten Organen und Funktionen hin.

*2. Ein blutunterlaufener Zustand,* der die Ausweitung der Blutgefäße aufweist, deutet auf einen Energieüberfluß und eine übermäßige Blutzirkulation in der entsprechenden Körperzone hin. Dieser Zustand deutet ebenfalls auf gefühlsmäßige Labilität und Nervosität wie auch allgemeine körperliche und geistige Müdigkeit hin.

**125**

**Abb. 24   Rechter Augapfel**

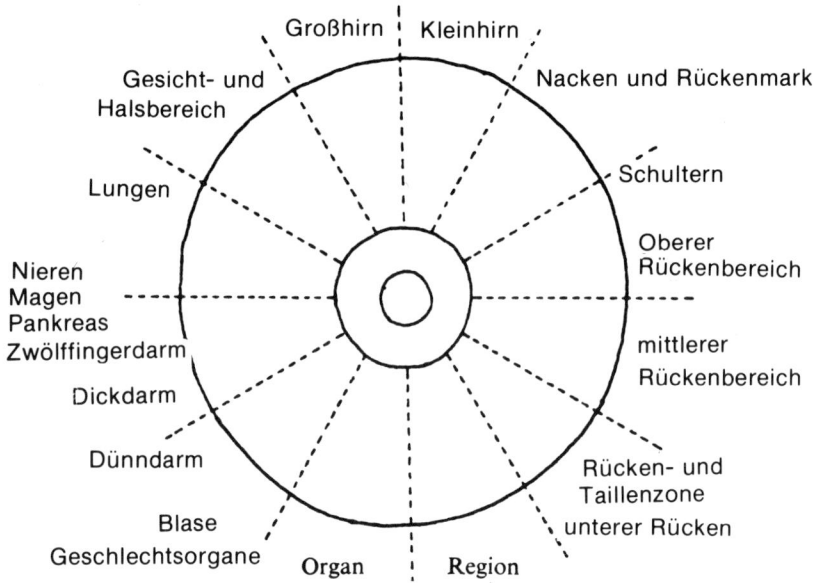

Großhirn | Kleinhirn

Gesicht- und Halsbereich

Nacken und Rückenmark

Lungen

Schultern

Nieren
Magen
Pankreas
Zwölffingerdarm
Dickdarm

Oberer Rückenbereich

mittlerer Rückenbereich

Dünndarm

Blase
Geschlechtsorgane

Organ | Region

Rücken- und Taillenzone
unterer Rücken

Die inneren Bereiche des weißen Augapfels repräsentieren die kompakteren Organe oder Bereiche in jeder Körperzone; die äußeren Bereiche repräsentieren die ausgedehnteren Organe oder Bereiche des Körpers.

3. *Dunkle, bräunliche Punkte,* die in einem bestimmten Bereich des weißen Augapfels auftreten, deuten auf eine Verhärtung von angestautem Schleim und der Bildung von Steinen hin. Sie deuten auch auf Zystenbildung hin, wenn sie in dem Bereich erscheinen, der den Brüsten oder den Eierstöcken entspricht.

4. *Weiße und gelbe Flecke* im Weiß des Augapfels zeigen häufig große Fettansammlungen an, welche sich zu Zysten, Tumoren und später zu Krebs in dieser bestimmten Region entwickeln können.

5. *Gelbe und weiße Schleimansammlung* im unteren Bereich des Augapfels zeigt große Fett- und Schleimansammlungen im unteren Bereich des Körpers, wie z.B. in der Prostata, um die Eierstöcke und den Uterus an. Dies deutet ebenfalls auf vaginale Ausscheidungen bei der Frau und eine Verminderung der Geschlechtsfähigkeit beim Mann hin.

**6.** *Rote Punkte* in bestimmten Bereichen sind wahrscheinlich die Endpunkte erweiterter Blutgefäße und weisen auf eine Blutstauung und auf die Bildung von Blutklümpchen im Kreislaufsystem und in den Organen in diesem bestimmten Bereich hin.

**7.** *Übermäßige Flüssigkeit* um den Augapfel zeigt gewöhnlich Störungen im Kreislauf- und Ausscheidungssystem im Zusammenhang mit einer Herzerweiterung, die Ausweitung der Gedärme und häufiges Urinlassen.

## 2. Die Beschaffenheit des Ohres

Das Ohr repräsentiert die gesamte köperliche und geistige Beschaffenheit durch dessen Größe, Dicke, Winkel, Stellung und Aufbau.
Einige Hauptmerkmale sind wie folgt:
*1. Größe:* Größere Ohren weisen auf eine stärkere während der embryonalen Phase entwickelte Konstitution hin, während kleinere Ohren auf eine schwächere Konstitution hinweisen. ˗ Besonders wohlgeformte Ohren mit schönen, langen Ohrläppchen zeigen eine gut ausgerichtete Konstitution mit einer ausgeglichenen Mentalität.

**Abb. 25**

Äußere Linie
Kreislauf- und Ausscheidungssystem

Mittlere Linie
Nervensystem

Innere Linie
Verdauungs- und Atmungssystem

A. Zeigt den unteren Körper

B. Zeigt den mittleren Körper

C. Zeigt den oberen Körper

Andererseits zeigt ein Ohr, dessen oberer Bereich mehr entwickelt ist und wenig Ohrläppchen aufzeigt, daß die Ernährung während der embryonalen Phase mehr aus tierischer Nahrung bestand, was zu einer unausgeglichenen körperlichen und geistigen Konstitution führt.
Die Region „A" wird eher durch Eiweiß genährt und entwickelt; die Region „B" wird eher durch Kohlehydrate genährt und entwickelt; und die Region „C" wird mehr durch ausgeglichene Mineralien genährt und entwickelt. (Siehe Abb. 25)

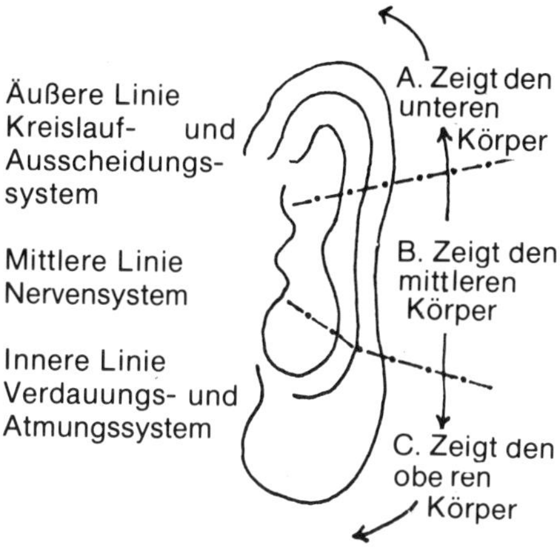

*2. Dicke:* Dicke Ohren deuten auf eine gesündere Verdauungsfunktion wie auch auf einen stärkeren Knochenbau hin, während dünne Ohren auf eine schwächere Konstitution mit der Tendenz zu geistiger Nervosität hinweisen.

*3. Winkel:* Der Winkel zwischen dem Ohr und dem Kopf sollte weniger als 30 Grad beim normalen Ohr betragen und zeigt ein harmonisches Gleichgewicht zwischen dem körperlichen und dem geistigen Zustand. Wenn der Ohrwinkel mehr als 30 Grad beträgt, tendiert die körperliche Konstitution wie auch der geistige Zustand zur Disharmonie.

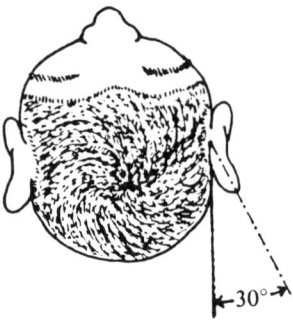

**Fig. 26 Angle of the Ears**

*4. Lage:* Ein normales Ohr ist so gewachsen, daß der obere Teil des Ohres ungefähr in der Höhe der Augen beginnt und der unterste Teil des Ohrläppchens in Höhe des Mundes endet. Heutzutage beginnt jedoch bei vielen Ohren der obere Teil weit über der Augenlinie, und der untere Teil endet weit höher als die Mundlinie. Die zuerst genannte Position stellt eine stärkere Konstitution und ein großes geistiges Aufnahmevermögen dar, während die letztgenannte die entgegengesetzten Tendenzen anzeigt.

*5. Aufbau:* Das Ohr ist in drei vertikalen Lagen angeordnet, die entsprechend die Zustände des Inneren auf der Peripherie widerspiegeln. Bei der Abbildung 25 zeigt die innere Vertiefung das Verdauungs- und Atmungssystem, die mittlere Linie das Nervensystem und die äußere Kante das Kreislauf- und Ausscheidungssystem. Der untere Bereich dieser drei Schichten entspricht dem oberen Körperbereich — z.B. die Ohrläppchen entsprechen dem Kopf und dem Gesicht, und der obere Ohrbereich entspricht dem unteren Körperbereich, z.B. der Bereich, der durch die gestrichelten Linien in Abbildung 25 dargestellt ist, entspricht den Fortpflanzungs- und Genitalorganen. Entlang dieser drei Schichten gibt es ungefähr 200 Punkte, jeder davon entspricht einem Teil dieser Systeme einschließlich der Organe, Drüsen, Gelenke und Muskeln.

Dementsprechend beeinflußt Druck, Massage oder andere

## Abb. 27   Lage und Form der Ohren

*Traditionelle Tendenz*

Lange und dicke Ohrläppchen
großer Umfang
Niedrigere Position

*Moderne Tendenz*

Verlust an Ohrläppchen
Kleinerer Umfang
Höhere Position

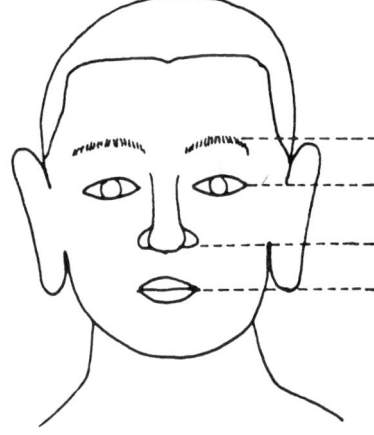 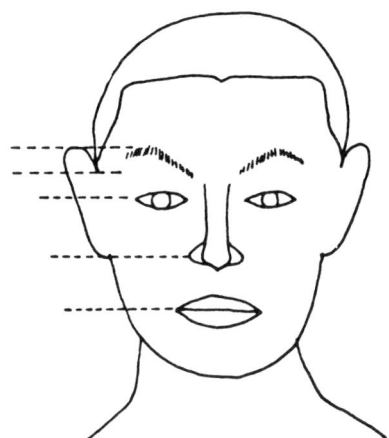

Stimulierungen auf diese Schichten und Punkte sofort die entsprechenden Körperbereiche.

## 3. Der Zustand der Handinnenflächen

Die Handinnenfläche ist ein weiterer Bereich des Körpers, der die gesamte Beschaffenheit und den körperlichen, seelischen und geistigen Zustand darstellt. In der östlichen Medizin wie auch in der altertümlichen und mittelalterlichen abendländischen Medizin war es wohl bekannt, daß die Handinnenfläche einschließlich der Finger auf die persönlichen körperlichen und geistigen Neigungen hindeutet. Aus diesem Wissen heraus entwickelte sich in unbekannter alter Zeit die Handlesekunst. Die Handlesekunst ist in der Lage, persönliche Neigungen und das Schicksal zu enthüllen, denn jeder Teil der Handinnenfläche entspricht einem Teil der körperlichen Beschaffenheit. Im folgenden geben wir einige Beispiele:

Es gibt drei Grundlinien in der Handinnenfläche, die drei grundlegende Systeme unseres Körpers repräsentieren:

*Linie A,* verläuft von der Vertiefung zwischen dem Daumen und dem Zeigefinger bis nach unten zum Anfang des Daumens. Diese Linie repräsentiert das Verdauungs- und Atmungssystem. Der obere Bereich dieser Linie zeigt den unteren Bereich des Verdauungs- und Atmungssystems und der untere Bereich zeigt den oberen Bereich des Verdauungs- und Atmungssystems. Bei normaler Gesundheit sollte diese Linie klar, tief und die längste von allen Linien auf der Handinnenfläche sein. Der Grund, warum diese Linie in der Handlesekunst als „Lebenslinie" bezeichnet wird, ist der, daß die körperliche Vitalität und die Langlebigkeit sehr stark von dem Zustand der Verdauungs- und Atmungsfunktionen abhängt. Wenn diese Linie vor dem Handgelenk endet, oder wenn sie schwach und nicht tief ausgeprägt ist, zeigt dies eine verminderte Funktionsfähigkeit im Verdauungs- und Atmungsbereich.

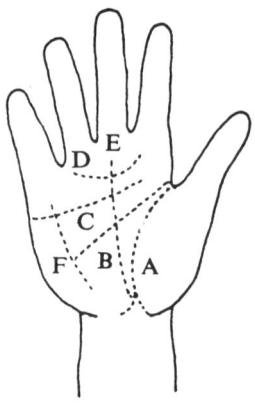

**Abb. 28: Hauptlinien auf der Handinnenfläche**

*Linie B* beginnt in der inneren Handecke in der Nähe des Beginns der Linie A und überzieht die Handinnenfläche zum äußeren Handrand hin. Diese Linie repräsentiert das Nervensystem als auch die Denkfähigkeit des Gehirns. Sie kann kürzer als die Linie A sein, sollte aber klar und kraftvoll bei normaler Gesundheit sein. In der Handlesekunst wird diese Linie die „Linie des Intellekts" genannt. Sie zeigt eine Tendenz zur Entschlossenheit, wenn sie kürzer und tiefer ist, wenn dies auch auf eine Tendenz zur Starrheit hinweist. Andererseits zeigt sie ein breites Begriffsvermögen, wenn die Linie lang und nach unten fließend ist, obwohl dies auch eine Tendenz zur Unentschlossenheit zeigt.

*Linie C* verläuft vom äußeren Rand der Hand unterhalb des kleinen Fingers auf den inneren Rand am Beginn des Zeigefingers zu. Diese Linie repräsentiert das Kreislauf- und Ausscheidungssystem und sie sollte möglichst klar und kraftvoll ausgeprägt sein. Diese Linie kann kürzer als die Linie A, die „Lebenslinie" sein, aber genauso lang oder ein bißchen länger als die Linie B, die „Linie des Intellekts". Wenn diese Linie schwach ist und Unregelmäßigkeiten aufweist, bedeutet dies, daß die Kreislauf- und Ausscheidungsfunktionen gegenwärtig nicht ausreichend arbeiten. Wenn diese Linie lang ist und fast bis zum Beginn des Zeigefingers reicht, ist die körperliche Vitalität und das gefühlsmäßige Streben stärker als normal. Da die Kreislauf- und Ausscheidungsfunktionen im Allgemeinen den gefühlsmäßigen Wandel beeinflussen, wird diese Linie in der Handlesekunst als „Gefühlslinie" oder als „Herzlinie" bezeichnet.

*Die Linie D* beginnt zwischen dem Zeige- und dem Mittelfinger und verläuft in Richtung des Beginns des Ringfingers. Diese Linie wird „Liebeslinie" genannt und zeigt die tiefe Zuneigung für andere Menschen oder andere Wesen. Gleichzeitig deutet sie auf mögliche Komplikationen in Gefühlsdingen als auch in menschlichen Beziehungen hin. Diese Linie erscheint nicht notwendigerweise auf der Handinnenfläche eines jeden Menschen.

*Die Linie E* verläuft vom Zentrum des Handbeginns vertikal nach oben zum Mittelfinger und wird in der Handlesekunst als „Linie des Erfolgs" bezeichnet. Sie zeigt sich nicht in jeder Handinnenfläche. Wenn die Mutter hart gearbeitet hatte während der Schwangerschaft, oder wenn eine Person selbst hart gearbeitet hat, besonders körperliche und soziale Aktivitäten, dann zeigt sich diese Linie häufig. Weil diese Linie aufgrund von körperlicher und sozialer Tätigkeit auftritt, wurde sie als ein Anzeichen für möglichen späteren Erfolg betrachtet.

*Die Linie F* beginnt nahe der Handwurzel und verläuft nach oben in Richtung des Bereichs zwischen kleinem Finger und Ringfinger; sie wird „Gesundheitslinie" genannt und erscheint nur bei einigen Menschen. Wie die Linie E, die „Linie des Erfolgs" entsteht diese Linie durch gute körperliche Aktivität entweder von Seiten der Mutter während der embryonalen Entwicklung oder von Seiten der Person selbst während ihres Wachstums. Wenn sie diese Linie zeigt, besitzt ihre körperliche Konstitution eine gute Widerstandskraft gegen Umwelteinflüsse.

*Andere Linien.* Es gibt viele andere kleine Linien, die hier und dort über die ganze Handfläche hinweg verlaufen. Je mehr kleinere Linien erscheinen, umso mehr Veränderungen finden statt im körperlichen, emotionalen und sozialen Leben und umso mehr verschiedene Nahrungsmittel wurden verzehrt. Im allgemeinen ist es wünschenswerter, daß die Linien auf der Handinnenfläche einfacher und klarer sind und damit anzeigen, daß die Wachstumsbedingungen und die Umgebungssitutation des Menschen einfacher und geordneter waren. Es zeigt dann auch, daß seine Ernährung einfacher und ausgeglichener als die des Durchschnitts war. All die verschiedenen kleineren Linien haben ihren entsprechenden Bezug zu unserem körperlichen, seelischen und geistigen Zustand und im allgemeinen sind die vertikalen Linien in Richtung der Finger günstigere Anzeichen als die horizontalen Linien.

Aufgrund der verschiedenen Linien auf der Handinnenfläche — wie oben erklärt — kann die Handinnenfläche für Diagnose und Behandlung durch die Anwendung von Druck, Massage oder andere Stimulierungen benutzt werden. Eine Stimulierung eines bestimmten Bereichs oder eines Punktes auf der Handinnenfläche beeinflußt sofort das entsprechende System, Organ und den Körperbereich.

## 4. Der Zustand der Füße

In unserer gewöhnlichen täglichen Körperhaltung, einschließlich der meisten Körperbewegungen, besteht eine komplementäre Beziehung zwischen den Füßen und dem Körper. Z.B. beim Stand, wenn der gesamte Körper vertikal steht, sind die Füße in horizontaler Stellung; und beim Schlafen wird der ruhende Körper horizontal ausgestreckt während die Füße nahezu vertikal gehalten werden. Dementsprechend ist es seit ein paar Tausend Jahren bekannt, daß die Füße unseren gesamten restlichen Körper darstellen und diesem entsprechen. Aus diesem Verständnis heraus hat sich eine moderne Körpertherapie, die Fußreflexologie, entwickelt. Nicht nur repräsentiert jeder Zeh die Funktionen der verschiedenen Organe durch die Meridiane, die den Zeh mit den inneren Organen verbinden, auch jeder Bereich des Fußes, besonders auf der Fußsohle, zeigt jeden Bereich des Körpers.

Diese entsprechenden Bezüge zwischen dem Fuß und den Körperteilen sind ganz allgemein in der Abb. 29 dargestellt.

Der Bereich der Achillessehne, die Oberfläche des Fußes und der Bereich um die Knöchel haben ebenfalls entsprechende Bezüge zu den verschiedenen Körperfunktionen.

Dementsprechend kann Druck und Stimulierung eines bestimmten Bereichs durch die Anwendung einer Nadel, durch Moxa, Fingerdruck oder Massage ein entsprechendes Organ, eine Drüse oder einen Körperbereich beeinflussen. Wenn diese Stimulierungen richtig eingesetzt werden mit der geeigneten Schwingung und dem geeigneten Intensitätsgrad, dienen sie der wirksamen Linderung bestehender Störungen in den inneren Körperregionen.

## Abb. 29 Reflexzonen an den Füßen

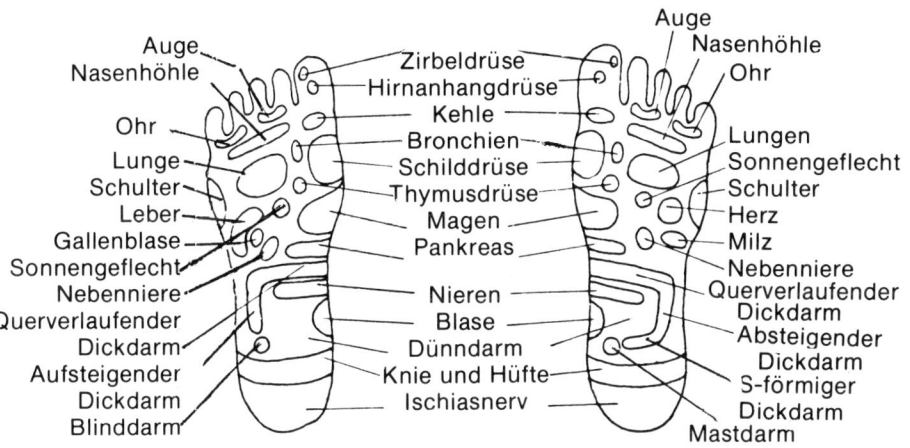

Auge
Nasenhöhle
Ohr
Lunge
Schulter
Leber
Gallenblase
Sonnengeflecht
Nebenniere
Querverlaufender
Dickdarm
Aufsteigender
Dickdarm
Blinddarm

Zirbeldrüse
Hirnanhangdrüse
Kehle
Bronchien
Schilddrüse
Thymusdrüse
Magen
Pankreas
Nieren
Blase
Dünndarm
Knie und Hüfte
Ischiasnerv

Auge
Nasenhöhle
Ohr
Lungen
Sonnengeflecht
Schulter
Herz
Milz
Nebenniere
Querverlaufender
Dickdarm
Absteigender
Dickdarm
S-förmiger
Dickdarm
Mastdarm

Diese Fuß-Organ-Entsprechungen lassen es empfehlenswert erscheinen, für die Aktivierung des körperlichen und geistigen Stoffwechsels von Zeit zu Zeit — wenn es die Umstände erlauben — barfuß auf dem Gras oder der Erde zu laufen oder körperliche Übungen auszuführen. Es wird auch empfohlen, die Füße und Zehen durch das Waschen mit heißem oder kaltem Wasser ein- oder zweimal am Tage zu reinigen, was der Erhaltung der allgemeinen Gesundheit dient.

Entsprechend der körperlichen und geistigen Beschaffenheit des Menschen, die — wie oben schon allgemein erklärt — aus antagonistischen und sich ergänzenden Bezügen innerhalb der verschiedenen Körperteile als auch aller körperlichen und seelischen Erscheinungen besteht, bewirkt jede Stimulierung gleich welchen Körperteils, und gleich welcher Art der Stimulierung — ob materiell oder spirituell, körperlich oder als Schwingung — eine Veränderung der Zustände und Funktionen der verschiedenen körperlichen und geistigen Erscheinungsformen. Die Do-In Übungen, genau wie alle anderen körperlichen, seelischen und geistigen Übungen, bedienen sich aktiv dieser Stimulierungen. Aber im Do-In wird diese Stimulierung auf friedliche und natürliche Art — in Form der Selbstanpassung — ausgeführt. Das Ziel des Do-In ist nicht nur die Heilung und Verbesserung der gestörten Funktionen, sondern auch die umfassende Entwicklung unserer körperlichen, seelischen und geistigen Zustände in einem harmonischen täglichen Leben.

# Teil 2
# Übungen des Do-In

# Einführung in die Do-In Übungen

Es gibt viele Übungen und Behandlungsmethoden, um unseren körperlichen, seelischen und geistigen Zustand zu verbessern: westliche und östliche Medizin, Psycho- und Physiotherapien, psychiatrische und körperliche Behandlungen, die Verwendung von chemischen und pflanzlichen Medikamenten wie auch verschiedene Techniken im Bereich der östlichen Medizin, wie z.B. Akupunktur, Moxabehandlung, Heilen durch Handauflegen und viele andere. Do-In jedoch besitzt im Vergleich zu diesen verschiedenen Richtungen der körperlichen, seelischen und geistigen Entwicklung einzigartige Charakteristika:

1. Do-In entwickelte sich in einer für uns unbekannten alten Zeit durch intuitive Reaktionen, die ohne besondere Ausarbeitung oder Theorien entstanden, welche die natürlichen Selbstanpassungsreaktionen eines jeden Menschen bedeuten.
2. Do-In ist im Gegensatz zu vielen medizinischen Behandlungen, asiatischen Kampfeskünsten und anderen Therapien, die der Mitwirkung anderer Menschen bedürfen, eine vollständige Selbstübung.
3. Beim Do-In benötigt man keine Instrumente, im Gegensatz zur Akupunktur, der Moxa-Behandlung und vielen anderen Körpertherapien. Do-In benutzt nur unsere eigenen körperlichen und geistigen Funktionen, durch Selbstanpassung richtig eingesetzt.
4. Die Do-In Übungen zielen auf unsere körperliche Gesundung und unser Wohlergehen hin, aber sie übersteigen bei weitem das körperliche Ausmaß und zielen auch auf die Entwicklung unserer seelischen und geistigen Fähigkeiten zur Erlangung einer wahren menschlichen Natur als eine Ganzheit in allen Dimensionen hin.
5. Die Do-In Übungen können von jedem beliebigen Ort ausgeführt werden und erfordern nur wenig Zeit; demzufolge können sie ohne Schwierigkeiten zu einem Teil unseres täglichen Lebens werden und bedürfen keiner besonderen Anstrengung oder stellen keine Belastung für unsere Tagesaktivitäten dar.
6. Das Do-In betrachtet die Menschen nicht als körperliche und materielle Existenzen sondern als Manifestation der Schwin-

gungs- und geistigen Bewegung, die in den unendlichen Schwingungs- und Energiedimensionen im Meer des unendlichen Universums erscheint.

7. Die Do-In Übungen werden in Harmonie mit der natürlichen Umwelt ausgeführt und man wendet die günstigste Zeit, Ort und Stellung wie auch natürliche Erscheinungen, wie die Bewegungen der Sonne und des Windes, an.

Es gibt verschiedene Do-In Übungsabläufe, die in der folgenden Reihenfolge vorgestellt werden:

1. *Spezielle Übungen:* Diese Übungen stellen keinen Bewegungsablauf dar, sondern werden unabhängig als grundlegende körperliche, seelische und geistige Übungen vorgestellt. Jede Übung kann zu jeder beliebigen Zeit für ihren speziellen Zweck ausgeführt werden.

2. *Geistige Übungen:* Diese Übungsabläufe sind speziell für die seelische und geistige Entwicklung in Form von täglichen Übungen geschaffen worden. Wenn wir diese Übungsreihe anwenden, können wir auf wirksame Weise unsere seelische und geistige Entwicklung in Harmonie mit der Natur und dem Universum erreichen, was natürlich auch das körperliche Wohlbefinden zur Folge hat.

3. *Tägliche Übungen:* Diese Täglichen Übungen unterstützen den reibungslosen und richtigen Ablauf unseres täglichen Lebens wie auch die Harmonisierung unseres gesamten Zustandes. Sie umfassen Morgenübungen, Abendübungen, Meridianübungen und Zusätzliche Übungen.

Die Morgenübungen haben das Ziel, unsere körperliche, seelische und geistige Vitalität aktiv, aber in friedlicher Harmonie mit den uns umgebenden Bedingungen zu stärken. Die Abendübungen sollen einen Zustand des körperlichen und geistigen Friedens und der Entspannung am Ende des Tages hervorrufen. Die Übungsreihe der Meridianausdehnungen hat das Ziel, den aktiven und harmonischen Energiefluß durch die Meridiane zu erzeugen, um von Müdigkeit, die entweder durch Stauung oder durch verringerten Energiefluß im Körper nach unatürlichen Aktivitäten entstanden sind, zu befreien. Die Zusätzlichen Übungen umfassen Übungen, um den festen, friedlichen Schlaf durch vollständige Entspannung in liegender Haltung herbeizuführen und die Methode, die Nasenhöhlen sauber zu halten, um die reibungslose Atmung zu garantieren.

4. *Allgemeine Übungen:* Diese Übungsreihe hat das Ziel, den Energiestrom in jedem Teil des Körpers zu aktivieren in Verbindung mit der Wiedererlangung der harmonischen Funktionen der verschiedenen Organe, Drüsen und Systeme. Die Übungen umfassen den gesamten Körper, sie beinhalten verschiedene Druck-, Massage- und Reibungsanwendungen und andere Stimulierungen, die einfach auszuführen sind.

# Kapitel 1
# Spezielle Übungen (SÜ)

## Einführung

Die hier vorgestellten Speziellen Übungen stellen einige repräsentative Übungen dar, von denen jede einzelne einem speziellen Zwecke dient. Diese Speziellen Übungen können zu jeder Zeit und an jedem beliebigen Ort ausgeführt werden, nicht als Übungsserie sondern als unabhängige Übungen. Alle diese Übungen jedoch erfordern als Grundvoraussetzung die rechten biologischen und psychologischen Bedingungen, die durch die tägliche Praxis der makrobiotischen Lebensführung erreicht werden können.

Diese Speziellen Übungen sind primär auf unsere seelische und geistige Entwicklung hin ausgerichtet, aber sie umfassen natürlich ebenfalls körperliche Übungen. Einige davon wurden im Zen und anderen Meditationsformen praktiziert. Einige werden im Yoga-Training verwandt und andere im prähistorischen Shintoismus oder anderen religiösen Praktiken. Viele wurden hier wiederentdeckt und in einer einfachen, praktischen Form unter Einbeziehung eines neuen Verständnisses abgewandelt.

Wenn man diese hier vorgestellten Übungen anwendet, kann man unzählige Übungsvariationen entwickeln, die alle das gleiche Ziel erreichen — das ist die unbegrenzte Entwicklung der ganzen Persönlichkeit.

Geistig entwickelte Persönlichkeiten, die in unserer gesamten Geschichte bekannt waren, haben eine oder mehrere dieser Übungen praktiziert, durch die sie anfangen konnten, ihre körperliche und geistige Freiheit zu erlangen.

Ich habe jede dieser Übungen nach ihrer traditionellen Bedeutung und deren Zweck benannt, und ich habe einige davon speziell verfeinert und abgewandelt, um die allgemeine Reichweite der verschiedenen Übungen vorzustellen. Mit jeder beliebigen Übung können Sie beginnen, in einen größeren Bereich der seelischen und geistigen Welt einzutreten.

Die vorgestellten Übungen sind folgende:

*SÜ 1 ( 天台 ) Ten-Dai: Himmlisches Fundament:* Bei dieser Übung erlernen wir die verschiedenen Sitzhaltungen, die für die Ausführung der körperlichen, seelischen und geistigen Übungen wichtig sind. Zu Beginn und am Ende jeder Do-In-Übung sollten wir eine dieser Haltungen einnehmen. Diese Sitzhaltungen sind alle um den Unterleib — dem Zweiten Chakra, dem Körperzentrum — konzentriert, um uns fest auf der Erde zu stabilisieren.

*SÜ 2 ( 愛和 ) Ai-Wa: Liebe und Harmonie:* Diese Übung ist auf das Vierte Chakra,dem Herz- und emotionalen Zentrum konzentriert, um unsere Hingabe in Verbindung mit Liebe und Harmonie zu entwickeln. Die Übung fördert die harmonischen Beziehungen mit den uns umgebenden Menschen und Umweltbedingungen.

*SÜ 3 ( 昇天 ) Sho-Ten: Zum Himmel aufsteigen:* Diese Übung ist im Sechsten Chakra, dem Bereich des Mittelhirns, zentriert, um unser Bewußtsein jenseits der relativen Welt zu erweitern und uns in Richtung der grenzenlosen Sphäre jenseits von Zeit und Raum zu befreien. Es ist ebenfalls eine Erfahrung der stufenweisen Entwicklung zu unserem körperlichen Tod hin und der Geburt des unbegrenzten Bewußtseins.

*SÜ 4 ( 靈能 ) Rei-No: Entwicklung der geistigen Kraft:* Dies ist eine Übung zur Entwicklung unserer außergewöhnlichen körperlichen, seelischen und geistigen Kräfte. Sie ist im Dritten Chakra, dem Bauchbereich konzentriert, um die Energie vollständig im Körper zu belassen, und ungewöhnliche körperliche und geistige Fähigkeiten können erzielt werden, wenn die Energie frei gelassen wird. Durch die tägliche Anwendung dieser Übungen können viele Menschen in der Lage sein, fast wunderbare Kräfte zu entwickeln.

*SÜ 5 ( 和順 ) Wa-Jun: Entwicklung der Sanften Harmonie:* Diese Übung dient dem Zustandekommen der Harmonie innerhalb unserer eigenen körperlichen, seelischen und geistigen Funktionen. Mit Hilfe dieser Übung kann eine wohl abgerundete, friedliche Persönlichkeitsstruktur entwickelt werden. Diese Übung ist sehr nützlich für harmonische, zwischenmenschliche Beziehungen.

*SÜ 6 ( 内観 ) Nai-Kan: Innere Widerspiegelung:* Wann immer wir Schwierigkeiten gegenüberstehen, kann die Übung angewandt werden, um unser wahres Selbst wiederzuentdecken und unser persönliches Vertrauen in das Universum wiederzugewinnen. Durch diese Übung können wir unsere Mängel und Fehler wie auch die Lösung unserer Probleme entdecken.

*SÜ 7 (外観) Gai-Kan: Äußere Reflektion:* Diese Übung ergänzt sich mit der oben genannten Inneren Reflektion. Sie dient der Befreiung unseres selbstzentrierten Bewußtseins in unendliche Dimensionen und der Entwicklung der Selbstlosigkeit. Sie ist grundlegend dafür, um in allen Aspekten des Lebens zu verwirklichen, daß das Leben universell und ewig ist.

*SÜ 8 (神拝) Shin-Pai: Geistige Verehrung:* Diese Übung entsteht automatisch aus dem Stadium der Selbstlosigkeit; sie ist die Tat der demütigen Person, die ihr Ego der Umwelt, wie auch der Natur und dem Universum darbringt. Die tägliche Anwendung dieser Übung ruft einen Geist der unendlichen Dankbarkeit gegenüber allem hervor, und dadurch erfährt man Tag für Tag Freude.

*SÜ 9 (天舞) Ten-Bu: Himmlischer Tanz:* Die Anwendung dieser Übung befähigt uns, die Erinnerung an unser unendliches Leben, von dem aus sich die gesamte Schöpfung entwickelt hat, zu erlangen. Die häufige Anwendung dieses Tanzes begründet unseren unerschütterlichen Glauben, in unserer Einheit mit dem unendlichen Universum.

*SÜ 10 (霊視) Rei-Shi: Geistige Sicht:* Diese Übung regt unsere potentielle Kraft an, die Schwingungswelt zu sehen: die Aura, den Geist, die Gedanken, Wellen und verschiedene geistige Phänomene, die um uns herum entstehen. Sie umfaßt die Entwicklung der Fähigkeit, Energien und Strahlungen zu erkennen, die in uns ein- und wieder austreten wie auch die Energieformen, die als Geister, Seelen und Geistwesen bekannt sind und die um uns herum erscheinen und wieder verschwinden.

*SÜ 11 (霊動) Rei-Do: Geistige Bewegung:* Diese Übung befähigt uns, die natürliche Bewegung, die aus dem Stadium der vollständigen Selbstlosigkeit entsteht, zu erfahren und zwar dann, wenn wir den Umgebungskräften, vor allen den kraftvollen Einflüssen des Himmels und der Erde, unterworfen sind. Diese „geistigen Bewegungen" sind die höchste Ausdrucksform der individuellen Person, die verschiedene Umgebungskräfte ausnützt ohne Inanspruchnahme unseres Bewußtseins. Die tägliche Anwendung dieser Übungen kann unsere Fähigkeit, uns solchen Naturkräften auszuliefern, entwickeln, und dies resultiert manchmal in dem Erreichen von wunderbaren Leistungen.

*SÜ 12* ( 地行 ) *Chi-Ko: Auf dem Boden gehen:* Diese Übung ist aufgeteilt in (A) Normales Gehen und (B) Schnelleres Gehen, welche repräsentativ für verschiedene andere Methoden des Gehens sind. Durch die Anwendung dieser verschiedenen Laufübungen sind wir befähigt, die natürlichste, unermüdlichste und effektivste körperliche Bewegung zu entwickeln. Diese Übung befähigt uns ebenfalls, unsere körperliche Beziehung zu der Umgebung, besonders zur Atmosphäre, zu verstehen.

*SÜ 13* ( 降魔 ) *Go-Ma: Die Täuschung zerschneiden:* Wenn wir unter großer Täuschung in Form von Verwirrung, unangenehmen Erinnerungen und verschiedenen anderen geistigen Störungen leiden, ist diese Übung eine große Hilfe, die Umstände wieder aufzuklären. Diese Übung ist ebenfalls hilfreich bei der Erlösung von jeder Form von Besessenheit durch die Vereinigung unserer körperlichen, seelischen und geistigen Zustände in eine Kraft.

*SÜ 14* ( 言霊 ) *Koto-Dama: Der Geist der Worte:* Die Worte repräsentieren alle Umweltschwingungen in Verbindung mit unserem körperlichen und geistigen Zustand. Die Ausübung der rechten Aussprache verschiedener Laute kann unseren körperlichen, seelischen und geistigen Zustand verändern. Für unsere tägliche Praxis werden mehrere Beispiele vorgestellt, die unsere körperlichen wie auch unsere seelischen und geistigen Kräfte stärken. Die Anwendung des Geistes der Worte kann unsere Erfahrung der unbegrenzten Schwingungswörter entwickeln, durch die wir in der Lage sind, unser Schicksal in eine bestimmte Richtung zu führen.

# SÜ 1 ( 天台 ) Ten-Dai: Himmlisches Fundament

Wählen Sie irgendeine der folgenden Sitzhaltungen, um den körperlichen, seelischen und geistigen Zustand in Richtung des Erdmittelpunktes zu stabilisieren, indem man sich der Himmelskraft bedient, die senkrecht durch unseren Körper verläuft.

**a. ( 正座 ) Sei-Za: Die Richtige Sitzhaltung**

Setzen Sie sich in einer natürlichen geraden Haltung entweder auf den Erd- oder Fußboden, die Muskeln wie auch die Schultern und Ellbogen entspannt. Lassen Sie zwischen den Knien einen Abstand von der Größe einer Faust (Bild 30 und 31).

Abb. 30

Abb. 34

Abb. 31

**c. ( 蓮華座 ) Ren-Ga-Za: Lotosblumenposition**

Setzen Sie sich mit gekreuzten Beinen auf den Boden, jeder Fuß liegt auf dem Schenkel der anderen Seite. Halten Sie das Rückgrat natürlich gerade. Ein Kissen (ca. 10 cm dick) unter dem Gesäß hilft dabei. (Abb. 34)

Abb. 32    Abb. 33

**b. (中座)
Chu-Za: Die
Richtige Sitz-
haltung auf
einem Stuhl**

Setzen Sie
sich in einer
natürlichen
geraden Hal-
tung auf einen
Stuhl, die Knie
in einem
Neunzig-
Grad-Winkel
gebeugt. Zwi-
schen den
Knien sollte,
wie in der al-
ten Sei-Za-
Haltung, ein
Abstand von
einer Faust
sein. (Bild 32
und 33).

Abb. 35

**d. (半蓮華座) Han-Ren-
Ge-Za: Halbe Lotos-
blumenposition**

Setzen Sie sich mit ge-
kreuzten Beinen auf den
Boden, ein Fuß liegt auf
dem gegenseitigen Schen-
kel und der andere auf dem
Boden (Abb. 35). Um die
natürliche gerade Hal-
tung zu wahren, kann ein
Kissen unter das Gesäß
gelegt werden.

**145**

### e. (胡座) Ko-Za: Gerundetes Sitzen

Setzen Sie sich in die natürliche, gerade Haltung, die Beine mehr als 90 Grad geöffnet, die Sohlen der Füße flach gegeneinandergepreßt (Abb. 36). Kissen unter dem Gesäß, um das Rückgrat gerade zu halten.

Nachdem Sie eine der obigen Positionen ausgewählt haben, lassen sie die linke Hand in der Rechten ruhen, Handflächen nach oben; die Daumen berühren einander so, daß die Spiralen an den Daumenspitzen aufeinanderliegen. Die Augen sind entweder halb geöffnet oder leicht geschlossen. Entspannen Sie die Augen und blicken Sie ungefähr 3 Meter weit auf den Boden, ohne den Blick auf irgendein Objekt zu fixieren. Fangen Sie an, tief durch die Nase zu atmen. Atmen Sie tief ein bis zum unteren Darmgebiet, dem *Tan-Den*. Halten Sie den Atem für ein paar Sekunden an, so daß der Darm nach vorne ausgedehnt bleibt. Dann atmen Sie mit einem langen, langsamen Atemzug aus. Wiederholen Sie diese Atmung drei bis fünf Minuten. Während dieser Zeit halten Sie bitte die Vorstellung aufrecht, daß Sie sich fest auf der Erde stabilisieren, als ob Sie unter allen Umständen

Abb.36

Abb. 37 **Himmlisches Fundament: Einatmung**

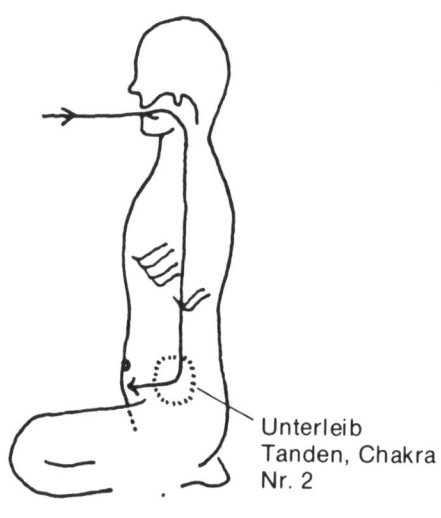

Unterleib Tanden, Chakra Nr. 2

146

unbeweglich seien. Der Zweck dieser Übung ist die Entwicklung der Ganzheit unseres körperlichen, seelischen und geistigen Zustands als Teil der natürlichen Umgebung und die Bildung des inneren Vertrauens, das unbesiegbar und unerschütterlich im universellen Glauben ist. Sie harmonisiert ebenfalls aktiv den gesamten körperlichen Stoffwechsel.

# SÜ 2 (愛和 )Ai-Wa: Liebe und Harmonie

Der Zweck dieser Übung besteht darin, unser Gefühl der Liebe und der Harmonie entweder für eine bestimmte Person oder für viele Menschen oder für eine bestimmte Idee oder einen bestimmten Gedanken zu entwickeln. Sie dient ebenfalls der Auflösung unserer gefühlsmäßigen Konflikte und Blockierungen, die in unserer Beziehung mit einer anderen Person oder innerhalb eines für uns unbekannten Gedankens bestehen können.

Obwohl es vielleicht keine besondere Person sein mag, der wir unsere Liebe widmen oder kein spezieller Gedanke, durch den wir unsere Harmonie erreichen wollen, sind wir dennoch in der Lage, einen Geist der Liebe und der Harmonie zu erlangen, wenn wir diese Übung gelegentlich anwenden und sie allen Menschen und Wesen widmen.

Diese Übung kann entweder allein oder mit einer anderen Person ausgeführt werden. Besonders bei zwei Menschen, zwischen denen eine gemeinsame Liebe und Harmonie erreicht werden soll, kann diese Übung — wenn sich die beiden sanft in die Augen schauen — die Inspiration der Liebe und der Harmonie erhöhen, um das Gefühl der Einheit zu realisieren.

Diese Übung erzeugt einen aktiven Strom elektromagnetischer Kraft, der durch unseren geistigen Kanal fließt; die Herzgegend wird dabei besonders durchdrungen und die Blutzirkulation erhöht. Die Übung erzeugt aktive Schwingungen, die spiralförmig vom Mittelpunkt des Brustbereichs — dem Gefühlschakra — ausstrahlen, was in einer schnellen Steigerung des Gefühls der Liebe und der Harmonie resultiert.

Wir halten unseren Rücken natürlich gerade in der natürlichen und richtigen Sitzhaltung auf einem Stuhl, auf der Erde oder dem Fußboden, damit unser geistiger Kanal die Kräfte des Himmels und der Erde sanft leiten kann.

Abb. 38

Wir lassen unsere Augen halbgeöffnet und schauen in eine unbestimmte Entfernung ohne einen bestimmten Punkt zu fixieren. Wir öffnen unsere Arme weit, so als ob wir bereit wären, alle Dinge zu umarmen. Beide Hände sind nach vorne ohne Anspannung geöffnet. (Siehe Bild 38 und 39) Wir beginnen mit unserer Brust — speziell dem Bereich um das Herz — zu atmen — mit einer langen, sanften Einatmung, die ein klein wenig länger dauert als die Ausatmung. Sowohl die Einatmung als auch die Ausatmung sollte durch den leicht geöffneten Mund geschehen. Bei der Einatmung bewegen wir unseren Brustkorb leicht nach vorne, so als ob unser Körper beginnen würde, in den Raum zu fließen. Bei der Ausatmung kehrt unser Körper wieder zu der ursprünglichen geraden Haltung zurück.

Abb. 39

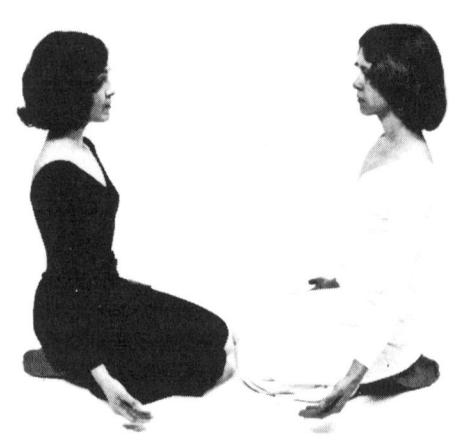

Während wir diese Atmung und diese Körperbewegung wiederholen, haben wir ein intensives klares Bild in unserem Geist von der Person oder den Personen, die wir lieben oder denen wir unsere Liebe widmen, oder den

**Abb. 40 Meditation der Liebe: Einatmung**

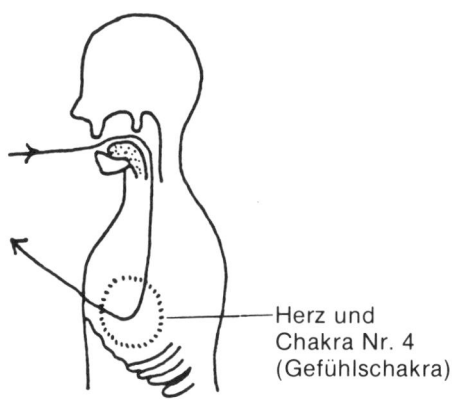

Herz und Chakra Nr. 4 (Gefühlschakra)

Gedanken oder der Idee, durch die wir Harmonie erreichen wollen. Während dieser Übung wiederholen wir leise die Wörter „Liebe" und „Harmonie" in unserem Denken. Wir setzen diese Übung drei bis fünf Minuten lang fort, und dann kehren wir in die normale Meditationshaltung zurück und lösen stufenweise die Vorstellung und die Wörter auf.

## SÜ 3 (昇天) Sho-Ten: Zum Himmel aufsteigen

Diese Übung ist auf das innere Gehirnchakra konzentriert — dem Bereich des Mittelhirns — wo sich die meisten Stimulierungen aus allen Randbereichen des Körpers sammeln und von wo aus sie in die verschiedenen Gehirnbereiche verteilt werden. Der Bereich des Mittelhirns ist ebenfalls das Zentrum für die Entstehung des Bewußtseins. Diese Übung ist das Gegenstück zur SÜ 1, die den Tan-Den Bereich kräftigt, das Bauchzentrum oder das physische Zentrum, und regt das Denkzentrum, den Ten-Dai, an. Dementsprechend kann die SÜ 1, das Himmlische Fundament eine Yang-Übung oder Yang-Meditation genannt werden, während diese Übung, Zum Himmel aufsteigen, eine Yin-Übung oder Yin-Meditation genannt werden kann.

Die Anwendung dieser Übung bewirkt die stufenweise Verlangsamung aller körperlichen Stoffwechseltätigkeiten einschließlich der Verlangsamung des Herzschlags, Verringerung der Körpertemperatur und dem stufenweisen Verlust der sinnlichen Aufnahmefähigkeit. Parallel zur Verlangsamung des körperlichen Stoffwechsels verstärken sich die gedanklichen Funktionen hin auf einen klaren Geisteszustand, verschiedene illusionäre Gedanken werden überwunden und unser Bewußtsein als Ganzes tendiert darauf hin, die Trennung von den körperlichen Fesseln zu erfahren. Sogenanntes „Bewußtseinsreisen" oder — einfacher ausgedrückt — „das Sehen entfernter Ereignisse" kann erfahren werden. In diesem Sinne kann diese Übung als „Todesmeditation" bezeichnet werden, während die SÜ 1 als „Lebensmeditation" bezeichnet werden kann.

Im mittleren Bereich einer ruhigen Umgebung sitzen wir in der Natürlichen Richtigen Sitzhaltung (TGÜ 1, Seite 189) und wir entspannen uns vollständig.

Wir öffnen beide Arme in vollständiger Entspannung und lassen unsere Augen entweder leicht geschlossen oder halb geöffnet und blicken in einem Winkel von mindestens 45 Grad oder höher — falls möglich — in Richtung des Mittelpunkts unserer Stirn — dem Ort des „Dritten Auges". Alle Muskeln des Gesichts müssen entspannt sein. Wir atmen durch den Mund mit einer langen, intensiven Einatmung und einer kurzen, entspannten Ausatmung, die als eine natürliche Reaktion als die Befreiung des langen Einatmens vonstatten geht. Die Einatmung sollte in Richtung des Mittelhirns geschehen, so als ob der Atem durch den Gehirnmittelpunkt zum Himmel aufsteigen würde. Je länger wir einatmen, umso tiefgreifender wird die Wirkung, und je höher unser Atem aufsteigt, umso intensiver wird das Resultat.

Abb. 41     Abb. 42

Wir wiederholen diese spezielle Atmung drei bis fünf Minuten lang. Während dieser Zeit erfahren wir zunehmend, daß sich unser körperlicher Stoffwechsel verlangsamt, unsere Körpertemperatur niedriger wird und unser Mund und unsere Hände trockener werden. Neben diesen Veränderungen erfahren wir, daß sich unsere relativen Sinne langsam verringern und daß sich unser Bewußtsein auszudehnen beginnt.

Nachdem diese Erfahrungen einige Zeit angedauert haben, kehren wir langsam zur normalen Atmung zurück und bringen unsere Augen wieder in ihre normale Position zurück. Falls es uns unerträglich kalt sein sollte, praktizieren wir für einige Minuten die Atmung der Physikalisierung (Seite 63), um unsere körperliche Energie wieder zu beleben.

**Abb. 43 Meditation der Vergeistigung ( ▽ Meditation): Einatmen**

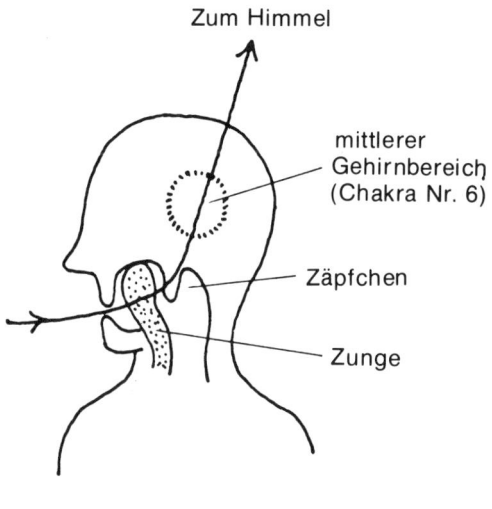

Zum Himmel

mittlerer Gehirnbereich (Chakra Nr. 6)

Zäpfchen

Zunge

## SÜ 4 (霊能) Rei-No: Entwicklung der geistigen Stärke

Diese Übung soll unsere potentielle Fähigkeit für ungewöhnliche körperliche, seelische und geistige Stärke entwickeln. Unter den sieben Chakras konzentriert sich diese Übung auf das Dritte Chakra, der Magengegend, das sich an zentraler Stelle innerhalb der fünf Körperchakras befindet. Konzentration unseres Bewußtseins auf den Bereich dieses Chakras fördert die intensive Vereinigung verschiedener körperlicher Funktionen, die wiederum die Einheit unserer seelischen und geistigen Funktionen in anderen Aspekten, einschließlich unserer Gehirn- und Nervenaktivitäten, beeinflußt.

Durch die beständige Anwendung dieser Übung erreichen wir eine intensive Vereinigung unserer körperlichen, seelischen und geistigen Fähigkeiten.

Bei dieser Übung wird der Bereich des Dritten Chakra vollkommen mit Energie gefüllt und alle Aktivitäten der verschiedenen Organe im mittleren Körperbereich, wie z. B. der Magen, der Pankreas und die Milz, die Leber und die Gallenblase, die Nieren zusammen mit den orthosympathischen Nervenfunktionen werden intensiv und harmonisch vereinigt. Diese aktive Vereinigung der verschiedenen Funktionen des mittleren Körperbereiches kann freie Energieaktivitäten und elektromagnetische Aufladungen in allen anderen Bereichen, einschließlich dem Gehirn und dem Nervensystem, den Lungen und dem Atmungssystem, den Gedärmen und dem Verdauungssystem wie auch in den Armen und Händen, Beinen und Füßen auslösen. Auf diese Weise wird das Bewußtsein, das unabhängig arbeitet, in der Lage sein, unsere körperlichen Aktivitäten frei zu bestimmen, was zu der Entwicklung von ungewöhnlichen körperlichen, seelischen und geistigen Kräften führt.

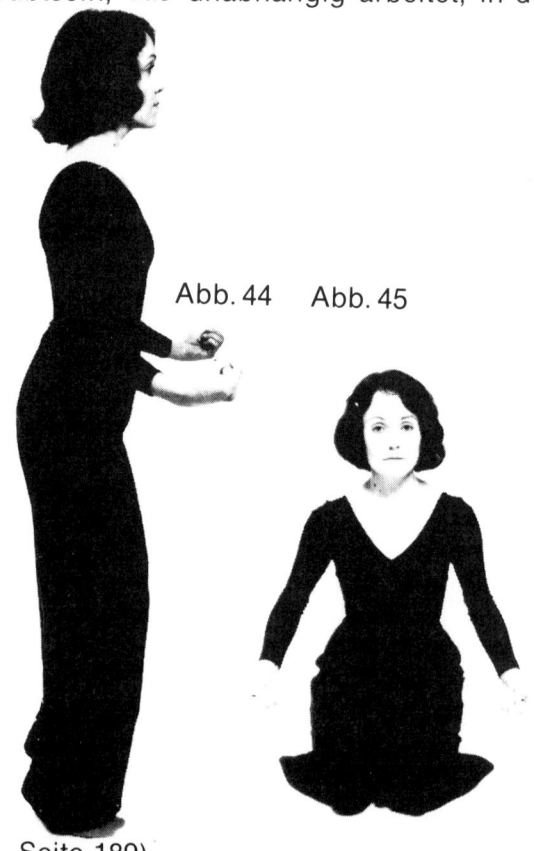

Abb. 44    Abb. 45

Es ist vorzuziehen, diese Übung eher in einer natürlichen Umgebung im Freien zu machen, dort wo die Kräfte des Himmels und der Erde unseren Körper aktiv aufladen, als im Innern des Hauses.

Wir nehmen entweder die natürliche richtige Sitzhaltung oder die Standhaltung (TGÜ 1, Seite 189) ein und strecken beide Arme leicht nach vorne aus. Wir halten beide Hände fest geschlossen, halten den Daumen über den ersten Finger und die übrigen drei Finger darüber, um die elektromagnetische Energie, die in unserem Körper kreist, in unserem Körper zu behalten, ohne daß sie durch die Finger in die äußere Atmosphäre ausgestoßen wird. (Siehe Bild 44 und 45.) Mit unseren geschlossenen oder halbgeöffneten Augen schauen wir in eine weite Entfernung, ohne einen bestimmten Punkt zu fixieren. Wir atmen sehr langsam durch die Nase, wobei die Einatmung etwas länger dauert als die Ausatmung. Wenn wir einatmen stellen wir uns deutlich vor, daß wir alle Energien des gesamten Universums einatmen. Nach der langsamen und tiefen Einatmung in den Bereich des dritten Chakra, der Magengegend, halten wir den Atem in diesem Bereich an und stellen uns vor, daß wir diese zentrale Körperregion stark kräftigen. Nachdem wir den Atem so lange wie möglich angehalten haben, atmen wir so langsam wie möglich durch die Nase aus — mit der Vorstellung, daß wir unsere Energie an das Universum zurückgeben.

Während dieser Übung kümmern wir uns nicht um die andern Körperteile und entspannen vollständig alle anderen Körperbereiche einschließlich dem Kopf und dem Nacken, der Brust und dem Unterleib, den Armen und Händen, Beinen und Füßen. Wenn wir gestanden haben, wird unser Körper ganz natürlich leicht nach vorne geneigt sein, so als würde der gesamte Körper in die Luft fließen.

Wir üben dies fünfzehn bis dreißig Minuten lang. Wir praktizieren diese Übung jeden Tag, so oft wie möglich — zumindest einmal am Tag. Wenn wir während des Tages üben, sollten wir der Sonne entgegenstehen und wenn wir während der Nacht praktizieren, sollten wir uns gen Süden richten, um die größtmögliche Wirkung zu erzielen.


# SÜ 5 (和順) Wa-Jun: Entwicklung der Sanftmut

Durch die Ausnutzung des Schwingungsflusses, der senkrecht um die Randbereiche des Körpers kreist, erreicht man mit dieser Übung eine friedliche Stabilität unseres körperlichen und seelischen Zustandes. Das Konzeptionsgefäß verläuft in der vorderen Peripherie des Körpers und erzeugt elektromagnetisch die Funktionen des Herzregenten und des Dreifachen Erwärmers. Es reguliert ebenfalls innerlich die Atmungs- und Verdauungsfunktionen in Verbindung mit der Zirkulation des Blutes und anderer Körperflüssigkeiten. Das Gouverneurgefäß verläuft entlang der Wirbelsäule und des Rückenmarks, parallel zum Blasenmeridian in den hinteren Bereich des Körpers. Diese Energien, die in beiden Regionen, der vorderen und der hinteren fließen, arbeiten gemeinsam, um die harmonischen Funktionen in Körper und Geist, in den Verdauungs- und Nervenvorgängen wie auch in den verschiedenen Organen und Drüsen zu gewährleisten.

Um ruhige und harmonische Beziehungen zwischen unseren körperlichen, seelischen und geistigen Funktionen im gesamten Körper zu erreichen, müssen drei Hauptfunktionen in Harmonie sein: (1) Essen und Trinken, (2) Atmen und (3) Denken. Die Art der Nahrungs- und Flüssigkeitsaufnahme sollte täglich in Übereinstimmung mit den makrobiotischen Prinzipien praktiziert werden. In dieser Übung sind demzufolge die Kontrolle der Atmung und des Denkens die grundlegenden Faktoren, auf die es ankommt. Wenn wir diese Übung häufig und regelmäßig anwenden, entwickeln wir eine friedliche Persönlichkeit mit einem Ausdrucksvermögen und einer Einstellung, die klare und sanfte Züge aufweisen.

Wir nehmen die natürliche richtige Sitzhaltung für die Medi-

Abb. 46            Abb. 47

tation ein, so wie es auf den Bildern 46 und 47 dargestellt ist, mit beiden Händen in der Nähe des Körpers auf den Oberschenkeln, die linke Hand auf der rechten Hand bei rechtshändigen Menschen und die rechte Hand auf der linken bei linkshändigen Personen. Zu Beginn behalten wir eine natürliche und ruhige Atmung bei — die Atmung der Harmonie (siehe Seite 61), mit leicht geschlossenen oder leicht geöffneten Augen, ohne einen bestimmten Punkt zu fixieren. Wir beruhigen unsere verschiedenen Gedanken und langsam erreichen wir den Zustand des Nicht-Denkens.

Dann beginnen wir, tief und langsam zu atmen. Während des Einatmens stellen wir uns deutlich vor, wie die Energie der Erde am untersten Bereich der Wirbelsäule eintritt, entlang des Rückenmarks verläuft und um die Oberfläche des Kopfes vom Nacken zur Stirn zirkuliert, durch die Nase verläuft und am Mund endet. Während des Ausatmens stellen wir uns vor, daß die Himmelskraft, die vom Mund aus durch den Rachen und die Brust verläuft, dann den Magen bis zum Unterleib erreicht und im Bereich zwischen After und Genitalien endet. Mit anderen Worten: durch die Führung unserer Bewußten Vorstellung umhüllt ein gleichmäßiger Kreislauf der Himmels- und Erdenergien unseren Körper entlang dem Gouverneursgefäß und dem Konzeptionsgefäß, dem Nerven-, dem Atmungs- und Verdauungssystem.

Wir wiederholen diese spezielle Atmung tief und langsam in einer ruhigen, kreisförmig rhythmischen Bewegung ungefähr fünf bis zehn Minuten lang. Dann kehren wir zur Meditation zurück, wir behalten die Stille und den friedlichen Geisteszustand bei, und verbleiben noch einmal zwei bis drei Minuten.

## SÜ 6 (内観) Nai-Kan: Innere Besinnung

Diese Übung kann überall in einer ruhigen Umgebung ausgeführt werden, wann immer wir über uns selbst durch das Entdecken des klaren Bewußtseins wieder daran erinnern wollen, daß wir körperlich vergänglich, aber geistig unsterblich sind. Das Hauptziel dieser Übung ist es, unseren Körper harmonisch mit den Kräften des Himmels und der Erde aufzuladen, um die Einheit zwischen unserer körperlichen und geistigen Existenz und unserer Umgebung und besonders dem unendlichen Universum zu verwirklichen. Bei dieser Übung sollte jede zwanghafte Anstrengung vermieden werden; wir sollten vielmehr eine vollständige Entspannung in der gleichbleibenden Haltung erreichen. Das Denken sollte natürlich weiterfließen, so wie das Flüstern des Windes; die Atmung sollte natürlich vor sich gehen, wie fließendes Wasser. Was immer unser Motiv für die Ausübung der Mediationsübung war, es ist wichtig, daß wir nicht an diesem Motiv klammern; wir sollten eher versuchen, uns selbst zu einer reinen Existenz als Teil des Universums zu machen.

Mit dem Gesicht nach Süden, nehmen wir die Sitzhaltung ein, wie sie in Bild 48 dargestellt ist, den Kopf leicht nach unten geneigt doch ohne Verspannung im Nacken oder in den Schultern, um die himmlische Kraft aus der unendlichen Entfernung des nördlichen Himmels aufzunehmen, die unseren Körper durch das Zentrum der Haarspirale durchdringt und auflädt und die mit der Erdkraft im geistigen Kanal zusammmentrifft. Die Finger sind ineinander verschlungen und die Daumen berühren sich an ihren Spitzen.Die Ellbogen, Handgelenke und alle Gelenke der Finger sollten entspannt sein, um den harmonischen Energiefluß zu erleichtern.

Abb. 48

Wir beginnen mit einer natürlichen und friedlichen Atmung, die lange anhält. Die Ausatmung sollte drei- bis fünfmal länger dauern als die Einatmung. Während wir dies jedoch ausführen, sollte das bewußte Atmen bald aufhören. Wir lassen beide Augen halb geschlossen, schauen leicht nach unten in eine Entfernung von drei bis fünf Metern, aber ohne einen bestimmten Punkt ins Auge zu fassen. Unser Mund sollte natürlich geschlossen und vollständig entspannt sein.

In dieser Haltung und mit dieser Atmung beginnen wir, unsere verschiedenen Gedanken und Täuschungen zu vermindern. Falls wir aufgrund von beunruhigenden Bildern oder an Verwirrung gelitten haben, versuchen wir langsam, diese in friedlichere Bilder, die sehr viel leichter zu vermindern sind, umzuwandeln. Wenn unser Bewußtsein einen Zustand friedlicher Ruhe und tiefer Ausgeglichenheit erlangt, entwickeln wir in uns das Bild, daß wir nichts sind, als eine Einheit mit dem unendlichen Universum, und daß keine Grenzen und Einschränkungen zwischen uns selbst und dem Universum bestehen. Dort gibt es nur endloses und universelles Sein, mit keiner individuellen und persönlichen Gestalt: Sehen, aber nicht sehen; hören, aber nicht hören; fühlen, aber nicht fühlen; vorstellen, aber nicht vorstellen.

Wir bleiben für fünf bis zehn Minuten in diesem selbstlosen Zustand. Während dieser Zeit sind wir durch keine äußerliche Kraft bewegbar oder erschütterbar: Sogar wenn sich ein Feuer, ein Erdbeben oder andere Katastrophen in unserer Umgebung ereignen, bleiben wir ungestört.

Nach dieser Übung öffnen wir langsam unsere Augen, heben unseren Kopf und kehren zur normalen Atmung zurück. Von diesem Augenblick an können wir unsere körperlichen, seelischen und geistigen Aktivitäten als neugeborene Wesen, so als wäre unser Leben neu, ausführen.

# SÜ 7 (外観) Gai-Kan: Äußere Besinnung

Die menschliche Konstitution setzt sich aus der inneren Umwelt — dem Körper und seinen Bestandteilen — und der äußeren Umwelt — der Natur und dem Universum — zusammen. Die Menschheit lebt und arbeitet innerhalb eines harmonischen Gleichgewichts zwischen dieser inneren und äußeren Umwelt. Die innere Umwelt jedoch stammt aus der äußeren Umwelt in der Form von Nahrung und Getränken, die aus anorganischen und organischen Mineralien, Gemüsen, tierischer Nahrung und natürlichem Wasser bestehen. Sie stammt auch aus der Luft — der gasförmigen Umgebung — durch unsere Atmung; und aus der Welt der Schwingungen, Strahlungen, Wellen und Strahlen durch unser Nervensystem zusammen mit deren elektromagnetischer Verstärkung.

Aus diesem Grunde ist der Ursprung unseres Menschseins ebenso wie unsere Zukunft das unendliche Universum. Unsere jetzige menschliche Form ist nichts als eine Spiegelung der endlosen und grenzenlosen äußeren Welt, die sich letztendlich jenseits aller relativen Welten, Raum und Zeit ausdehnt.

Die Meditation der Äußeren Besinnung zielt darauf hin, unseren Ursprung und unsere Quellen, unsere Gegenwart und Zukunft innerhalb der größtmöglichen Dimension hinsichtlich der äußeren Welt zu entdecken und unsere vollständige Anpassungsfähigkeit an die grenzenlose äußere Welt — als winzig kleines Teilchen dessen — zu erreichen. In dieser Meditation soll das vergängliche Ego zu einer Vorstellung des unendlichen Raums durch die Erfahrung eines selbstlosen Zustandes aufgelöst werden.

Abb. 49

Wir nehmen die Natürliche Richtige Sitzhaltung (wie in den TGÜ 1, Seite 189 erklärt) ein; wir halten den geistigen Kanal gerade bei einer natürlichen Entspannung aller anderen Körperteile (Bild 49). Wir nehmen diese Haltung mit der Sonne im Rücken ein. Da der Stand der Sonne sich am Horizont entsprechend der Tageszeit verändert, ändert sich auch unsere Richtung. Nachts wenden wir uns gen Süden, wenn wir in der nördlichen Hemisphäre leben und gen Norden, wenn wir in der südlichen Hemisphäre leben.

Wir legen unsere Hände auf die Oberschenkel, halten sie nach oben und die Daumenspitzen berühren die Spitzen des Zeige- und Mittelfingers, wie die Darstellung zeigt. Die Schultern, Ellbogen und Handgelenke wie auch alle Fingergelenke sollten entspannt sein. Wir halten unser Gesicht leicht nach oben und schauen mit halbgeschlossenen Augen weit in die Richtung des unendlichen Raums, oder wir halten unsere Augen leicht geschlossen und stellen uns vor, daß wir in eine weite Entfernung blicken. Wir atmen langsam und natürlich durch den leicht geöffneten Mund; die Einatmung ist länger als die Ausatmung. Die Einatmung sollte in Richtung des Mittelhirns geschehen, so als ob die Atemluft in den inneren Tiefen unseres Gehirns gesammelt werden sollte. Die Ausatmung sollte so geschehen, als würde das angesammelte Atemvolumen aus den Tiefen des Gehirns in den grenzenlosen äußeren Raum ausgestoßen werden.

Indem wir diese besondere Atmung ausführen, vermindern wir langsam unsere verschiedenen Gedanken und gehen in den Zustand des Nicht-Denkens ein. Wenn wir den Zustand des Nicht-Denkens erreichen, entwickeln wir in uns das Bild, daß wir vollständig frei sind, entweder in der Form des Geistes oder in einer formlosen Gestalt als ein Teil des Raums. Durch unsere Vorstellung erkennen wir, daß wir nichts sind als ein leerer Raum, der sich in alle Richtungen in unendlicher Entfernung ausdehnt.

Wenn uns während dieser Meditation irgendein Gedanke stören sollte, sollten wir in unserem inneren Herzbereich folgendes mit wortloser Stimme wiederholen: „Ich bin die Unendlichkeit" — gerade so, als würde Quellwasser aus den tiefsten Bereichen unseres Herzens herausprudeln. Wir setzen diese Meditation ungefähr zehn bis fünfzehn Minuten fort, und dann normalisieren wir unsere Atmung wieder und unser Kopf kehrt in seine normale Haltung zurück. Während dieser Meditationshaltung bestätigen wir uns wiederum unseren unendlichen Zustand, der weit jenseits aller relativen Wahrnehmung ist, um uns auf den Eintritt in gewöhnliche tägliche Handlungen mit klarstem Geist vorzubereiten.

# SÜ 8 (神拝) Shin-Pai: Geistige Verehrung

Um eine Harmonie mit der Umwelt einschließlich unseren Beziehungen mit anderen Menschen und der natürlichen Umgebung wie auch den geistigen und Schwingungserscheinungen zu erreichen, ist es von größter Wichtigkeit, daß wir vollkommen anpassungsfähig an die sich verändernden äußeren Bedingungen sind. Besonders in unseren Beziehungen zu erfahreneren und älteren Menschen und zu den natürlichen, geistigen Erscheinungen, die uns beeinflussen, sollten wir bescheiden und demütig sein und unsere egozentrischen Täuschungen aufgeben. Bedingungslose Hingabe ist ein weiterer Ausdruck der vollständigen Freiheit, weil Freiheit nur durch vollständige Anpassung erreicht werden kann. Wenn wir uns den Erfahreneren und Älteren und allen natürlichen Kräften einschließlich dem unendlichen Universum, Gott, hingeben, bringen wir ihnen unsere Achtung dar.

Bevor wir unsere Achtung gegenüber irgendjemandem oder irgendetwas darbringen, müssen wir uns selbst durch das Aufgeben der trügerischen Schwingungen, die von uns in der Form von verwirrenden physischen Energien und geistigen Schwingungen ausgehen, reinigen. Aus diesem Grunde müssen wir immer eine vernünftige und ausgeglichene Enährung entsprechend den makrobiotischen Grundsätzen beibehalten, und führen dann die folgende Übung der Geistigen Verehrung aus.

Die geistige Verehrung kann jeden Morgen und jeden Abend für den Geist unserer Vorfahren praktiziert werden, indem wir ihnen unsere Dankbarkeit darbringen, denn sie haben es ermöglicht, daß wir jetzt hier sind. Wir können diese geistige

Verehrung auch dazu benutzen, unsere Dankbarkeit gegenüber jeder Naturkraft und dem Universum, wie auch der Kraft der Unendlichkeit, der wir unser Leben verdanken, auszudrücken.

Wir nehmen die Natürliche Richtige Sitzhaltung (wie in TGÜ 1, Seite 189 beschrieben) ein und wenden uns in die Richtung, der wir unsere Achtung darbringen wollen. Wir atmen langsam und natürlich durch die Nase und beruhigen unsere verschiedenen Gedanken, bis wir einen friedlichen, sanften Zustand erreicht haben. Um diesen Zustand zu erreichen, können wir unsere Augen leicht schließen.

Wenn wir einen friedlichen Zustand erreicht haben, heben wir unsere Arme bis zur Höhe des Herzens und halten unsere Hände in der Gebetshaltung (Bild 50). Wir beruhigen weiterhin unseren Geist und verbleiben eine Weile in dieser Haltung.

Abb. 50

Dann, mit noch leicht zusammengehaltenen Handinnenflächen, öffnen wir langsam beide Arme nach vorne und lassen die rechte Hand ganz leicht nach unten gehen (Bild 51). Sofort danach öffnen wir beide Arme und bilden einen Winkel von ungefähr 60 bis 90 Grad (Bild 52) und schlagen ganz schnell beide Handinnenflächen zusammen (Bild 53), was ein scharfes, klares Geräusch erzeugt, das die uns umgebende Atmosphäre durchdringt und trügerische Schwingungen um uns auslöscht. Wir wiederholen dieses Händeklatschen zweimal. Beide Male sollte der Ton so scharf und klar wie möglich sein.

Ziehen Sie die Arme langsam wieder zurück und legen Sie die Hände wieder in die Gebetshaltung. Dann legen Sie die beiden Hände wieder auf den Schoß, so wie zuvor in der Natürlichen Richtigen Sitzhaltung. Dann gleiten unsere Hände zu beiden Seiten der Oberschenkel

Abb. 51

Abb. 52

nach unten und wir legen sie vor uns auf den Boden, so daß sie ein Dreieck mit den Daumen und dem Zeigefinger bilden (Bild 54).

Wir beugen uns und neigen den Kopf zum Boden, die Nase neigt sich zum Zentrum des Dreiecks, berührt aber nicht den Boden — sie bleibt ungefähr 2 cm über dem Boden (Bild 55). Dieses Beugen sollte in Verbindung mit einer natürlichen Einatmung geschehen. Wenn wir uns niederbeugen, können unsere Augen ganz natürlich geschlossen sein. Behalten Sie die Neigung ungefähr zwei Atemzüge bei. Während diesem Zeitraum atmen wir natürlich und sanft ein und aus. Dann — mit einer Ausatmung — erheben wir langsam unseren Körper, lassen unsere Hände seitwärts der Schenkel hinaufgleiten und kehren zu der Meditationshaltung zurück; wir behalten unsere geistige Achtung und den geistigen Zustand der Selbstlosigkeit noch eine Weile bei und kehren dann schließlich in die Natürliche Richtige Sitzhaltung zurück.

Abb. 53

Abb. 55

Abb. 54

Während dieser ganzen Übung richten wir unseren Geist auf das aus, dem wir unsere Gedanken widmen. Besonders während der Verneigung sollten wir unser Ego völlig aufgeben und einen Zustand der vollständigen Selbstlosigkeit beibehalten.

**161**

# SÜ 9 (天舞) Ten-Bu: Himmlischer Tanz

Um uns von den verschiedenen Verwirrungen des Alltags zu befreien und unsere geistige Natur zu festigen, kann der Himmlische Tanz zu jeder Zeit ausgeführt werden. Wir kommen aus dem unendlichen Universum, wir haben uns in dieser unendlich kleinen, vergänglichen Welt durch den Schöpfungsprozess verkörpert. Die Schöpfung fand statt durch das harmonische Zusammenwirken der gegensätzlichen und sich ergänzenden Kräfte, yin und yang. Von der relativen, vergänglichen Manifestation, in der wir erschienen sind, lösen wir unsere körperliche Erscheinung auf und kehren in das unendliche Universum zurück. Aus diesem Grunde ist unser wahres Selbst nichts als das unendliche Universum selbst und es ist nichts als der Wille des unendlichen Universums.

Abb. 56

Der Himmlische Tanz ist eine Folge von Figuren, welche den Schöpfungsverlauf zusammen mit unserer Erklärung, daß wir ganzheitliche Wesen sind, darstellt. Er dient der Erinnerung an unseren wahren Zustand als das unendliche Universum, das allgegenwärtig, allmächtig und allwissend ist und der Wiederherstellung unseres Glaubens in unser ewiges und universelles Leben. Wenn wir den Himmlischen Tanz wiederholt ausüben, sind wir befähigt, ein unbesiegbares Vertrauen in das Eine, das unsterblich ist, zu entwickeln.

Während des Himmlischen Tanzes äußern wir die folgende Erklärung mit klarer Stimme, und setzen gleichzeitig die Übung fort:

Abb. 57

Abb. 58

„Ich bin, Ich bin
Ich bin das Eine
Ich bin das Ganze.
Ich bin Himmel und Erde.
Ich erzeuge yin und yang.
Ich vereinige sie zu Einem.
Somit erzeuge ich alles.
Und ich zerstöre alles.
Dann errichte ich alles neu.
Und ich zerstöre wieder.
Ich bin ewig.
Ich bin universell.
Und doch bin ich das Nichts."

Abb. 59

*Schritt 1:* Wir stehen gerade, halten unsere Hände in der Höhe des Unterleibs — des Tan-Den, dem Mittelpunkt des Körpers — wie in der Meditationshaltung, mit der linken Hand leicht auf die rechte Hand gelegt, die Handinnenflächen nach oben und beide Daumen leicht aneinandergedrückt (Bild 56). Die Augen sind geöffnet und schauen in eine unendliche Entfernung. Atmen Sie mit dem Unterleib, um ein festes Vertrauen in sich zu entwickeln. Während dieser Haltung sollten unsere Schultern und Ellbogen wie auch die übrigen Körperteile entspannt sein. Wir sagen die Worte „Ich bin, Ich bin".

*Schritt 2:* Wir stehen still und heben langsam unsere Hände in die Gebetshaltung in Höhe des Herzens, wobei sich beide Hände leicht berühren (Bild 57).

Wir sprechen mit unerschütterlichem Vertrauen die Worte „Ich bin das Eine" aus.

*Schritt 3:* Wir heben langsam unsere Hände vor das Gesicht und weiter nach oben zum Himmel. Dann öffnen wir langsam die Arme und ziehen dabei einen Kreis, der so groß wie möglich sein sollte (Bild 58) und sagen dabei klar „Ich bin das Ganze".

*Schritt 4:* Wir senken langsam die geöffneten Arme und bilden dann die Haltung, wie sie in Bild 59 dargestellt ist, mit der rechten Hand, die vom Ellbogen aus erhoben ist und der nach vorne gekehrten Handinnenfläche und der linken Hand, die von der Taille aus gerade nach vorne zeigt, mit nach oben zeigender Handinnenfläche. Während dieser Bewegung sagen wir „Ich bin Himmel und Erde".

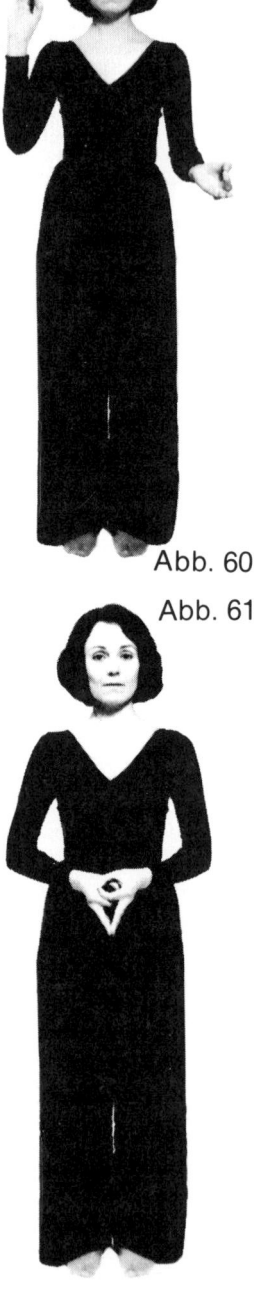

Abb. 60

Abb. 61

*Schritt 5:* Wir behalten die gleiche Stellung wie in Schritt 4 bei, bilden Kreise, indem wir den Daumen und den Zeigefinger jeder Hand (Bild 60) zusammenfügen und sagen „Ich erzeuge yin und yang".

*Schritt 6:* Langsam bringen wir die linke und die rechte Hand zusammen und fügen die im Schritt 5 gebildeten Kreise — der linke obere Kreis und der rechte untere Kreis — zusammen und legen die übrigen drei Finger ganz leicht aneinander (Bild 61); dabei sagen wir „Ich vereinige sie zu Einem".

*Schritt 7:* Wir öffnen langsam die Arme und mit nach oben gerichteten Handinnenflächen heben wir beide Hände zwei

**164**

oder dreimal in eine wellenförmigen Bewegung (Bild 62) und sagen „Somit erzeuge ich alles."

*Schritt 8:* Wir drehen unsere Handflächen nach unten und führen wieder zwei- oder dreimal eine langsame wellenförmige Bewegung aus (Bild 63) und sagen: „Und ich zerstöre alles".

*Schritt 9:* Wir heben unsere Handflächen wieder nach oben, machen währenddessen wieder zwei- bis dreimal die wellenförmige Bewegung (Bild 64) und sagen „Dann errichte ich alles neu".

*Schritt 10:* Wiederholen Sie Schritt 8, die Handflächen sind nach unten gerichtet und zwei oder drei wellenförmige Bewegungen werden ausgeführt (Bild 65);

Abb. 62

Abb. 63

Abb. 64

Abb. 65

**165**

man sagt „Und ich zerstöre alles wieder".

*Schritt 11:* Wir bringen unsere Hände wieder langsam zur Mitte, und heben sie bis zur Höhe der Schultern; die Handinnenflächen zeigen nach vorne. Dann dehnen wir sie langsam nach vorne aus, wie in Bild 66 dargestellt. Während wir unsere Arme ausdehnen sagen wir: „Ich bin ewig". Aus dieser Haltung heraus öffnen wir langsam unsere beiden Hände nach der Seite und bilden horizontal einen Kreis, der so groß wie möglich sein sollte (Bild 67). Während dieser Bewegung sagen wir: „Ich bin universell".

Abb. 66

Abb. 67

*Schritt 12:* Dann kehren wir langsam in die ursprüngliche Stellung wie in Schritt 1 zurück, wir stehen in aufrechter Meditationshaltung (Bild 68) und sagen: „Und doch bin ich das Nichts".

Wir wiederholen diesen gesamten Ablauf mit der entsprechenden Erklärung zweimal und beenden den Himmlischen Tanz.

Abb. 68

# SÜ 10 (靈視) Rei-Schi: Geistige Sicht

Wir benutzen unsere Augen, um Gegenstände zu unterscheiden, die normalerweise im festen oder flüssigen Zustand sind und in einigen Fällen aus Gasansammlungen bestehen. Wir sind es nicht gewöhnt, Schwingungen, Wellen und Strahlen zu sehen, außer dem sehr engen Spektrum derjenigen Wellenlängen, die als Licht und Farbe vor unseren Augen entstehen. Während der frühen Säuglingsphase allerdings, in welcher der zentrale Gehirnbereich stark verdichtet ist und aus diesem Grunde eine größere Menge verschiedener Stimulationen anzieht, können unsere Augen einige Schwingungserscheinungen wahrnehmen. Während des Wachsens verringert sich diese

Fähigkeit langsam in Verbindung mit der langsamen Lockerung des Mittelhirns.

Die Übung der Geistigen Sicht befähigt uns, Schwingungserscheinungen zu sehen, einschließlich der Aura und elektromagnetischer Strahlung, die sich um den menschlichen Körper und andere Lebewesen bilden. Dies umfaßt ebenfalls die Schwingungsbewegung der Gedanken, die sich um unseren Kopf herum bilden, manchmal in Form von Wellen und manchmal in Form von Nebel, entsprechend der Art des Gedankens. Sie umfassen weiterhin Schwingungen und Wellen, die wir von entfernten Lebewesen erhalten und die sich um uns herum entweder in der Form von funkelnden Wellen oder als eine Anzahl massiver Schwingungen bilden. Sogenannte Gespenster, Seelen und Geister wie auch persönliche Strahlungen und verschiedene Verblendungen sind dabei nicht ausgeschlossen.

Um unsere Fähigkeit, durch unsere Augen zu sehen und durch unsere Wahrnehmung zu fühlen, zu entwickeln, sollte unser körperlicher und geistiger Zustand entspannt sein; zur gleichen Zeit aber sollte unser Nervensystem — besonders der zentrale Gehirnbereich, das Mittelhirn und die parasympathischen Nervenfunktionen — tätig sein. Ein solcher Zustand kann durch unsere Ernährung in Verbindung mit körperlich-geistigen Übungen erreicht werden. Gleichzeitig sind wir fähig, unsere Sehkraft zu üben, damit wir uns daran gewöhnen, unsere Augen so zu benutzen, daß wir dabei keine bestimmten Objekte ins Auge fassen, sondern eher die Schwingungen und den Raum betrachten.

Abb. 69

Wir sitzen in der natürlichen Richtigen Sitzhaltung (Bild 69), halten unseren Rükken gerade und entspannen alle Körperteile.Wir atmen friedlich durch die Nase.

Wenn wir einen Zustand der Gleichmütigkeit erreichen, erheben wir eine Hand, halten diese mit ausgestrecktem Zeigefinger in Höhe der Augen. Dann betrachten wir intensiv die Spitze des ausgestreckten Zeigefingers (Bild 70).

Wir fahren fort, die Fingerspitze zu fixieren und bewegen dann plötzlich den Finger durch eine schnelle Armbewegung außerhalb der Sichtweite (Bild 71); aber wir betrachten weiter-

Abb.70        Abb. 71

hin den gleichen Punkt, auf den der Finger gerichtet war, und der jetzt leer ist. Gleichzeitig fühlen wir vielleicht einen leichten Schwindel und ein Gefühl des Schielens. Wir betrachten weiterhin für mehr als eine Minute diesen Punkt im Raum.

Dann bringen wir unseren Arm wieder in die gleiche Position mit ausgedehntem Zeigefinger nach vorne zurück. Nachdem wir ungefähr 10 Sekunden lang die Fingerspitze fixiert haben, wird der Finger wieder außerhalb der Sichtweite bewegt, aber wir betrachten wiederum den gleichen Punkt, der jetzt leer ist. Wir wiederholen dies fünfmal und praktizieren diese Übung jeden Tag.

Nachdem wir unsere Sicht durch diese Übung für einige Zeit — ungefähr 1 bis 2 Wochen — geübt haben, beginnen wir damit, sich bewegende Objekte, wie z. B. laufende Menschen, rennende Tiere und die sich bewegenden Blätter der Bäume, auf die gleiche Weise zu betrachten. Dann können wir damit beginnen, die Schwingungen zu sehen, die diese Körper umgeben, einschließlich deren Auras, Strahlungen oder anderer Energiebewegungen.

Aus diesem Zustand heraus können wir unsere Fähigkeit des Sehens auf alle Objekte ausdehnen, wir schauen sie an ohne sie zu fixieren und versuchen eher, den gesamten Ausblick einschließlich deren Umgebung zu betrachten. Wenn wir uns in dieser Art des Sehens ausbilden, können wir damit beginnen, die Erscheinungen als feste materielle Gehäuse mit einer Schwingungsperipherie zu betrachten. Dies offenbart uns, daß die Materie nicht materiell ist, sondern aus einer Ansammlung von Schwingungen und Energie besteht, daß sie keine Grenzen im Sinne einer Unabhängigkeit oder Getrenntsein von ihrem umgebenden Raum und dem Universum besitzt.

# SÜ 11 (霊動) Rei-Do: Geistige Bewegung

Alle unsere Körperbewegungen und geistigen Aktivitäten sind — wenn sie natürlich ohne besondere Absicht entstehen — ein natürlicher fortschreitender Energiefluß, der fortwährend aus unserer äußeren Umgebung in uns eindringt, und der fortwährend aus uns in die äußere Umgebung herausdringt. Unter normalen Bedingungen verursachen sie unsere körperliche und geistige Bewegung; doch wenn sie gesteigert werden, erzeugen sie außergewöhnliche körperliche und geistige Aktivitäten.

*Rei-Do,* die geistige Bewegung, ist eine ungewöhnliche Bewegung, die ohne Beteiligung des Bewußtseins durch die verstärkten Energieladungen, die zwischen unserem Körper und der Umgebung ausgetauscht werden, erzeugt wird. Es gibt viele verschiedene Arten, die Geistige Bewegung einzusetzen und manchmal produzieren diese unerwartete Bewegungen, wie z. B. Fortbewegung, in die Höhe springen, in der Luft gleiten, schnelles Laufen und anderes. Diese Bewegungen entstehen nur, wenn unsere körperliche und geistige Achtsamkeit nicht bewußt kontrolliert wird — mit anderen Worten: während des Zustandes der Unbewußtheit oder dem leeren Geist — und zu diesen Zeiten sind wir befähigt, das Ausmaß und die Richtung der Energien und Kräfte, die wir durch unseren Körper und der Umgebung erhalten und erzeugen, zu bestimmen.

Im folgenden wird nur eine Einführung vorgestellt, aber von diesem Stadium aus sind wir fähig, uns auf die Beeinflussung verschiedener geistiger Bewegungen hin zu entwickeln.

Wir nehmen entweder die Natürliche Richtige Sitzhaltung ein oder stehen gerade, so wie es in Bild 72 dargestellt ist. Wir entspannen alle unsere Körperteile. Kein Körperteil, außer dem Rückkrat, das gerade gehalten werden sollte, um die Kräfte des Himmels und der Erde aktiv aufnehmen zu können, sollte versteift sein. Wir halten unsere Augen entweder offen oder geschlossen, was immer für die Beruhigung unseres Denkens von Nutzen ist, und wir sollten schließlich den Zustand des Nicht-Denkens erreichen. Während diesem Zeitraum sollte die Atmung durch die Nase auf ganz natürliche und entspannte Weise geschehen.

Allmählich nehmen wir eine der Gebetshaltung ähnliche Stellung ein, indem wir beide Hände heben und die Handflächen einigermaßen fest zusammenfügen. Die Ellbogen gehen leicht nach vorne und die Hände sind gerade nach oben zum Himmel gerichtet (Bilder 73 und 74).

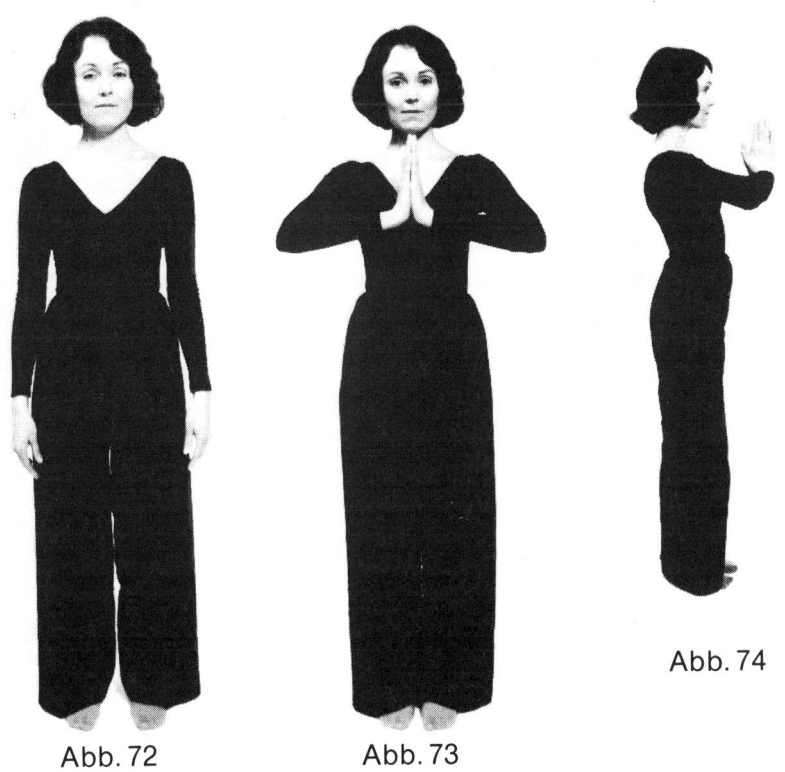

Abb. 74

Abb. 72 Abb. 73

Aus unserem leeren Geist heraus beginnen wir, uns die Kräfte des Himmels und der Erde vorzustellen, die entsprechend durch den Kopf und dem unteren Bereich des Körpers eintreten, im Bereich des Herzens zusammentreffen, schnell durch beide Arme in die Hände nach unten fließen und durch die Finger wieder in Richtung des Himmels ausströmen. In Verbindung mit dieser Vorstellung machen wir eine rhythmische Bewegung mit unseren Händen, vertikal nach oben und unten. Zu Beginn ist diese Bewegung sehr knapp, sie sollte sich aber bezüglich der Geschwindigkeit und der Schwingung schnell vergrößern.

Währenddessen löschen wir unsere Vorstellung vom Energiefluß aus und gehen in den Zustand des leeren Geistes ein; wir
erlauben unseren Händen sich zu bewegen, wobei deren Ge-
schwindigkeit ganz natürlich zunimmt. Wenn diese Bewegung eine sehr hohe Geschwindigkeit erreicht hat, beginnt unser Körper sich zu erheben und zu hüpfen.
Von diesem Punkt an geschieht die unbewußte Bewegung in
unserem gesamten Körper — sich wiederholendes Aufstehen
und Niederfallen, das sich immer mehr erhöht. Wenn uns je-
mand währenddessen mit der geistigen Sicht (SÜ 10) betrachten würde, würde er sehen, daß unser gesamter Körper intensi-
ves weißes Licht in alle Richtungen abgibt. Wenn wir diese ungewöhnliche Bewegung beenden wollen,
lösen wir beide Hände voneinander. Diese Geistige Bewegung
dient nicht nur dem Verständnis, daß eine sehr natürliche Bewegung außergewöhnlich sein kann, wenn wir sie nicht durch
unser Bewußtsein kontrollieren, sondern es werden auch all
unsere Körpersysteme unsere Organe und die Billionen von
Körperzellen durch intensive Energieströme geladen, die durch
diese Bewegung durch unseren Körper fließen und automatisch
alle Blockierungen auflösen. Aus diesem Grunde verjüngt jede
geistige Bewegung unseren körperlichen, seelischen und geistigen Zustand. Die wiederholte Anwendung der Geistigen Bewegung ist wünschenswert, um unsere menschlichen Fähigkeiten zu regenerieren.

# SÜ 12 (地行) Chi-Ko: Auf dem Erdboden gehen

Wenn wir gehen, verlassen wir uns gewöhnlich auf unsere Erfahrung des intuitiven Gleichgewichts — links und rechts, vorne
und hinten. In den meisten Fällen jedoch nutzen wir nicht vollständig die Energien, die vom Himmel und der Erde und auch
von der uns umgebenden Umwelt kommen, um unseren Gang
fließend und wirkungsvoll zu gestalten. Körperliche Unausge-
glichenheiten zusammen mit inneren Störungen und Krankheiten verursachen zumeist, daß sich unser Gang nicht in Harmonie mit der Umgebung befindet. Individuelle körperliche und
geistige Angewohnheiten charakterisieren ebenfalls die Gang-
art eines jeden Menschen.
Der menschliche Körper wächst nicht aus der Erde; er dehnt
sich in beide Richtungen senkrecht vom Bereich der Mundhöhle
und des verlängerten Rückenmarkes aus — aufwärts, wobei sich

der Kopf bildet, und abwärts, wobei sich der Körper, Arme und Beine bilden. Mit anderen Worten, das Zentrum des Körpers schwebt im Raum, und der untere Randbereich, die Beine und Füße berühren leicht den Boden. Bei der Übung — Auf dem Erdboden gehen — sollten wir deshalb unseren Körper, besonders seinen unteren Bereich, einschließlich Hüfte, Oberschenkel, Beine und Füße so leicht wie möglich halten. Kurz, wir sollten nicht mit unseren Beinen und Füßen gehen, sondern mit unserem Verstand.

Um uns mit der richtigen Art des Gehens vertraut zu machen, können folgende Übungen jeden Tag während dem alltäglichen Gehen, selbst für einen kurzen Zeitraum wie zehn Minuten, ausgeführt werden.

### Gehen A: Gewöhnliches Gehen

Wir nehmen eine gerade Stellung ein; die Kräfte des Himmels und der Erde erreichen uns mit ihrer größtmöglichen Stärke, sie durchströmen unseren Körper und entladen sich dann durch die Arme und Beine. Unser Blick ist geradeaus gerichtet und wir schauen so weit wie möglich, so als würden wir in eine unendliche Entfernung schauen (Bilder 75 und 76).

Wir atmen ganz natürlich durch die Nase ein. Die Ausatmung sollte 3-5 mal länger sein als die Einatmung. Diese längere Ausatmung ist einer der wichtigen Faktoren beim Gehen und Laufen während jeder Gelegenheit. In der Tat ist eine im Vergleich zur Einatmung längere Ausatmung wirksamer, um die fließende Bewegung unseres Körpers während des Laufens mit einem ruhigen Geist zu bilden.

Wir verbleiben im Zentrum des Körpers, dem Dritten Chakra, dem Bauchbereich, drücken diesen Bereich nach außen, so als wollten wir von dort aus zu gehen beginnen. Beide Arme sollten, falls wir nichts tragen, locker gehalten werden und sollten sich natürlich nach vorne und hinten bewegen. Wir sollten wie gewöhnlich unsere Beine und Füße nicht beachten und sie so frei wie möglich bewegen.

Wir bemerken, daß wir mit dieser Gehweise zweimal so schnell gehen können wie gewöhnlich, während sich unser Geist in einem friedlichen Zustand befindet und wir uns leichter fühlen. Gleichzeitig sind wir in der Lage, augenblicklich zu reagieren, wenn wir unsere Richtung ändern müssen, stehenbleiben müssen oder unsere Körperhaltung verändern müssen, um neuen Umständen entgegenzutreten.

Abb. 75                                    Abb. 76

## Gehen B: Schnelleres Gehen

Wenn wir schneller gehen oder für große Entfernungen fast laufen wollen, behalten wir die Stellung, wie sie bei Gehen A beschrieben wurde, bei, um die Kräfte des Himmels und der Erde und die aus der Umgebung stammenden Kräfte effektiv zu nutzen.

Die Atmung sollte durch die Nase und den leicht geöffneten Mund geschehen, imdem die Ausatmung fünf- bis siebenmal länger dauert als die Einatmung. Unsere Atmung besteht hauptsächlich aus der Ausatmung und die Einatmung ist lediglich eine Reaktion auf die Ausatmung.

Das Zentrum des Körpers liegt hierbei ein wenig weiter oben als in der vorhergehenden Übung, im Bereich des Vierten Chakra — dem Herzbereich —; alle unteren Körperteile sind völlig entspannt und können frei reagieren.

Wenn wir gehen, bewegen wir unsere Schultern leicht nach vorne und nach hinten; die Arme und Hände schwingen ganz

Abb. 77                Abb. 78

natürlich und reagieren auf die Bewegung der Schultern. Während des Gehens verschieben wir unser Körpergewicht zuerst auf eine Seite — entweder die linke oder die rechte — und wir benutzen den Fuß, um den Körper abzustützen und den anderen Fuß benutzen wir, um nach vorne abzurollen, oder uns weiter zu bewegen. Nach etwa 50 bis 100 Schritten verlagern wir das Körpergewicht auf die andere Seite. Wenn wir langsamer gehen wollen, wechseln wir alle 150 bis 200 Schritte. Und wenn wir schneller gehen wollen, wechseln wir alle 30 bis 50 Schritte (Bilder 77 und 78).

    Der wichtige Punkt dieser Übung ist der, daß wir nach Möglichkeit einen unbewußten Zustand erreichen und einen leeren Geist während diesem Schnelleren Laufen beibehalten, auch wenn wir während der Übungszeit unsere bewußte Aufmerksamkeit auf die richtige Haltung und Bewegung lenken müssen.

**175**

# SÜ 13 (降魔) Go-Ma: Die Täuschung zerschneiden

In unserem Alltag entwickeln wir verschiedene Täuschungen in Form von seelisch-geistigen Blockierungen. Wir tragen sie mit uns herum als eine neblige Masse schwerer Schwingungen. Sie können sich als Sturheit, Vorurteile, Eifersucht, Egoismus, Gier und Zorn wie auch in anscheinend unerklärlichen Gefühlen der Frustration, Furcht und Unsicherheit ausdrücken. Es gibt verschiedene Do-In-Übungen, die dazu dienen, diese täuschenden Blockierungen zu reinigen, aber wenn uns diese stark beeinflussen — mit anderen Worten, wenn wir verwirrt sind — haben wir es möglicherweise nötig, diese massiven, uns umgebenden Täuschungen zu zerschlagen. Die nun folgende Methode ist eine von mehreren, die zu diesem Zwecke angewandt werden können.

Es ist nicht notwendig, diese Übung jeden Tag zu praktizieren, sie sollte nur dann praktiziert werden, wenn wir fühlen, daß wir sie brauchen. Diese Übung muß einhergehen mit einer tiefen Selbstbetrachtung bezüglich unserer Ernährung und unserer Denkweise. Aus diesem Grunde können wir vor und nach dieser Übung andere Do-In-Übungen machen, um unser körperliches, seelisches und geistiges Befinden zu beruhigen und zu stärken.

*Schritt 1:* Wir sitzen in der Natürlichen Richtigen Sitzhaltung (TSÜ 1, Seite 144). Am Tage sitzen wir so, daß die Sonne im Rücken ist und nachts sitzen wir mit dem Gesicht nach Süden und haben dabei den nördlichen Himmel im Rücken. (In der südlichen Hemisphäre haben wir den Südlichen Himmel im Rücken und das Gesicht gen Norden.) Wir meditieren, die Augen sind geschlossen, wir atmen leise durch die Nase, um in den Zustand der Ausgeglichenheit einzutreten.

*Schritt 2:* Wir öffnen unsere Augen und schauen klar nach vorne. Mit unseren vor der Brust gehaltenen Händen bilden wir den Griff eines Schwertes: wir strecken die beiden ersten Finger der rechten Hand aus, die das Schwert bildet, und berühren mit den Spitzen der beiden anderen Finger die Daumenspitze. Wir legen die ausgestreckten Finger der rechten Hand auf die linke Handinnenfläche, plazieren die Finger und den Daumen der linken Hand über diese und bilden somit die Schwertscheide; nur der linke Zeigefinger zeigt ganz natürlich nach oben (Bild 79). (Ein linkshändiger Mensch sollte die Handstellungen genau

**176**

Abb. 79

Abb. 80

Abb. 81

umgekehrt machen.) Wir atmen mit dem Zweiten Chakra — dem Unterleibsbereich — um unser Vertrauen zu festigen.

*Schritt 3:* Wir nehmen das Schwert ruhig aus der Scheide, zeigen mit der rechten Hand hoch über den Kopf während die linke Hand ganz natürlich zur Seite zeigt (Bild 80).

*Schritt 4:* Wir heben die rechte Hand noch weiter über den Kopf, wir sind bereit, zuzuschlagen und das rechte Bein bewegt sich nach oben und vorne, indem wir unser Knie anheben (Bild 81).

*Schritt 5:* Mit klarer Stimme stoßen wir den Ton „TOH" laut aus, wir schlagen schnell zu — von der oberen rechten Seite in Richtung der unteren linken Seite (Bild 82).

*Schritt 6:* Wir heben die Hand, die das Schwert hält (die rechte Hand) zurück zu gegenüberliegenden Schulter (Bild 83) (die linke Schulter) und schlagen diagonal nach der anderen Seite nach unten (Bild 84).

Abb. 82

Abb. 83

Abb. 84

Abb. 85

Abb. 86

*Schritt 7:* Wiederholen Sie die Schritte 5 und 6 noch zweimal, sie schlagen von rechts nach links, von links nach rechts, von rechts nach links und von links nach rechts.

*Schritt 8:* Wir halten die rechte Hand so, daß sie gerade nach oben zeigt (Bild 85) und mit einem langen, lauten und scharfen Ton — nämlich „TOH", der aus unserem Tan-Den kommt, schlagen wir vertikal nach unten zu (Bild 86).

*Schritt 9:* Dann kehren wir in die Meditationshaltung zurück, beruhigen langsam unsere Atmung, bis wir wieder einen friedlichen Geisteszustand erreichen.

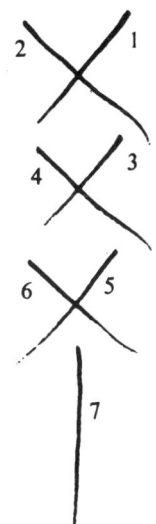

**Abb. 87 Anordnung des Zerschneidens der Täuschung in der Go-Ma-Übung.**

# SÜ 14 ( 言霊 ) Koto-Dama: Der Geist der Worte

In unseren täglichen Gesprächen benutzen wir verschiedene Wörter und Aussprachearten, um uns auszudrücken. Die Töne dieser Wörter bestehen aus Schwingungen, die im Mund, der Nasen- und Rachenhöhle im Zusammenwirken mit dem sich bewegenden Zäpfchen, den Seiten der Mundhöhle, den Zähnen, den Bewegungen der Rachenmuskeln und den Stimmbändern wie auch durch die Atmungsbewegungen gebildet werden. Die Kräfte jedoch, die diese Schwingungen bilden, kommen ursprünglich vom Himmel und treten durch die Haarspirale am Kopfzentrum ein und steigen von der Erde durch den unteren Körperbereich nach oben hoch. Dementsprechend kann der Klang unserer Wörter — unter der Voraussetzung, daß sich unser körperlicher und seelischer Zustand durch die tägliche richtige Ernährung, den rechten Gedanken und Tätigkeiten in Harmonie mit der Umwelt befindet — die starken Kräfte des Himmels und der Erde wiedergeben und unsere verbalen Ausdrucksformen können die wahre Vision der Natur und des Universums beinhalten. Wörter und verbale Töne, die in einem solchen gesunden Zustand ausgesprochen werden, in Harmonie mit der Umwelt, repräsentieren den Universellen Geist und haben auf uns selbst wie auch auf die uns umgebenden Wesen einen starken Einfluß.

## Abb. 88 Bildung der Wörter

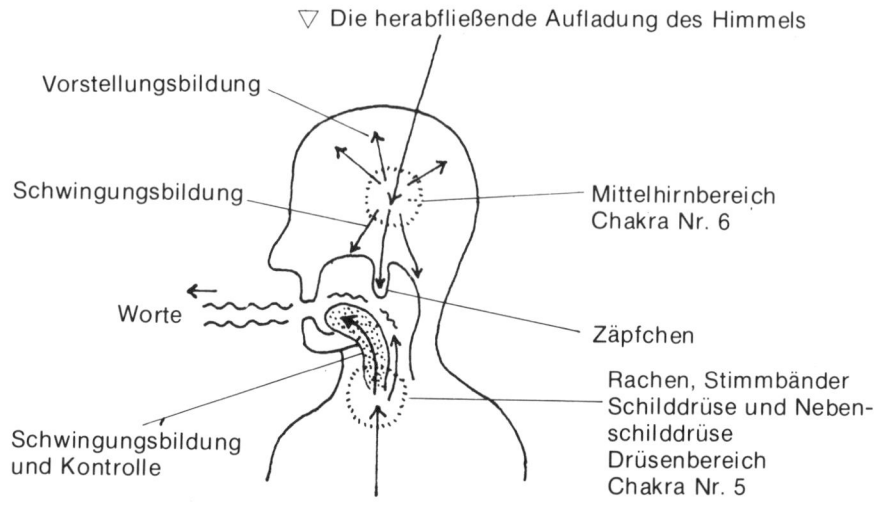

▽ Die herabfließende Aufladung des Himmels

Vorstellungsbildung

Schwingungsbildung

Mittelhirnbereich
Chakra Nr. 6

Worte

Zäpfchen

Schwingungsbildung
und Kontrolle

Rachen, Stimmbänder
Schilddrüse und Nebenschilddrüse
Drüsenbereich
Chakra Nr. 5

△ Von der Erde aufsteigende Aufladung

Worte und verbale Töne, die in einem solchen Zustand ausgestoßen werden, werden als Koto-Dama, der Geist der Wörter bezeichnet. Jeder verbale Ton, der ausgesprochen wird, wenn wir uns in einem gesunden Zustand befinden, beinhaltet seine entsprechende Bedeutung und Kraft ebenso wie seine besondere Wirkung auf unseren körperlichen, seelischen und geistigen Zustand. Innerhalb dieser Töne gibt es einige, die mit geöffnetem Mund ausgesprochen werden — yin-Töne und andere weden mit geschlossenem Mund ausgesprochen — yang-Töne. Es gibt dazwischen auch noch viele andere Arten. Wenn unser körperlicher und geistiger Zustand durch eine pflanzliche Ernährung eine harmonischere Anpassungsfähigkeit an die Natur erreicht, wird die Aussprache dieser Töne auch klarer werden; während sich unser Zustand jedoch in Disharmonie mit der Umgebung befindet — durch andere Nahrungszusammenstellungen einschließlich tierischer Nahrung, werden unsere Laute eher rauh.

**180**

Die grundlegenden Laute, die in uralten Zeiten im Fernen Osten ausgesprochen wurden, wurden in den folgenden 50 Tönen zusammengefaßt:

| A | KA | SA | TA | NA | HA | MA | YA | RA | WA |
|---|----|----|----|----|----|----|----|----|----|
| I | KI | SHI | CHI | NI | HI | MI | I | RI | I |
| U | KU | SU | TSU | NU | FU | MU | YU | RU | U |
| E | KE | SE | TE | NE | HE | ME | E | RE | E |
| O | KO | SO | TO | NO | HO | MO | YO | RO | O |

1. Die Reihe der „A"-Töne umfaßt Töne, welche die verschiedenen Stadien unsichtbarer Kräfte darstellen.
2. Die „I"-Reihe repräsentiert verschiedene Töne, Kräfte und Schwingungen der Lebenserscheinungen.
3. Das „U"- und andere Töne dieser Reihe zeigen verschiedene Stadien der Harmonie und der Ausgeglichenheit.
4. „E" und die übrigen Töne dieser Reihe repräsentieren verschiedene Stufen der Kunst und der Schöpfung.
5. Der Ton „O" und dessen Reihe repräsentiert verschiedene Stadien der verkörperlichten Form — dem Ende der Bewegung.

**Bild 89  Koto-Dama — Klangspiralen**

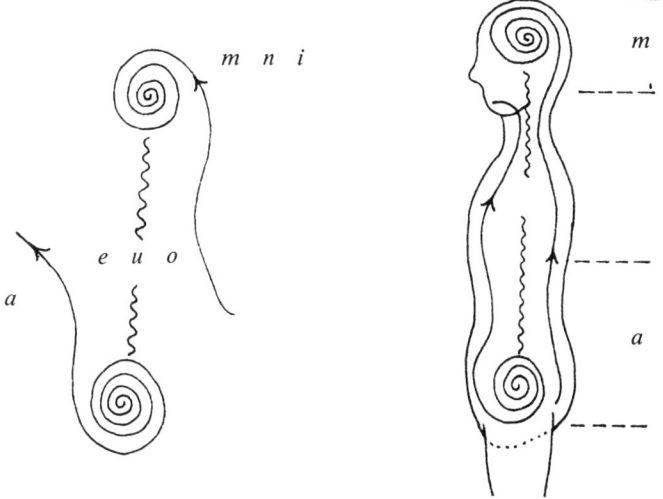

Links sind die spiralförmigen Muster des menschlichen Körpers gezeigt und die Töne, die den Hauptbereichen entsprechen. Rechts werden die Körperbereiche dargestellt, die den Tönen A-U-M entsprechen, so wie es in der nachfolgenden Übung beschrieben ist.

**181**

Diese 50 Klänge versetzen demzufolge bestimmte Körperteile in Schwingung und beeinflussen deren Aktivität: z.B „I" für den Magen und den mittleren Körperbereich; „O" für die Nieren und die Rückseite des mittleren Körperbereichs; „HA" mehr für die Lungen und die Atmungsfunktion. Dementsprechend kann die richtige Anwendung von ausgewählten Tönen unsere täglichen Aktivitäten physikalisieren und spiritualisieren. Im folgenden zeigen wir einige Beispiele, von denen man häufig innerhalb der Do-In-Übungen Gebrauch machen kann und die unsere körperliche, seelische und geistige Entwicklung beeinflussen:

*Der ausgedehnte Laut „SU".* Dieser Ton bewirkt die friedliche Harmonisierung zwischen uns und allen uns umgebenden Menschen und Existenzen in der ganzen Welt. Beim Atmen lassen wir den Ton „SU" beim Ausatmen klingen — dabei können wir den Ton entweder tatsächlich' ausstoßen oder auch nicht. Die Atmung ist ein Austausch, um uns selbst mit der uns umgebenden Atmosphäre zu harmonisieren.

2. *Der ausgedehnte Klang „A-U-M".* Der Ton „A", der mit geöffnetem Mund ausgesprochen wird, repräsentiert das unendliche Universum und, auf den Körper bezogen, versetzt er den unteren Körperbereich in Schwingung. Der Ton „U" repräsentiert die Harmonie, wie wir es bereits bei dem Ton „SU" gesehen haben, und auf den Körper bezogen versetzt er den oberen Körperbereich und den unteren Kopfbereich in Schwingung. Der Ton „M", der mit geschlossenem Mund ausgesprochen wird, repräsentiert die unendliche kleine Welt und versetzt die festesten Bereiche des Gehirns in Schwingung.

Demzufolge ist das Aussprechen von „A-U-M" eine Ausdrucksform des gesamten Universums und versetzt unseren Körper und den geistigen Kanal vom tiefsten bis zum höchsten Punkt in Schwingung, was eine intensive Aufladung von Schwingungen und elektromagnetischen Strömen innerhalb unseren körperlichen, seelischen und geistigen Funktionen bewirkt. Dieser Ton wurde deshalb seit Jahrhunderten in östlichen Ländern dazu verwandt, die täglichen Aktivitäten zu beschleunigen wie auch die Existenz als ein Teil des Universums zu begründen.

3. *Eine Reihe von Klängen: „HI-FU-MI-YO-I-MU-NA-YA-KO-TO-MO-CHI-RO".* Diese Töne wurden universell in prähistorischen Zeiten von den vorgeschichtlichen Menschen als die

grundlegendsten und inspirierendsten Töne für die Entwicklung der körperlichen, seelischen und geistigen Aktivitäten in deren einheitlicher Form, angewandt. Die Reihe dieser Töne beschreibt ebenfalls die Schöpfung des Universums. Jeder Ton repräsentiert verschiedene spezifische Bedeutungen:

HI: Einheit oder das Eine; ebenfalls Universeller Geist und Feuer.

FU: Zwei; Differenzierung oder Polarisierung und der Beginn der Schwingung und des Windes.

MI: Drei; Physikalisierung und Materialisierung, oder das Selbst.

YO: Vier; Richtung und Sphäre. Er repräsentiert ebenfalls die Welt und die Generation.

I: Fünf und die Erscheinungen des Lebens. Die aktivste relative Absicht oder Wille; das Zentrum.

MU: Sechs. Die Erscheinung der Geburt und Mutterschaft. Er repräsentiert ebenfalls die Leere.

NA: Sieben. Identifizierbare Existenz oder Name. Er hat auch die Bedeutung der pflanzlichen Qualität und des Pflanzenbereichs. Die Richtung, wieder in die Unendlichkeit zurückzukehren.

YA: Acht. Alle Richtungen und Strahlungserscheinungen. Er repräsentiert ebenfalls die Unendlichkeit.

KO: Neun; unendlich kleines Sein wie auch Kinder oder kleine Dinge. Er hat auch die Bedeutung von „Hier und Jetzt".

TO: Zehn; Aufbau und Konstruktion; ein Gebäude und ein Tor. Er hat auch die Bedeutung des Tores, das man zur Unendlichkeit hin öffnet.

MO: Einhundert; Ausdehnung, Bildung von Rundheit. Er bedeutet ebenfalls Harmonie und weitere Entwicklung, wie auch Mutter.

CHI: Eintausend. Die Unterschiedlichkeit der Lebenserscheinungen und deren gemeinsamer Faktor — Blut, oder Energie. Er bedeutet auch Vater.

RO: Zehntausend. Harmonie auf breiter Ebene; konstante Bewegung der Spiralen und Kreise. Er repräsentiert ebenfalls die zentrale Stellung.

Das wiederholte Aussprechen dieser Töne als Reihe wurde in prähistorischen Zeiten im täglichen Leben praktiziert als eine Art, Zahlen zu zählen, wie auch als Erinnerung an den Schöpfungsprozeß der Lebenserscheinungen innerhalb des einen unendlichen Universums. Wenn wir diese Töne mit einem positiven und anspornenden Geist wiederholen — als körperliche, seelische und geistige Übung — ermutigt uns dies, ein langes und aktives Leben mit einem friedvollen Geisteszustand zu führen.

*4. Eine Reihe von Klängen: „A-MA-TE-RA-SU-O-O-MI-KA-MI".*
Im prähistorischen Fernen Osten, vor allem im alten Japan, wurde dieser Klangfolge eine geheime und machtvolle Schutzfunktion für unser Leben und eine Erhöhung unserer körperlichen, seelischen und geistigen Beschaffenheit zugeschrieben. Sie wurde im traditionellen Shintoismus *Togoto-No-Kajiri* oder „Zehnsilbige Göttliche Worte" genannt. Als Ganzes repräsentiert diese Folge den „Himmlisch Glänzenden Großen Barmherzigen Geist" oder Gott. Jede Silbe hat ihre entsprechende Bedeutung und die Reihe dieser kombinierten Silben repräsentiert ebenfalls das unendliche Universum und die unendlich kleinen Erscheinungen und die Harmonie zwischen diesen. Z.B. repräsentiert der erste Ton „A" den Ton der Unendlichkeit; der letzte Ton „MI" repräsentiert das Selbst und der mittlere Klang „SU" repräsentiert die Harmonie, wie schon erwähnt.

Wenn diese Töne wiederholt innerhalb der Meditation und dem Gebet in der Natürlichen Richtigen Sitzhaltung ausgesprochen werden, kräftigen aktive Schwingungen alle Körperteile und die seelisch-geistige Vitalität erhebt sich und bildet um uns herum eine Hülle der Aura oder Strahlung, was zu der Ausübung von außergewöhnlichen Fähigkeiten führt.

*5. Eine Reihe von Tönen: „NAM-MYO-HO-REN-GE-KYO".*
Diese Tonreihe wurde in einer der buddhistischen Sekten als Sprech-Gesang und Gebet verwandt. Die Bedeutung des Gesangs ist folgende: „Unendliches wunderbares Gesetz der Lotos-Blumen-Sutra", oder „Die Wunderbare Ordnung des Unendlichen Universums", dessen Lehre als die endgültige, grundlegende Lehre des Buddhismus betrachtet wurde.

Die wiederholte Aussprache dieser Wörter stärkt unsere körperlichen und geistigen Aktivitäten und erzeugt unsere positive Anpassungsfähigkeit an die Umgebung, was unser Leben vorteilhaft bereichert. In Verbindung mit diesem Sprechgesang strömen kraftvolle Schwingungen in den Umgebungsraum hinaus, welche ebenfalls auf die Umgebung einen positiven Einfluß ausüben.

Die oben genannten Anwendungen des Geistes der Worte im

täglichen Gesang oder den Gebeten stellen nur einige wenige Beispiele dar. Wenn wir die einflußreiche Kraft eines jeden Tons verstehen, sind wir in der Lage, bestimmte Tonkombinationen in der Form von Wörtern und Ausdrücken für die körperliche, seelische und geistige Entwicklung frei herzustellen. In der Tat beginnen wir zu Beginn unseres Lebens als menschliche Wesen damit, die Säuglingsstimme dazu zu benutzen, innere Schwingungen durch intuitives Äußern auszudrücken; diese werden körperlich und seelisch hervorgerufen, sie sind die menschliche Interpretation der uns umgebenden Energien und Schwingungen, die ihren Ursprung in dem unendlichen Universum haben.

# Kapitel 2
# Tägliche geistige Übungen (TGÜ)

## Einführung

Wenn wir unsere körperliche, seelische und geistige Konstitution als eine harmonische Einheit mit all den uns umgebenden Menschen und den Umweltbedingungen entwickeln wollen, ist es sehr empfehlenswert, die geistigen Übungen jeden Tag, entweder alleine oder zusammen mit der Familie oder Freunden, zu praktizieren.

Was die Zeit der Übungen angeht, ist es ratsam sie auszuführen, wenn die Sonne am Horizont aufsteigt. Im übrigen jedoch können wir diese Übungen zu jeder Zeit, in allen Situationen, bei denen die uns umgebenden Bedingungen günstig sind, ausführen. Bezüglich des Ortes der Übung kann dies überall sein, im Haus oder im Freien, obwohl es günstiger ist, auf der Erde in einer natürlichen Umgebung, besonders in den höheren Lagen eines Hügels oder Berges, zu praktizieren.

Die für diese Übungen zu tragende Kleidung sollte einfacher sein als die normale Arbeitskleidung, und sie sollte vorzugsweise aus pflanzlichen Rohstoffen wie z.b. Baumwolle oder Jute bestehen, weil sie direkt auf der Haut getragen wird. Metallische oder synthetische Schmuckstücke sollten auf ein Mindestmaß reduziert werden, um die harmonische Zirkulation der körperlichen, seelischen und geistigen Schwingungen zu gewährleisten, durch die wir unsere Anpassungsfähigkeit an die Umgebung erreichen können.

Diese Täglichen Geistigen Übungen können bei regelmäßiger Anwendung der Entwicklung unserer gesamten Persönlichkeit für körperliche Stärke, seelisches Vertrauen und geistige Klarheit dienen. Einige Übungen waren bereits seit uralten Zeiten bekannt und wurden angewandt und andere wurden entdeckt und von mir entsprechend dem Verständnis der menschlichen Natur, die sich auf der Erde innerhalb des unendlichen Universums physikalisiert hat, entwickelt. Diese Übungen wurden speziell verfeinert und zusammengestellt als eine von mehreren Do-In-Übungsreihen, die von jedem am frühen Morgen bei Sonnenaufgang einfach praktiziert werden können. Jede Übung sollte ausgeführt werden wie das ruhige Fließen von klarem Wasser in einem sanften Strom und unsere Ausführung der gesamten Reihe sollte ohne jede Unterbrechung von einer Übung zur anderen vonstatten gehen, so wie Quellwasser unter den Sträuchern in den Bergen hervorsprudelt und einen Strom bildet, der fortwährend nach unten fließt, Wassermassen ansammelt und zu einem Fluß wird, der zuletzt das Meer erreicht. Die Übungsreihe umfaßt die folgenden Übungen:

1. *Sei-Za:* Die Natürliche Richtige Haltung und die Natürliche Atmung.
2. *Mei-So-Ko-Kyu:* Meditation und Atmung
3. *Chin-Kon:* Das Gebet der Einheit
4. *Haku-Shu:* Reinigung durch Händeklatschen
5. *A-Um:* Vergeistigung durch Klang-Schwingungen
6. *Ten-Ko:* Die himmlische Trommel schlagen
7. *Ten-Ro:* Den Himmlischen Tau trinken
8. *Kan-Ro:* Den Nektar in der Meditation schmecken
9. *Ten-Gaku:* Die himmlische Musik hören
10. *Ko-Myo:* Das innere Licht sehen
11. *Wa-On:* Tönende Harmonisierung
12. *Hei-Wa:* Befriedung der Welt

Die Tägliche Geistige Übung 1 (TGÜ 1), die Natürliche Richtige Haltung und die Natürliche Atmung sind die Grundlage der Ausübung aller geistigen Übungen, durch die wir uns in einem friedlichen Zustand vorbereiten.

TGÜ 2 bewirkt die aktive Erzeugung der körperlichen, seelischen und geistigen Schwingungen in einem harmonischen Zustand durch den stufenweisen Wechsel unserer Atmung.

TGÜ 3, das Gebet der Einheit, ist eine Standardübung für die meisten Gebete und verwendet eine intensive Vorstellung. Sie befähigt uns besonders dazu, uns in unserer Vorstellung der Einheit aufzulösen.

TGÜ 4, Reinigung durch Händeklatschen, ist eine traditionelle Übung, insbesondere innerhalb der Shinto-Verehrung, für jede spirituelle Erscheinung wie auch für den Universalen Geist, durch das Auslöschen jeglicher blockierenden schweren Schwingung, die Täuschungen hervorruft.

TGÜ 5, die Übung der Vergeistigung durch Klangschwingungen, war in Indien weitverbreitet, hatte ihren Ursprung in der uralten Vedanta-Philosophie, die zu einer noch weiter zurückliegenden Zeit im Fernen Osten begann.

TGÜ 6, die Himmlische Trommel schlagen und TGÜ 7, den Himmlischen Tau trinken sind traditionelle Übungen zur Verjüngung und Langlebigkeit, aus einem unbekannten vergangenen Zeitalter, und werden im Shin-Shen-Do verwandt, dem Lebensweg, um sich selbst zu einem freien Menschen mit natürlichen und geistigen Kräften zu entwickeln.

TGÜ 8, Den Nektar in der Meditation schmecken, TGÜ 9, Die Himmlische Musik hören und TGÜ 10, Das innere Licht sehen, stellen alle drei Künste dar, um das Universum durch Sinnes- und Gefühlserfahrungen zu verstehen, und sie haben ihren Ursprung in dem vor unbekannter Zeit entstandenen Shin-Sen-Do.

TGÜ 11, Tönende Harmonisierung, ist eine Kunst, die Kraft der Klänge des Geistes und der Aussprache zu nützen; sie wurde zu einem universellen Klang, der für alle Menschen ein Symbol des Universums darstellt, vereinfacht. Der Klang, der speziell hier wie auch in der folgenden Übung, TGÜ 12, verwendet wird, symbolisiert das Zentrum des Universums wie auch die Harmonie innerhalb aller Erscheinungen.

TGÜ 12, Die Welt in einen friedlichen Zustand bringen, ist die Kunst, eine bestimmte Vorstellung in der ganzen Welt durch die Ausstrahlung bestimmter Schwingungen in alle Richtungen zu verallgemeinern.

Diese Reihe der Täglichen Geistigen Übungen stellt eine harmonische Kombination von persönlicher Entwicklung für das eigene Wohlergehen wie auch der Entwicklung der Welt zum universellen Frieden durch die aktive Anwendung der Kräfte des Himmels und der Erde dar, die der Ursprung aller relativen Erscheinungsformen auf dieser Erde einschließlich uns selbst sind. Wenn diese Kräfte durch unseren Körper — senkrecht zwischen dem spiralförmigen Zentrum des Kopfes und dem Genitalbereich des Körpers strömen — werden sie auf verschiedene Weise durch jede dieser zwölf Übungen entsprechend aufgefrischt. Die Reihe der Täglichen Geistigen Übungen als Ganzes entwickelt unsere Einheit mit dem unendlichen Universum durch die Entwicklung unseres grenzenlosen Bewußtseins.

# TGÜ 1 (正座) Sei-Za: Die Natürliche Richtige Haltung und die Natürliche Atmung

Blicken Sie der aufgehenden Sonne entgegen. Verbleiben Sie in einer natürlichen Haltung, entweder im Stehen oder Geradesitzen auf einem Stuhl, auf dem Fuß- oder Erdboden, so wie es dargestellt ist (Bilder 90-95).

Entspannen Sie alle Körperteile vollständig, einschließlich aller Muskeln des Gesichts, des Nackens, der Brust, des Bauches und des Rükkenswie auch alle Gelenke der Schultern, Ellbogen, Handgelenke und die anderen Bereiche, aber halten Sie das Rückgrat gerade. Atmen Sie natürlich und friedlich durch die Nase, wobei die Ausatmung drei- bis fünfmal länger dauert als die Einatmung.

Halten Sie den Mund leicht geschlossen und die Augen schauen in den unendlichen Raum in Richtung der aufgehenden Sonne. Wenn Wolken, Bäume, Häuser, Mauern und Fenster die Sonne verdecken, geht unser Blick in Richtung der unendlichen Entfernung jenseits davon.

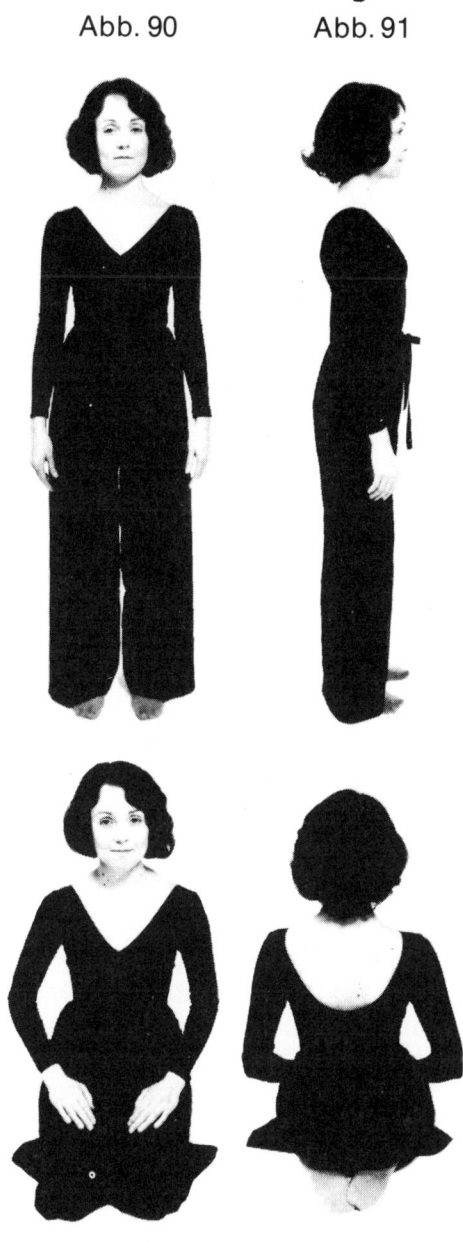

Abb. 90 Abb. 91

Abb. 92 Abb. 93

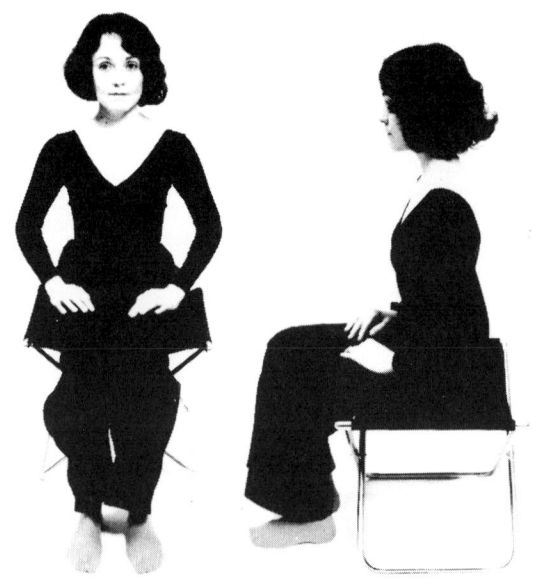

Abb. 94                                    Abb. 95

# TGÜ 2 (瞑想呼吸) Mei-So-Ku-Kyu:
## Meditation und Atmung

Behalten Sie die gleiche Stellung wie
TGÜ 1. Bewegen Sie ruhig beide
Arme und halten Sie beide Hände zu-
sammen, die Handflächen nach oben,
die linke Hand leicht auf die rechte
Hand gelegt (linkshändige Personen
legen die rechte Hand auf die linke
Hand). Die Innenflächen der beiden
Daumenspitzen berühren sich ganz
leicht, um die Spiralen der Daumen-
spitzen zusammenzufügen. Plazieren
Sie die Hände natürlich auf dem
Schoß in der Nähe des Körpers (Bild
96).

   Beginnen Sie mit der Atmung der
Selbstlosigkeit und gehen Sie — in
Abständen von jeweils einigen Minu-
ten — gleichmäßig zu der Atmung der
Harmonie über; dann folgt die At-

Abb. 96

**190**

mung des Vertrauens (Seite 62), die Atmung der Tat bis man schließlich die Atmung der Vergeistigung erreicht (Seite 62), welche ohne Unterbrechung etwa 10 mal ausgeführt wird.

Dann kehren Sie langsam wieder zu der normalen und natürlichen Atmung, die Atmung der Harmonie, zurück, die ganz entspannt beibehalten wird.

## TGÜ 3 ( 鎮魂 ) Chin-Kon: Das Gebet der Einheit

Behalten Sie die Stellung der TGÜ 2 bei, die Augen blicken in eine unendliche Entfernung, die Atmung ist natürlich. Lösen Sie sanft die Hände auseinander, die auf dem Schoß gelegen haben, und fügen Sie beide Handflächen mit einem natürlichen Zwischenraum zwischen beiden zusammen. Heben Sie langsam die Handflächen bis in Herzhöhe zur Gebetsstellung (Bild 97). Behalten Sie diese Gebetsstellung ungefähr zwei Minuten lang bei mit der starken Vorstellung, daß unser Wesen eins mit der Natur und dem Universum ist — der Vorstellung der Einheit.

Abb. 97

Abb. 98

Blicken Sie in eine weite Entfernung, aber betrachten Sie kein bestimmtes Objekt. Nehmen Sie alle Geräusche widerstandslos auf, aber achten Sie nicht auf irgendwelche bestimmten Geräusche. Akzeptieren Sie bedingungslos alles, was Sie fühlen, doch lenken Sie Ihre Aufmerksamkeit auf kein bestimmtes Gefühl. Wir wollen das Bewußtsein völlig in dem grenzenlosen Meer der einen endlosen Ruhe versinken lassen.

## TGÜ 4 (拍手) Haku-Shu: Reinigung durch Händeklatschen

Wir behalten unser Bewußtsein weiter in dem grenzenlosen Meer der Ruhe der Einheit, was wir in TGÜ 3 erreicht haben, und beginnen mit der gleichen Haltung (Bild 98) beide Arme langsam auszudehnen und in einer natürlichen Krümmung ohne Verspannung auszustrecken, wobei die Handflächen zusammen bleiben.

Dann lassen Sie die rechte Hand diagonal leicht abgleiten (Bild 99) und zwar in einem Winkel von fünfzehn bis dreißig Grad zur linken Hand. Gleich darauf öffnen Sie die Arme zu ungefähr 45 Grad (Bild 100) und bringen sie dann mit einem schneidenden Händeklatschen schnell wieder zusammen (Bild 101). Der Ton, der durch das Klatschen der Hände entsteht, sollte natürlich, aber zugleich klar und scharf sein und in die umgebende Atmosphäre bis in eine weite Entfernung eindringen und dort widerhallen. Wiederholen Sie das Händeklatschen nur zweimal; dies repräsentiert den Himmel und die Erde, männlich und weiblich oder yin und yang, welche die ersten Unterscheidungen des einen unendlichen Universums sind.

Abb. 99

Abb. 100

Der Zweck dieses Händeklatschens mit dem klaren und scharfen Geräusch besteht darin, jede schwer blockierende Schwingung, die sich als trügerische Gedanken um unseren Kopf, in unausgeglichener Bewegung um unseren Körper und in einer disharmonischen Bewegung in der uns umgebenden Umwelt verkörpern, unverzüglich auszuwischen.

Nach zweimaligen Händeklatschen zum Zwecke der Reinigung fügen wir die schräg ausgestreckte rechte Hand wieder mit der linken Hand zusammen (Bild 99) und kehren dann mit beiden ausgestreckten Armen wieder in die Gebetsstellung zurück (Bild 98). Eine Weile danach legen wir sie wieder auf den Schoß und halten beide Hände in der Meditationsstellung, so wie es in der TGÜ 2 beschrieben ist.

Abb. 101

## TGÜ 5 (阿吽) A-Um: Vergeistigung durch Klangschwingungen

In der Meditationsstellung, wie in der TGÜ 2 beschrieben, mit leicht geschlossenen Augen, atmen wir zu Beginn ganz natürlich — die Atmung der Harmonie (Seite 61) — mit einer sanften Ausatmung, die drei- bis fünfmal länger dauert als die Einatmung und gehen in die Vorstellung ein, daß wir mit dem unendlichen Universum eins sind (Bild 102).

Abb. 102

Dann atmen Sie tief durch den leicht geöffneten Mund ein und atmen langsam — fünf- bis siebenmal länger als die Einatmung — aus. Während dieser langen Ausatmung sprechen Sie den Ton „A" (ah) mit weit geöffnetem Mund während der ersten Ausatmungsphase aus; dann wechseln Sie über zu dem Ton „U" (u) mit leicht geöffnetem Mund in der mittleren Ausatmungsphase und wechseln Sie weiterhin über zu dem Ton „M" (m) mit leicht geschlossenem Mund und Zähnen. Diese fortlaufenden Klänge „A-U-M" sollten so natürlich und so lange wie möglich ausgedrückt werden, und ein Ton sollte in den nächsten so weich wie möglich übergehen, so als wären sie ein fortwährender Klang.

Zu Beginn der Ausatmung, wenn „A" ausgesprochen wird, lassen Sie den mittleren und unteren Körperbereich tief im Inneren mitschwingen; und während der mittleren Ausatmungsphase, wenn „U" ausgesprochen wird, lassen Sie den oberen Körperbereich wie auch den unteren Kopfbereich einschließlich der Halsgegend mitschwingen. Schließlich lassen Sie in der letzten Ausatmungsphase, wenn „M" ausgesprochen wird, Schwingungen im ganzen Kopf einschließlich in den inneren Tiefen des Gehirns entstehen.

Mit anderen Worten: der Zweck dieser Übung besteht darin, unseren inneren geistigen Kanal von jeglicher Stagnierung und Blockierung zu reinigen, um ein viel gleichmäßigeres Strömen der Himmels- und Erdkräfte und deren Aufladen all unserer Zellformationen in unserem Körper zu gewährleisten. Sie bewirkt ebenfalls die Kräftigung aller Verdauungs-, Atmungs-, Nerven- wie auch Kreislauf- und Ausscheidungsfunktionen. Nachdem Sie diese Atmung der Vergeistigung durch die Klangschwingung A-U-M etwa 10mal wiederholt haben, kehren Sie zum normalen und natürlichen Atmen zurück.

# TGÜ 6 (天鼓) Ten-Ko: Die Himmlische Trommel schlagen

Bleiben Sie weiterhin in der Meditationsstellung (TGÜ 2), lassen Sie die Augen entweder immer geschlossen, wie in der vorhergehenden Übung (TGÜ 5) oder natürlich geöffnet, mit dem Blick geradeaus in die Entfernung (Bild 103).

Beginnen Sie die Atmung der Physikalisierung (Seite 63) und wiederholen Sie dies ungefähr fünfmal. Dann beginnen Sie mit dem, was traditionsgemäß als „Die Himmlische Trommel schlagen" bezeichnet ist, d.h. lassen Sie die oberen und die unteren Zähne kräftig aufeinanderschlagen in Verbindung mit der rhythmischen Bewegung des sich öffnenden und schließenden Mundes.

Abb. 103

Durch das Aufschlagen der unteren Zähne auf die oberen Zähne entstehen naturgemäß starke Geräusche — scharfe Geräusche des Aufschlagens von Zahn auf Zahn — „ka, ka, ka". Durch aktive Bewegung des Unterkiefers führen Sie das Trommeln der Zähne in der folgenden Reihenfolge aus:

Erstens, der vordere Bereich: Schlagen Sie ungefähr zehnmal
Zweitens, die linke Seite: Schlagen Sie ungefähr zehnmal
Drittens, die rechte Seite: Schlagen sie ungefähr zehnmal
Viertens, alle Zähne: Schlagen Sie ungefähr zehnmal.

Diese Übung bewirkt die aktive Kräftigung der elektromagnetischen Aufladung in Verbindung mit der Beschleunigung des Blutflusses im gesamten Gehirnbereich. Sie bewirkt ferner einen aktiven Stoffwechsel innerhalb aller Systeme, Organe, Drüsen, denn jeder Zahn repräsentiert einen bestimmten Teil der körperlichen Beschaffenheit und ebenfalls jeden Wirbel der Wirbelsäule innerhalb des Nervensystems.

# TGÜ 7 (天露) Ten-Ro: Den Himmlischen Tau trinken

Abb. 104

Nach Beendigung der Übung „Die Himmlische Trommel schlagen", bleiben wir in der gleichen Stellung und kehren zur natürlichen Atmung zurück, um mit der Übung „Den Himmlischen Tau trinken" zu beginnen. Die Augen werden entweder leicht geschlossen oder ganz natürlich offen gehalten und man schaut in eine weite Entfernung.

Benutzen Sie die Zunge, um Flüssigkeit im Mund und den Speichel aus dem inneren, oberen Bereich des Mundes, dem Gaumenbereich, anzusammeln. Nachdem man den Mund mit Flüssigkeit und Speichel angefüllt hat, trinkt man es tief nach unten, so als wären wir in der Lage, das Geräusch des Trinkens zu hören und so als könnten wir fühlen, wie es nach unten durch die Speiseröhre zum Magen hin dringt. Diese Übung kann vollkommener ausgeführt werden, wenn wir während dem Trinken den Kopf leicht nach unten beugen und ihn dann wieder leicht nach oben richten (Bild 104).

**195**

Wiederholen Sie das Trinken der Flüssigkeit und des Speichels dreimal, jedesmal sammeln Sie mit Hilfe der Zunge den Mund voll Flüssigkeit und Speichel.

Die Wirkung dieser Übung besteht darin, unsere Verdauungsfunktion zu aktivieren, die Tätigkeiten dieser Organe zu normalisieren in Verbindung mit der Stimulierung verschiedener Hormondrüsen im gesamten Körper.

## TGÜ 8 (甘露) Kan-To: Den Nektar in der Meditation schmecken

Nach der Übung des Trinkens des Himmlischen Taus (TGÜ 7) folgt naturgemäß die Übung „Den Nektar in der Meditation schmecken". Das Ziel des Schmeckens des Nektars in der Meditation besteht darin, die Süße der Atemluft zu erfahren, wenn diese durch die Kraft des Himmels, die durch das spiralförmige Zentrum am Kopf eindringt und den inneren Bereich des Mittelhirns auflädt und dann in das herabhängende Zäpfchen im inneren Mund herabsteigt, aufgeladen wird (siehe Bilder 105 und 106).

**Abb. 106   Nektar in der Meditation einatmen.**

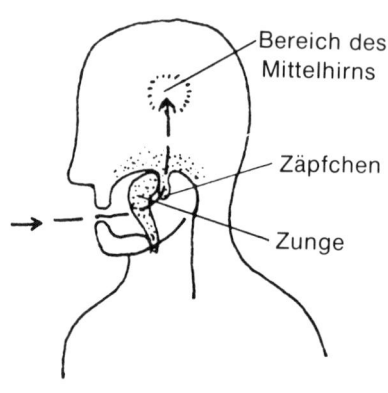

Bereich des Mittelhirns

Zäpfchen

Zunge

**Abb. 105   Die Lage des Zäpfchens**

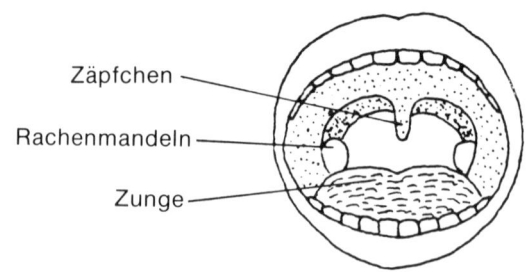

Zäpfchen

Rachenmandeln

Zunge

Behalten Sie die gleiche Meditationsstellung bei, halten Sie die Zunge etwas fester und ziehen Sie diese in den inneren Bereich, indem Sie sie leicht an die innere obere Mundhöhle — dem Gaumenbereich — drücken (Bild 107). Dann beginnen Sie die lange Einatmung durch den leicht geöffneten Mund mit einer Ausatmung, die ganz natürlich als ein Ergebnis der Einatmung entsteht. Wiederholen Sie diese Atmung ungefähr zehn- bis fünfzehnmal.

Abb. 107

Während dieser langen Einatmung erfahren wir — wenn wir regelmäßig üben — einen süßen Geschmack im Bereich des Zungenbeginns auf beiden Seiten, der sich natürlich ausbreitet und die gesamte Zunge und die Mundhöhle umfaßt. Auf dessen Höhepunkt erfahren wir einen Geschmack, der so süß wie Honig oder sogar noch süßer ist.

In Verbindung mit der Erfahrung des süßen Atems meditieren wir darüber, daß die Güte der Natur und des unendlichen Universums in ihrer geistigen Beschaffenheit noch viel süßer ist, als wir es uns überhaupt vorstellen können.

Die Erfahrung des süßen Geschmacks beim Schmecken des Nektars in der Meditation hängt genau von der Technik ab, wie wir die Spannung und Lage der Zunge beherrschen, wie auch von der Intensität der Einatmung. Diejenigen, die vielleicht am Anfang die Süße nicht schmecken, werden aber in der Lage sein, dies zu erfahren, wenn sie die Übung wiederholen.

## TGÜ 9 (天楽) Ten-Gaku: Die Himmlische Musik hören

Wir bleiben in der Natürlichen Richtigen Sitzhaltung — so wie in der vorhergehenden Übung, lösen die Hände aus der Meditationshaltung auf und heben sie zu den Ohren. Wir pressen jeden Daumen tief in jedes der beiden Ohren und halten diese so, daß jedes äußere Geräusch daran gehindert wird, aus der Umgebung einzudringen. Die vier Finger jeder Hand sollten leicht die Stirn halten, die leicht nach vorne gebeugt ist (siehe Bild 108).

In Verbindung mit der Atmung der Harmonie (Seite 61), die so langsam und sanft wie möglich ausgeführt werden sollte, hören wir auf die Musiktöne, die in den inneren und vorderen Bereichen wie auch tief im Inneren des Ohrs entstehen. Die Musiktöne sind unterschiedlich, sie umfassen Töne von Trommeln, die in die Luft schlagen, Musik von Meereswellen, die am Strand kommen und gehen, Töne wie von einem Flötenfluß, der klar im Himmel wiederhallt, die Melodie von Harfen, die harmonisch in den Wolken singen — alle zusammen bilden das Himmlische Orchester.

Abb. 108

Beim Hören dieser Musiktöne und Melodien meditieren wir in dem Verständnis, daß die Natur und das Universum nichts anderes als Musikschwingungen in einer wohlangeordneten Reihenfolge sind, die ein großartiges Orchester bilden, das ohne Anfang und ohne Ende unendlich zusammengesetzt ist. Alle Erscheinungen, die in diesem Universum erscheinen und wieder verschwinden, sind so etwas wie Musiktöne, die bestimmte Klänge in diesem gewaltigen Orchester des unendlichen Universums darstellen.

# TGÜ 10 ( 光明 ) Ko-Myo: Das innere Licht sehen

Wir sitzen in der Natürlichen Richtigen Haltung (TGÜ 1) und wenden die Natürliche Atmung der Harmonie (Seite 61) an, langsam heben wir den rechten Arm (den linken Arm im Falle einer linkshändigen Person) und plazieren den Zeigefinger auf die Stelle des Dritten Auges oder in den Mittelpunkt der Stirn, der Daumen soll die äußere Ecke des einen ge-

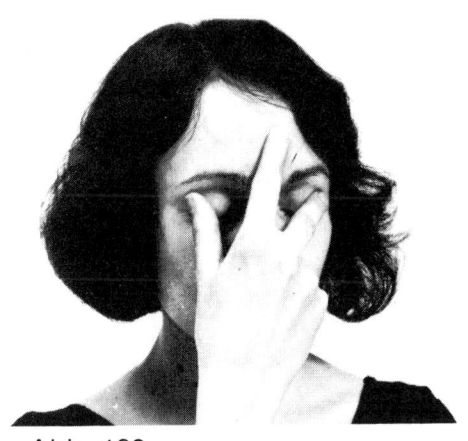

Abb. 109

schlossenen Auges und der Mittelfinger (der dritte Finger) die äußere Ecke des anderen Auges berühren. Dann beginnen Sie, mit dem Daumen und dem Mittelfinger sanft in Richtung der inneren Ecken beider Augen zu drücken und zwar mit einem leichten Druck nach innen (Bild 109).

Indem der Druck der Finger sich langsam erhöht, beginnt helles Licht zu scheinen, welches die ganze innere Dunkelheit umhüllt. Das Licht kann vom Zentrum aus alle Richtungen erhellen oder es kann spiralförmige Drehungen vollziehen. Die strahlende Helligkeit kann einen ringförmigen Kreis mit wunderbar sich verändernden Farben bilden. Lassen Sie Ihr Bewußtsein sich in der Fülle des hellen Lichte auflösen, meditieren Sie darüber, daß die Schöpfung des Universums mit dem Licht begann, und daß das Licht der Schöpfung unendlich weiterleuchten wird. Wenn wir leicht nach oben blicken und weit unter die geschlossenen Augenlider schauen, wird die Helligkeit des Lichts noch viel stärker werden.

Nachdem wir das Sehen des inneren Lichts für einige Minuten erlebt haben, lockern wir sanft den durch die Finger ausgeübten Druck und lösen die Hände schließlich von den Augen und der Stirn. Lassen Sie weiterhin beide Augen geschlossen und meditieren Sie noch über das noch verbliebene Licht, bis es sich vollständig aufgelöst hat.

Körperlich gesehen bewirkt die Übung des Sehens des Inneren Lichts eine starke Stimulierung im Bereich des Mittelhirns, indem die Nerventätigkeiten zusammengefügt werden; geistig werden wir in die Lage versetzt, die Welt der Strahlungen, die grundlegenden Kräfte aller Erscheinungen, zu erfahren.

## TGÜ 11 ( 和音 ) Wa-On: Tönende Harmonisierung

In der Natürlichen Richtigen Haltung sitzend, halten wir die Hände in Meditationsgeste auf dem Schoß (wie in der TGÜ 2), und beginnen tief durch den leicht geöffneten Mund zu atmen; die Augen sind entweder ganz geschlossen oder halb geöffnet, sie blicken in die Weite, ohne irgendein bestimmtes Objekt zu betrachten. Die Dauer der Ausatmung sollte vier- bis siebenmal länger dauern als die Einatmung (Bild 110).

Abb. 110

Während des Ausatmens sprechen wir ganz natürlich den Ton SU („su-u-u"), den Ton des Friedens und der Harmonie (SÜ 14, Seite 179), so lange wie möglich aus. Es ist nicht nötig, diesen Ton laut auszusprechen, aber es ist wichtig, diesen Ton friedlich zu sagen. Dabei lassen Sie den Ton widerhallen und lassen seine Schwingung sich in dem inneren Brustbereich, dem Hals und dem Gesicht, verbreiten.

Bei der Einatmung haben Sie die klare Vorstellung, daß wir das gesamte Universum tief in uns einatmen und daß es dann in jede der Milliarden Zellen in allen Körperecken verteilt wird. Beim Ausatmen stellen Sie sich deutlich vor, daß wir das innere Universum in die äußere Unendlichkeit in die Richtung des grenzenlosen Raums des Universums verteilen.

Wiederholen Sie diese Atmung mit dem Ton des Friedens und der Harmonie (SU) vier- bis achtmal, um uns selbst mit allen Umweltbedingungen einschließlich den Menschen und menschlichen Angelegenheiten, die uns umgeben, zu harmonisieren.

# TGÜ 12 ( 平和 ) Hei-Wa: Die Befriedung der Welt

Den aus der vorhergehenden Übung - Tönender Friede und Harmonie — herrührenden friedlichen Geisteszustand in der Meditationshaltung behalten Sie bei (Bild 111). Langsam heben Sie beide Hände bis zur Höhe des Herzens in der Gebetshaltung (Bild 112) und weiter bis in Mundhöhe (Bild 113). Dann lassen Sie langsam beide Arme mit nach vorne geöffneten Handflächen nach vorne gleiten; wir sitzen oder stehen dabei, um friedliche Wellen harmonischer Schwingungen durch unsere Handflächen, besonders durch den Mittelpunkt der Handflächen herausströmen zu lassen (Bild 114).

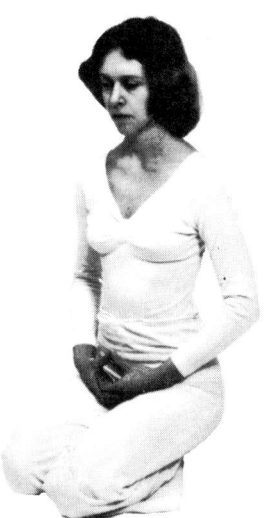

Abb. 111

Abb. 112     Abb. 113          Abb. 114

Abb. 115

Abb. 116

Abb. 117

Abb. 118

Gemeinsam mit einem Klang des Friedens und der Harmonie (SU), der zusammen mit der klaren Vorstellung, daß allen Wesen und der Welt Friede gebracht wird, ausgesprochen wird, öffnen wir langsam die Arme horizontal, bis sie sich in gerader Linie mit den Schultern befinden (Bild 115).

Dann — mit dem nächsten langen Ton des Friedens und der Harmonie bewegen wir unsere Arme wieder in ihre ursprüngliche Mittelpunktsstellung zurück, und behalten fortwährend unsere intensive Vorstellung bei und strahlen Wellen des Friedens in alle Richtungen aus (Bild 116).

Wiederholen Sie diese Übung langsam und mehrere Male. Bei Beendigung dieser Übung zur Befriedung der Welt, führen wir die ausgestreckten Arme langsam wieder in die gewöhnliche Gebetshaltung (Bild 117) zurück und anschließend plazieren wir die Arme und Hände in Meditationshaltung (Bild 118) und kehren zur normalen und natürlichen Atmung zurück.

# Kapitel 3
# Tägliche Übungen

## 1. (早朝修法) So-Cho-Shu-Ho: Morgenübungen

### Einführung

Der Morgen ist der Beginn des neuen Lebens. Die Qualität des körperlichen, seelischen und geistigen Lebens, während des Tages erleben, hängt sehr stark von unserer Verfassung am Morgen ab, besonders von der Zeit, zu der wir das Bett verlassen, um unsere Tätigkeiten aufzunehmen. Es ist von großer Wichtigkeit, unser körperliches und geistiges Befinden durch die Auflösung aller Stagnationen, die vielleicht während des Schlafes und während des vorangegangenen Tages entstanden sind, vollständig aufzufrischen.

Am Tage haben wir die Neigung, mehr als sonst, bestimmte Haltungen einzunehmen und bestimmte körperliche und geistige Gewohnheiten zu entwickeln, was durch unseren Einsatz bei bestimmten Berufen und Aktivitäten entsteht. Auf ähnliche Weise haben wir nachts, wenn wir schlafen, die Tendenz, bestimmte körperliche Zustände aufgrund unserer Schlafensweise, dem Zustand des Bettes und den umgebenden Bedingungen des Zimmers einschließlich der Bedingungen der Atmosphäre und der Temperatur, zu entwickeln. Unser Zustand wird gleichfalls durch das beeinflußt, was wir während des vorigen Tages als Nahrung und Getränke zu uns genommen haben in Verbindung mit unsern körperlichen und geistigen Erlebnissen.

Um unser Leben jeden Morgen neu zu beginnen, um jedem Ereignis, das im Laufe der folgenden Stunden des Tages eintreten wird, begegnen zu können, ist es wichtig, unsere körperliche Verfassung in Ordnung zu bringen, damit alle unsere Energien und der elektromagnetische Fluß, der durch unseren Körper strömt, so energiegeladen sind, daß wir unsere Tätigkeiten erfüllen können und uns jeder Umweltsituation harmonisch zuwenden können.

Dementsprechend ist es ratsam, jeden Morgen Übungen für unsere körperliche Anpassungsfähigkeit auszuführen. Diese folgenden Übungsreihen können als Morgenübungen nach dem Erwachen und dem Aufstehen ausgeübt werden. Die Fenster sollten geöffnet sein, um einen ungestörten Kreislauf der Luft zwischen innen und außen zu gewährleisten. Diese Übungsreihen sollten auf dem Fußboden oder auf einer harten Matratze völlig entspannt ausgeführt werden.

Die Ausführung dieser Übungen ist nicht unbedingt auf den Morgen beschränkt; sie können ebenfalls vor dem Mittagessen gemacht werden. Wir sollten jedoch vermeiden, sie unmittelbar nach den Mahlzeiten auszuführen.

Die Übungsreihe besteht aus zehn fortlaufenden Schritten, welche den gesamten körperlichen und geistigen Zustand — einschließlich des Ki-Flusses durch die Meridiane und die Zirkulation des Blutes und der anderen Körperflüssigkeiten — in einen einheitlichen, energievollen Zustand bringen. Sie bewirkt ebenfalls die Befreiung von Verspannungen in den Gelenken und Muskeln.

Schritt 1: Massage der Füße und der Zehen
Schritt 2: Strecken und Biegen der Knöchel
Schritt 3: Strecken und Biegen der Kniegelenke
Schritt 4: Vertikale Bewegung der Beingelenke
Schritt 5: Horizontale Bewegung der Beingelenke
Schritt 6: Strecken der Oberschenkel
Schritt 7: Druckmassage im Bereich des Unterleibs
Schritt 8: Strecken und Biegen des Hüftbereichs
       a) Vor- und Rückwärtsbewegung
       b) Links- und Rechtsbewegung
       c) Links- und Rechtsbewegung
Schritt 9: Strecken der Arme
Schritt 10: Strecken des Nackenbereichs
Alle Schritte dieser Übung sollten in einem ruhigen, kontinuierlichen Ablauf ausgeführt werden, wie ein herabströmender Wasserfall.

## Schritt 1: Massage der Füße und Zehen (mehr als hundertmal)

*Zweck:* Die Durchblutung in den Füßen und Beinen wird aktiviert und eine Verhärtung an den Beinen, Füßen und Zehen wird verhindert. Der Magen, die Gedärme, die Leber, die Milz, die Blase und die Nieren werden durch die elektromagnetischen Ströme, die durch die in den Füßen und Zehen befindlichen Meridiane verlaufen, gestärkt.

Wir legen uns völlig entspannt nieder, die Arme sind ungefähr 90 cm weit zur Seite gelegt, mit den Handflächen nach
oben. Wir legen die 4 Finger über den Daumen, der in der Mitte
der Handinnenfläche liegt. Die Knie sind angewinkelt, und werden ungefähr 90 cm breit auseinandergehalten.

Heben Sie leicht die Füße und reiben Sie sie kräftig aneinander, so wie das Bild es zeigt (Bild 119) — die Fußsohlen, der
Fußrücken und die Zehen. Sie benutzen den ersten oder den
zweiten Zeh, um die Massage auszuführen. Auf diese Weise
massieren wir schnell mehr als hundert Mal, solange, bis beide
Füße sich warm anfühlen.

Abb. 119

Dann strecken wir die Beine aus. Mit dem großen Zehen
bedecken wir die zweite Zehe desselben Fußes und wechseln
mit einer Bewegung diese Haltung, sodaß dann der große Zeh
unter den zweiten Zeh kommt, wobei ein schnippendes Geräusch entsteht. Wir können dies mit beiden Füßen gleichzeitig
machen oder auch mit einem Fuß zuerst. Wiederholen Sie dies
etwa 10-20 mal. Dann heben wir den zweiten Zeh und tun das
gleiche mit dem dritten Zeh.

Nach Beendigung dieser Übungen entspannen Sie Beine
und Füße und den ganzen Körper vollständig, bleiben noch eine
kleine Weile still liegen, bevor Sie zum Schritt 2 der Übungen
übergehen.

## Schritt 2: Strecken und Biegen der Knöchel (rechts, drei-mal; links, dreimal)

*Zweck:* Unsere Knöchel flexibel erhalten, Beweglichkeit der

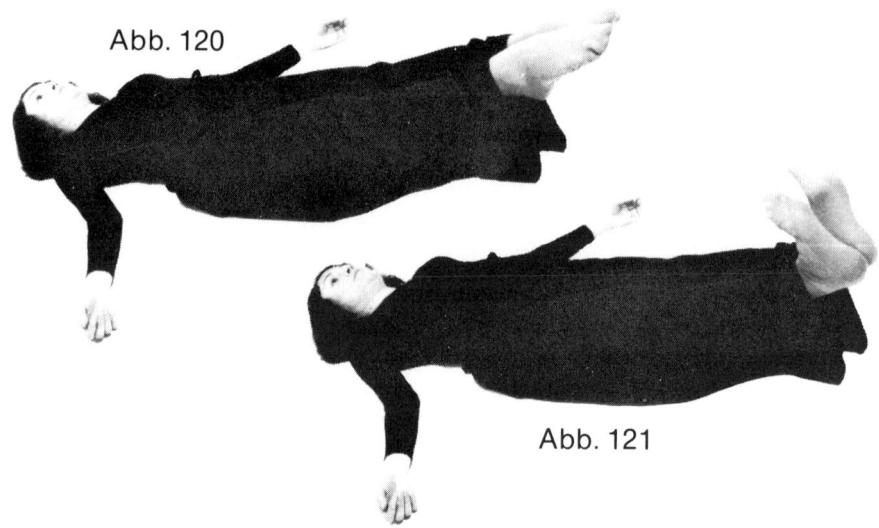

Abb. 120

Abb. 121

Gelenke und Muskeln. Die Schwächung der Beine und Füße wird auch durch das Strecken der Muskeln an der Rückseite des gesamten Beins verhindert und gleichzeitig wird der Energiefluß entlang der Blasen- und Magenmeridiane verstärkt.

Wir bleiben weiterhin in völliger Entspannung liegen. Wir legen den linken Fuß auf den rechten Fuß und während wir den linken Fuß ausstrecken, reiben wir den rechten Fuß sehr kräftig vier- oder fünf Mal; dann wechseln wir die Füße, der rechte Fuß reibt jetzt kräftig den linken Fuß. Als nächstes heben wir die Beine einige Zentimeter über den Boden, so wie es dargestellt ist, und strecken dann die Knöchel aus; wir wiederholen das ungefähr fünf bis zehnmal (Bilder 120 und 121). Dann entspannen wir uns vollständig und ruhen eine Weile.

### Schritt 3: Strecken und Biegen der Kniegelenke (rechts, dreimal; links, dreimal)

*Zweck:* Größere Aktivität in der Darmverdauung durch Strecken der Muskeln auf beiden Seiten der Beine, zusammen mit einer Funktionserhöhung der Leber und der Gallenblase wie auch der Lungen durch deren Meridiane.

**206**

Wir bleiben in liegender Position; die Arme sind ausgestreckt und ungefähr 60 cm vom Körper entfernt. Wir winkeln das rechte Knie ungefähr 90 Grad an. Beugen Sie das linke Knie so, daß die Außenfläche des Knöchels auf der Außenseite des rechten Knies ruht (Bild 122). Mit geöffnetem Mund atmen wir aus, wobei das linke Bein das rechte Bein zu Boden drückt (Bild 123). Wiederholen Sie dies dreimal; dann wiederholen Sie es mit dem anderen Bein, wiederum mit einer langen Ausatmung durch den geöffneten Mund. Dann strecken Sie die Beine und entspannen sich.

Abb. 122

Abb. 123

## Schritt 4: Vertikale Bewegung der Beingelenke (rechts, dreimal; links, dreimal)

Wir bleiben weiterhin liegen. Mit dem ausgestreckten Fuß (aber ohne die Zehen zu heben) ziehen wir das rechte Knie bis über den Bauch an und halten es leicht mit den Händen (Bild 124). Wir atmen kräftig durch den geöffneten Mund aus, und ziehen das Bein mit den Händen so weit, daß es fast die Brust berührt.

**207**

Währenddessen strecken wir das ausgestreckte linke Bein so weit wie möglich (Bild 125). Wiederholen Sie dies dreimal, dann wechseln Sie die Beine und wiederholen es mit dem anderen Bein. Dann entspannen Sie sich vollständig.

## Schritt 5: Horizontale Bewegung der Beingelenke (rechts, dreimal; links, dreimal)

*Zweck:*Beschleunigung der Darmverdauung, Befreiung von Stagnationen im Unterleibsbereich durch die Streckung der Muskeln im Bereich des Gesäßes und des Unterleibs wie auch der Seitenflächen des Körpers. Die Verdauungs- und Atmungsfunktionen werden ebenfalls durch die Meridiane gekräftigt.

Wir bleiben weiterhin liegen. Legen Sie die rechte Hand auf den Boden ungefähr 60 cm vom Körper entfernt, mit der Handfläche nach unten. Heben Sie das rechte Bein. Mit der linken Hand halten wir die Außenfläche des rechten Knies (Bild 126). Während des Ausatmens bei geöffnetem Mund benutzen wir die linke Hand, um das rechte Knie auf den Boden zu ziehen (Bild 127). Wiederholen Sie dies dreimal. Dann wiederholen Sie dies mit dem anderen Bein.
Dann strecken Sie die Beine und entspannen sich.

Abb. 124

Abb. 125

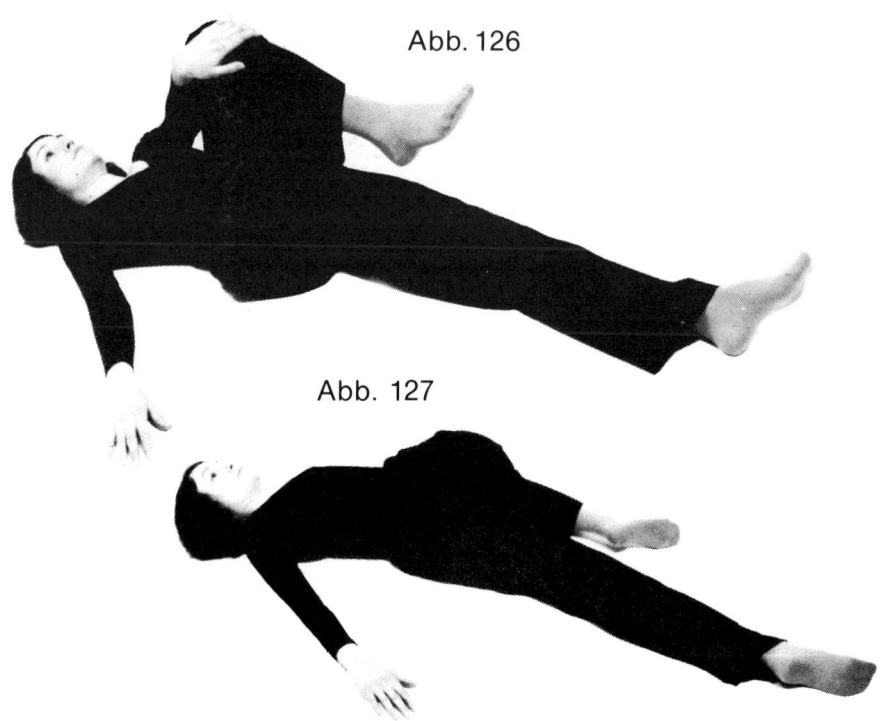

Abb. 126

Abb. 127

## Schritt 6: Strecken der Oberschenkel (rechts, dreimal; links, dreimal)

*Zweck:* Zur Verhinderung von Arthritis und Verhärtung der Arterien durch Aufrechterhaltung der Flexibilität in den Muskeln und dem Blutkreislauf durch die Streckung von Muskeln an den Oberschenkeln, den Seitenbereichen des Körpers und der Rippen. Die Verdauungs- und Atmungsfunktionen werden ebenfalls beschleunigt, ebenso die Ausscheidungsfunktionen durch Aktivierung der damit verbundenen Meridiane.

Wir bleiben weiterhin in entspannter Haltung auf dem Rücken liegen. Wir biegen das rechte Bein ein und strecken den rechten Arm entspannt nach oben. Die linke Hand liegt ausgestreckt ungefähr 60 cm vom Körper entfernt mit den Handflächen nach außen (Siehe Bild 128).

In dieser Haltung tendiert das rechte Bein dazu, sich leicht vom Boden abzuheben. Dann atmen Sie aus und drücken das

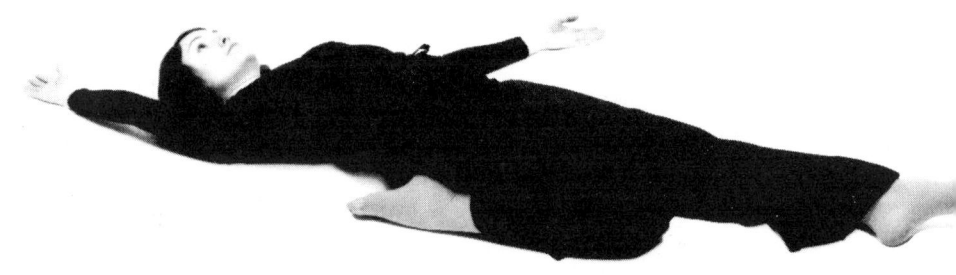

Abb. 128

rechte Knie nach unten, so daß es, wenn möglich, den Boden berührt; und der rechte Arm streckt sich soweit wie möglich nach oben. Gleichzeitig strecken wir unseren linken Arm und das linke Bein soweit wie möglich nach unten. Dann entspannen Sie sich.

Wiederholen Sie dies dreimal. Dann wechseln Sie die Seiten und wiederholen es wieder dreimal. Dann strecken Sie die Beine aus und kehren in die ursprüngliche Haltung zurück und entspannen sich vollständig.

## Schritt 7: Unterleibsmassage (dreimal bis sechzehnmal)

*Zweck:* Zur Lockerung der Unterleibsmuskeln und der Erhöhung der Funktionen aller Organe im Unterleibsbereich. Sie dient auch der Verbesserung der Verdauungs- und Ausscheidungsfunktionen. Zum Zwecke der Langlebigkeit ist es wichtig, den Unterleibsbereich weich und flexibel zu erhalten.

Wir bleiben in liegender Stellung, die Knie gebeugt, und halten die Unterleibsmuskeln so entspannt wie möglich. Dann halten wir mit der linken Hand das rechte Handgelenk. Wir benutzen die vier Finger der rechten Hand und drücken langsam aber tief in jeden Teil des Unterleibsbereiches und zwar in der folgenden Reihenfolge:

A. Der linke Bereich, von unten nach oben entlang des aufsteigenden Darms.
B. Der obere Bereich des Unterleibs, von rechts nach links entlang des querverlaufenden Darms (Abb. 129).

**210**

C. Die rechte Seite des Unterleibsbereichs, von oben nach unten entlang des absteigenden Darms (siehe Bild 130).
D. Der untere Unterleibsbereich von links nach rechts.
E. Der mittlere Unterleibsbereich, von oben nach unten: (1) um die Gegend des Nabels herum; (2) ungefähr 5 cm rechts vom Nabel; (3) ungefähr 5 cm links vom Nabel (siehe Bild 131).

Abb. 129

Jede dieser Druckbewegungen sollte zuammen mit der Ausatmung stattfinden und bei Beendigung jedes Druckes sollte die Hand plötzlich und sehr schnell weggenommen werden. Wiederholen Sie alle diese Massagegriffe — von Schritt A bis E, dreimal. Dann halten Sie die rechte Hand über die linke Hand im Unterleibsbereich. Massieren Sie langsam und tief um den Nabel herum, indem Sie kreisförmige Bewegungen mit der gesamten Handinnenfläche der rechten Hand ausführen;

Abb. 130

Abb. 131

wiederholen Sie dies ungefähr sechzehnmal (siehe Bild 132.) Dann entspannen Sie sich vollständig.

Abb. 132

## Abb. 133   Unterleibsbereich

*Wichtige Punkte*

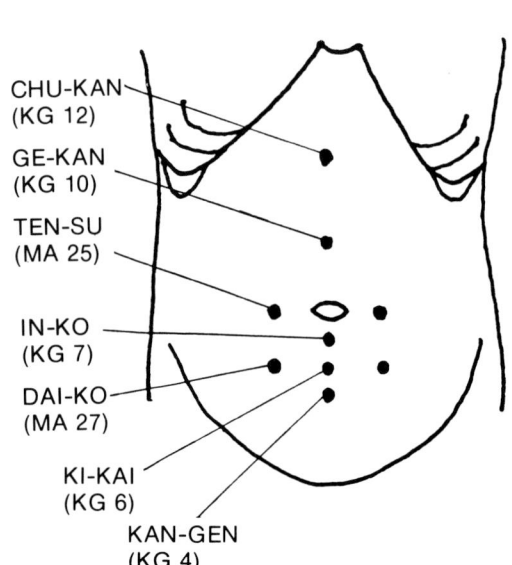

CHU-KAN
(KG 12)

GE-KAN
(KG 10)

TEN-SU
(MA 25)

IN-KO
(KG 7)

DAI-KO
(MA 27)

KI-KAI
(KG 6)

KAN-GEN
(KG 4)

*Innere Organe*

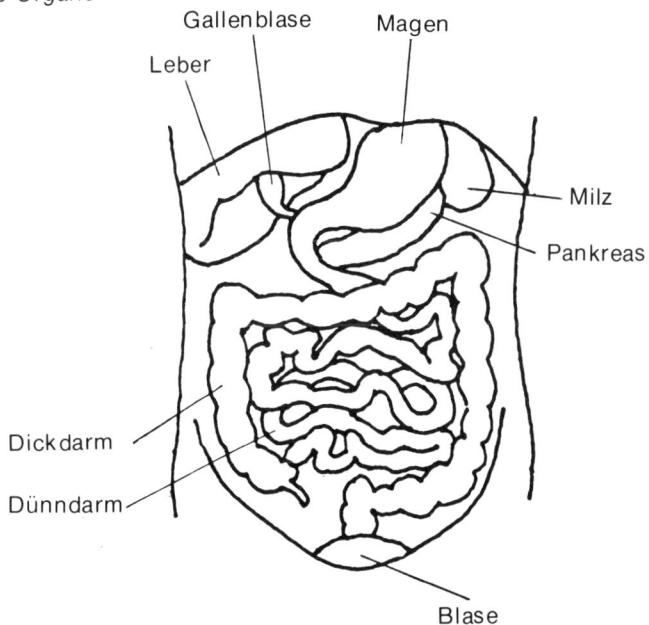

Leber
Gallenblase
Magen

Milz

Pankreas

Dickdarm

Dünndarm

Blase

*Verlauf der Druckanwendung bei den Do-In-Übungen*

*Regionale Diagnose durch Druck*

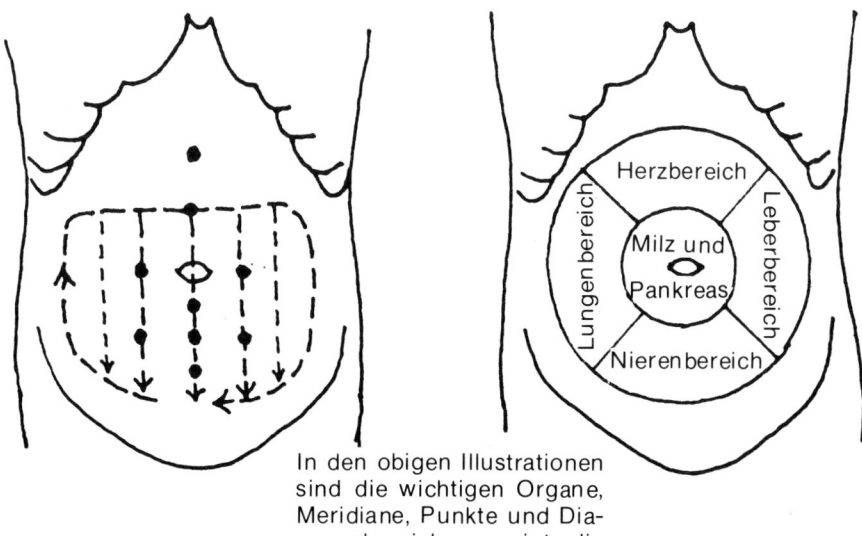

Herzbereich

Lungenbereich

Milz und
Pankreas

Leberbereich

Nierenbereich

In den obigen Illustrationen
sind die wichtigen Organe,
Meridiane, Punkte und Diagnosebereiche gezeigt, die
durch die Unterleibsmassage beeinflußt werden.

**213**

## Schritt 8: Strecken und Biegen des Hüftbereichs

*Zweck:* Die folgenden drei Bewegungen sollen Verschiebungen der Wirbelsäule korrigieren und alle Muskeln des Rückens und im Hüftbereich lockern, wodurch Rückenversteifungen und verschiedene Hüfterkrankungen verhindert werden. Sie dienen ebenfalls der Verbesserung der Atmungs-, Verdauungs-, Ausscheidungs-, und Nervenfunktionen wie auch der Klarheit des Bewußtseins durch den verstärkten Energiefluß durch die in Verbindung stehenden Meridiane und Muskeln.

Abb. 134

Abb. 135

*A. Bewegung nach vorne und hinten (dreimal):* Halten Sie den oberen Bereich des Körpers ganz gerade, die Beine nach vorne ausgestreckt und die Füße gerade in einem Winkel von 90 Grad (Bild 134). Halten Sie Ihre Finger an der Rückseite des Kopfes und des Halsbereichs und während der Ausatmung durch den Mund biegen wir uns so weit vor, daß die beiden Ellbogen den Boden berühren (Bild 135). (Wenn die Ellbogen den Boden anfangs nicht berühren, wird dies aber mit der Zeit möglich sein, wenn wir fortfahren, diese Übung zu machen). Dann kehrt der Körper in seine aufrechte Haltung zurück. Wir wiederholen diese Übung dreimal.

*B. Bewegung von links nach rechts (abwechselnd links und rechts dreimal).* Wir bleiben in der gleichen Stellung wie in Schritt A. Während wir durch den Mund ausatmen, drehen und biegen wir unseren Körper nach links, beugen den rechten Ellenbogen so weit, daß er den Bogen an der rechten Seite des rechten Knies (Bild 136) berührt. Dann kehren wir in die aufrechte Haltung zurück.

Danach wechseln wir die Seiten und beugen uns nach links (Bild 137). Wiederholen Sie diese Übung dreimal, abwechselnd links und rechts.

Abb. 136          Abb. 137

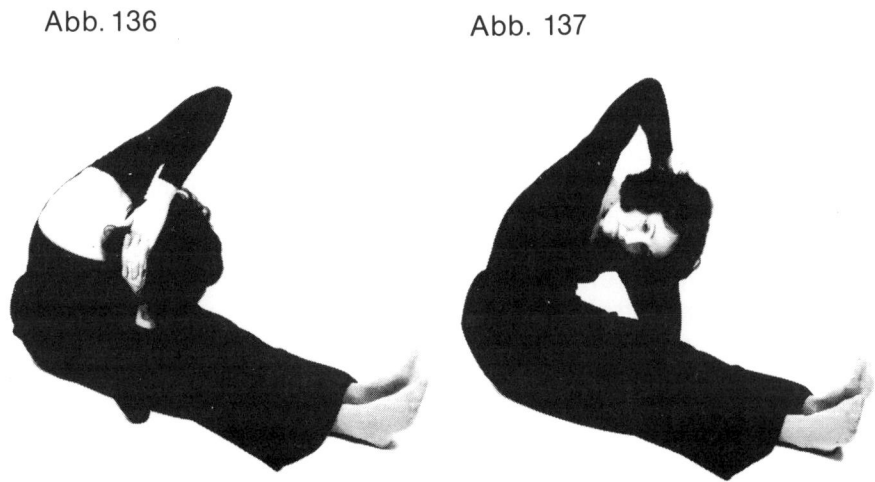

Abb. 138    Abb. 139

*Linke und rechte Bewegung (abwechselnd links und rechts, dreimal).* Wir nehmen die gleiche Stellung wie im vorhergehenden Schritt ein; wir drehen und biegen unseren Körper in der gleichen Weise, diesmal berührt der rechte Ellbogen das linke Knie (Bild 138). Bringen Sie Ihren Körper wieder in die aufrechte Stellung und biegen Sie ihn nach der anderen Seite, so daß der linke Ellbogen das rechte Knie berührt (Bild 139).

Wiederholen Sie diese Bewegung dreimal. Wenn wir unseren Körper biegen und drehen, atmen wir durch den Mund aus, und wenn wir ihn wieder aufrichten, atmen wir ein.

## Schritt 9: Strecken der Arme (Zentrum, dreimal; rechts, dreimal; links, dreimal)

*Zweck:* Zur Lockerung verschiedener Muskeln der Arme, der Schultern und des Rückens durch Auflösung von Stauungen in den Bereichen der Schultern, des Rückens und der Ellbogen. Diese Übung entwickelt ebenfalls unsere Atmungs-, Verdauungs- und Kreislauffunktionen durch die Kräftigung der in Verbindung stehenden Meridiane.

Wir sitzen gerade wie in der vorhergehenden Übung mit ausgestreckten Beinen und senkrecht aufgerichteten Füßen.
Wir halten unsere Hände vor unseren Körper, die Handflächen zusammen und

Abb. 141

Abb. 140

beugen beide Ellbogen um ungefähr 90 Grad (Bild 140). Dann atmen wir durch den Mund aus, wir beugen unseren Körper nach vorne und strecken beide Arme soweit wie möglich aus. Unsere Hände sollten die Füße erreichen. Wir versuchen, unsere Beine gerade und auf dem Boden zu belassen (Bild 141).

Während der Einatmung kehren wir mit unserem Körper in die aufrechte Haltung zurück. Wie wiederholen diese Bewegung dreimal.

Dann halten wir unsere rechte Handinnenfläche nach oben und greifen diese von unten mit der linken Hand (Bild 142). Während wir durch den Mund ausatmen, beugen wir unseren Körper nach vorne und strecken beide Arme zum rechten Fuß aus. Währenddessen dreht die linke Hand die rechte Handfläche soweit, daß sie sich nach rechts wendet (Bild 143).

Bei der Einatmung kehren wir mit unserem Körper in die aufrechte Position zurück. Wir wiederholen die gleiche Bewegung dreimal. Dann wechseln wir die Hände, wir beugen unseren Körper wieder dreimal — diesmal wird die linke Hand von der rechten Hand gedreht.

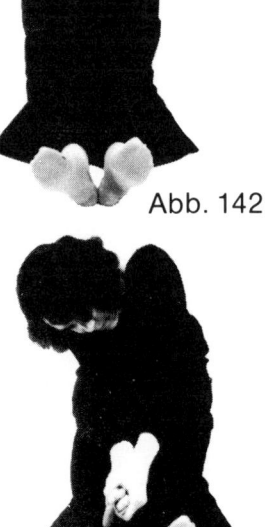

Abb. 142

Abb. 143

217

## Schritt 10: Strecken des Halsbereichs (abwechselnd rechts und links, dreimal)

Abb. 144

*Zweck:* Zur Aktivierung der Funktionen der Nebenschilddrüse und der Schilddrüse als auch der Atmung. Diese Übung dient auch der Lockerung des Halsbereichs und der Erhöhung des Energieflusses und der Blutzirkulation in dem Bereich der Schultern, des Nackens und des Kopfes.

Wir nehmen die Natürliche Richtige Sitzhaltung ein, so wie in der TGÜ 1 gezeigt. Wir legen die linke Handfläche an den unteren Bereich des Gesichts und die rechte Handfläche an die obere linke Kopfseite. Bei der Ausatmung durch den Mund zieht die rechte Hand den Kopf nach rechts unten, während die linke Hand das Kinn nach links oben drückt (Bild 144).

Dann kehrt der Kopf in seine normale Haltung zurück. Wiederholen Sie dies dreimal.

Wechseln Sie die Hände und drücken Sie in die entgegengesetzte Richtung, indem der Kopf nach links gebeugt wird (Bild 145). Wiederholen Sie dies dreimal.

*Abschluß der Morgenübungen:* Nachdem wir die oben beschriebenen Übungsserien praktiziert haben, können wir mit den Allgemeinen Übungen (Seite 245 ff) weitermachen, um jeden Teil unseres Körpers noch weiter zu beleben.

Nach Abschluß dieser Übungsserie ·ist es auch ratsam, sich gerade hinzustellen und mehrmals tief zu atmen bevor wir mit unseren Tagesaktivitäten beginnen.

Abb. 145

# 2.( 均整修法 ) Kin-Sei-Shu-Ho: Abendübungen

## Einführung

In unserem täglichen Leben neigen wir dazu, bestimmte Tendenzen innerhalb unserer körperlichen, seelischen und geistigen Verfassung aufgrund des genormten Lebens in der modernen zivilisierten Gesellschaft zu entwickeln, die sich nicht unbedingt im Gleichgewicht mit der natürlichen Ordnung befinden. Nach Beendigung der Tagesaktivitäten ist es für jeden Menschen wichtig, wieder eine harmonische Beziehung zu der natürlichen Umgebung herzustellen. Um ein solches Gleichgewicht aufrechtzuerhalten, sollten wir natürlich unsere makrobiotische Lebensweise beibehalten einschließlich der richtigen Ernährung; aber auch unsere körperliche und seelische Anpassung am Ende des Tages wird für unsere körperliche Gesundheit, unseren seelischen Frieden und unsere geistige Bewußtheit sehr nützlich sein.

Die unten vorgestellten Übungen dienen dazu, unser körperliches und geistiges Gleichgewicht zum Zwecke unseres Wohlergehens wiederzufinden. Es ist wünschenswert, diesen Übungsreihe jeden Abend vor dem Schlafengehen zu praktizieren. Sie kann auch vor der Abendmahlzeit ausgeführt werden. Man sollte jedoch vermeiden, diese Übungen mit einem vollen Magen, sofort nach der Abendmahlzeit, auszuführen.

Diese Übungsreihen wurden von den Menschen als täglich gebräuchliche Übungen praktiziert, die schon in unbekannten alten Zeiten nach Verjüngung und Langlebigkeit strebten. Die Übungen sind so einfach und praktisch, daß sie von jedem ausgeführt werden können. Zu Beginn werden einige vielleicht Schwierigkeiten bei der Bewältigung bestimmter Übungen haben, aber wir werden im Verlauf unserer Praxis fähig sein, diese ohne Schwierigkeiten auszuführen. Diese sollten ohne Unterbrechung hintereinander ausgeführt werden, als ob jede Übung ein Teil einer einzigen Bewegung wäre.

Die Morgenübungen haben das Ziel, unsere körperlichen, seelischen und geistigen Energien zu stärken; die Abendübungen jedoch zielen auf deren Harmonisierung innerhalb eines friedlichen Zustandes ab, um ein entspanntes Gleichgewicht zu erlangen. Aus diesem Grunde sollte unser Geist wie auch unser Körper entspannt sein, wenn wir diese Übungen ausführen.

Die Übungen können auf dem Boden oder auf einer harten Matratze ausgeübt werden, und zwar wie folgt in zwanzig Schritten:

## Schritt 1

Wir beginnen im aufrechten Stand (Bild 146) und wenden unser Gesicht nach Süden oder Südosten, wenn wir in der nördlichen Hemisphäre leben; nach Norden oder Nordosten, wenn wir in der südlichen Hemisphäre leben. Wir halten unser Rückgrat gerade, aber alle anderen Körperteile sollten entspannt sein

Abb. 146                                        Abb. 147

einschließlich der Schultern, Ellbogen und aller Gelenke. Konzentrieren Sie das Schwergewicht in den Unterleibsbereich — dem Zweiten Chakra, dem körperlichen Zentrum — und atmen Sie natürlich und langsam.

## Schritt 2

Wir heben die Arme so weit wie möglich über den Kopf, lehnen uns zurück und strecken den vorderen Körperbereich — die Brust, den Bauch, die Schenkel und Beine (Bild 147). Die Augen blicken nach oben in den Himmel. Wir bleiben in dieser Haltung ungefähr zehn bis fünfzehn Sekunden lang.

## Schritt 3

In Verbindung mit einer langen Ausatmung beugen wir uns nach vorne, und berühren mit unseren Händen den Boden (Bild 148). Währenddessen versuchen wir, unsere Knie und Beine eher gerade als eingeknickt zu halten.

In dieser Haltung bleiben wir für ungefähr 10 bis 15 Sekunden, dann wiederholen wir den Schritt 2, strecken unseren Körper, und gehen wieder zu Schritt 3 über. Wiederholen Sie dies dreimal.

Abb. 148

## Schritt 4

Wir sitzen auf dem Boden, strecken unsere Beine gerade nach vorne aus und strecken unsere Füße senkrecht nach oben. Öffnen Sie das rechte Bein ungefähr 45 Grad, wobei das Knie in einem Winkel von 90 Grad eingeknickt wird; die linke Hand bleibt leicht nach links zurückgestreckt auf dem Boden. Dann drücken wir mit der rechten · Hand, die sich auf der rechten Seite des rechten Knies befindet, während einer langen Ausatmung das rechte Knie so weit nach unten, daß es den Boden berührt (Bild 149). Wiederholen Sie dies dreimal.

Wechseln Sie die Beine und wiederholen Sie die gleiche Bewegung mit dem linken Bein, wiederum dreimal.

### Schritt 5

Abb. 149

Öffnen Sie die Beine und halten Sie die Fußsohlen zusammen; halten Sie die Zehen mit beiden Händen, die Daumen werden oben über Kreuz gelegt. Dann beugen Sie den Kopf während einer langen Ausatmung nach unten, so daß Sie die Füße berühren (Bild 150). Die Stirn sollte die Daumen berühren. Wenn wir diese Übung vollkommen ausführen können, dann erheben sich die Knie und Beine nicht vom Boden; wenn wir dies jedoch nicht fertigbringen, dann tun wir dies nur soweit wir es können. Wir wiederholen diese Übung dreimal.

Abb. 150

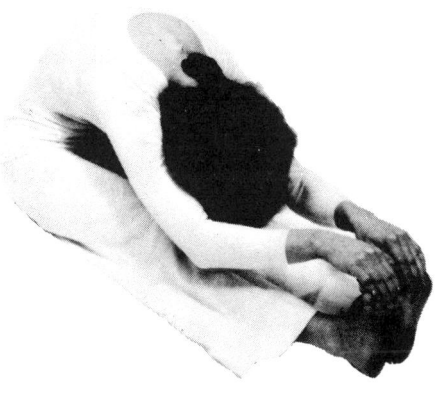

## Schritt 6

Wir sitzen aufrecht, mit beiden Beinen nach vorne ausgestreckt. Dann strekken wir die Arme nach vorne und halten die Zehen mit unseren Fingern. Wir beugen den Kopf nach vorne, um die Knie — falls möglich — zu berühren (Bild 151). Gleichzeitig versuchen wir, die Knie auf dem Boden zu lassen. Dies kann für einige Leute schwierig sein.

## Schritt 7

Wir nehmen die gleiche Stellung wie in Schritt 6 ein. Die rechte Hand befindet sich am Hinterkopf und die linke Hand ist seitlich des linken Knies. Wir beugen uns, berühren mit dem rechten Ellbogen den Boden seitlich des rechten Knies. Gleichzeitig zeigen der Kopf und die obere Körperhälfte leicht nach links (Bild 152). Diese Übung wird zusammen mit einer langen Ausatmung ausgeführt. Auf die gleiche Weise praktizieren wir dies mit der linken Hand (Bild 153). Wir wiederholen diese Bewegungen abwechselnd dreimal.

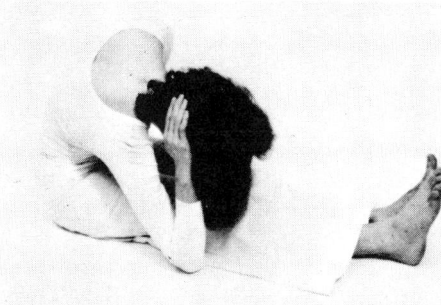

Abb. 152

Abb. 153

## Schritt 8

Wir sitzen aufrecht genau wie in Schritt 6. Wir beugen

uns nach vorne und halten die Knöchel an der Seite mit beiden Händen und berühren mit unserer Stirn die Knie (Bild 154). Dann kehren wir wieder in die aufrechte Haltung zurück. Während dieser Übung versuchen wir die Rückflächen der Beine am Boden zu belassen. Wir wiederholen diese Übung dreimal.

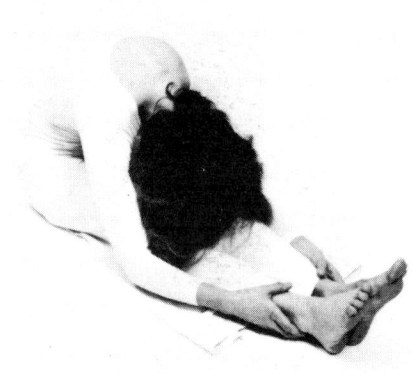

Abb. 154

## Schritt 9

Ausgehend von der vorhergehenden Stellung in Schritt 7, fällt der Unterkörper langsam nach hinten, so daß wir auf dem Boden liegen. Wir heben langsam beide Beine, um den Boden oberhalb unseres Kopfes zu berühren (Bild 155). Beide Hände sollten ausgestreckt sein und die Handflächen sollten den Boden berühren, um das Gleichgewicht zu halten. Wir bleiben zehn bis fünfzehn Sekunden in dieser Haltung. Dann kehren wir in die ursprüngliche Haltung zurück, entspannen unseren gesamten Körper vollständig in liegender Haltung.

Abb. 155

## Schritt 10

Wir sitzen in der Natürlichen Richtigen Haltung und halten die Hände am Hinterkopf zusammengefaltet. In Verbindung mit einer langen Ausatmung biegen wir unseren Oberkörper nach rechts und leicht nach vorne (Bild 156). Gleichzeitig wendet sich unser Gesicht leicht nach links und man streckt dadurch die entgegengesetzte Körperseite. Dann sitzen wir wieder gerade und biegen die andere Körperseite. Wir wiederholen diese Übung abwechselnd links und rechts dreimal.

## Schritt 11

Wir sitzen weiterhin in der Natürlichen Richtigen Haltung, die Knie berühren sich. Indem wir lange ausatmen, biegen wir unseren Körper soweit wie möglich nach vorne. In einer vollkommenen Bewegung berührt der Kopf vor den Knien die Erde (Bild 157). Dann kehren wir in die aufrechte Haltung zurück, strecken den ganzen Körper nach hinten und schauen in die Tiefe des Himmels (Bild 158). Wiederholen Sie diese Übung dreimal.

## Schritt 12

Wir nehmen die Natürliche Richtige Sitzhaltung ein, winkeln das rechte Knie an und halten es mit beiden Händen. Wir beugen unseren Kopf, so daß die rechte Au-

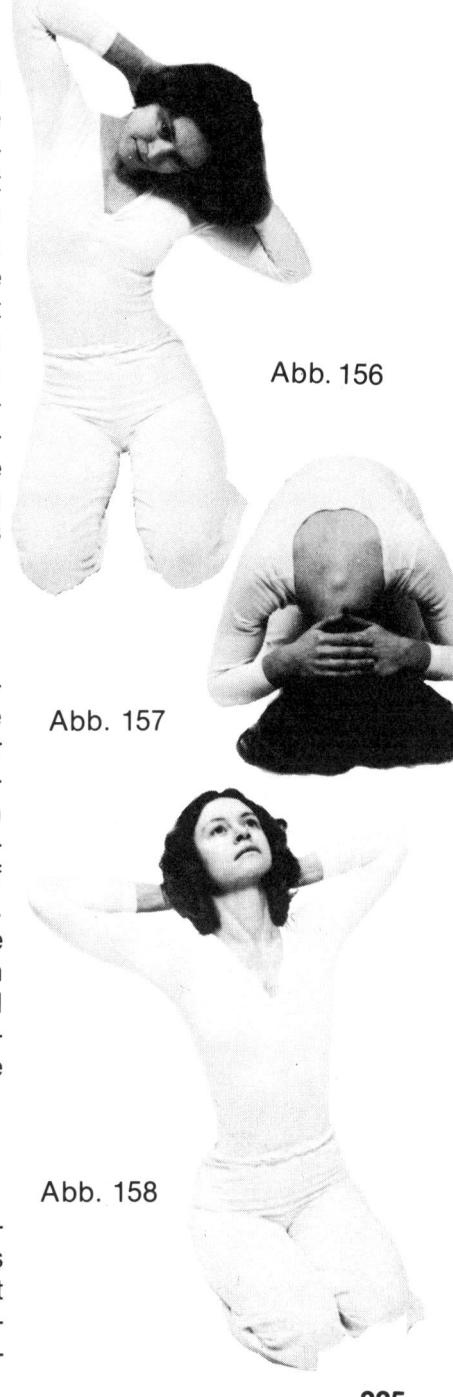

Abb. 156

Abb. 157

Abb. 158

genbraue die Oberfläche des Knies berührt (Bild 159). Wiederholen Sie dies dreimal, dann wechseln Sie die Beine, Sie knicken das linke Knie und die linke Augenbraue berührt den oberen Bereich des Knies und dies wiederholen Sie wiederum dreimal. Diese Übung erscheint sehr einfach, aber es gibt einige Menschen, die sie nicht ausführen können.

Abb. 159

## Schritt 13

Wir sitzen in der Natürlichen Richtigen Haltung, halten beide Knie zusammen, legen die linke Hand auf die rechte Seite des rechten Knies und legen die rechte Hand von hinten auf die linke Seite des linken Gesäßteils (Bild 160). Wir halten unser Gesicht gerade nach vorne, wir wenden den oberen Körperbereich soweit wie möglich nach rechts und zwar zusammen mit einer langen Ausatmung. Wiederholen Sie dies dreimal, dann wechseln Sie die Seiten und wiederholen Sie diese Übung dreimal.

Abb. 160

## Schritt 14

Wir sitzen weiterhin in der Natürlichen Richtigen Haltung mit zusammengefügten Knien; wir beugen den rechten Arm nach hinten über die Schultern, damit diese die linke Hand, die von hinten nach oben reicht, zu fassen bekommt (Bild 161).

Wir wechseln die Arme und greifen genau umgekehrt. Wiederholen Sie diese Übung dreimal. Einige Leute erreichen es zu Beginn ihrer Übung vielleicht nicht, die Hände zusammenzufügen.

**226**

## Schritt 15

Aus der Natürlichen Richtigen Sitzhaltung mit zusammengefügten Knien heraus neigen wir unseren Körper soweit zurück, daß die Schultern den Boden berühren. In Verbindung mit einer langen Ausatmung strekken wir beide Hände mit zusammengefügten Handflächen gerade aus (Bild 162). Während wir dies ausüben, versuchen wir, daß unsere Knie weiterhin den Boden berühren. Diejenigen, die nicht fähig sind, diese Übung auszuführen, können auch nur ein Bein einknicken.

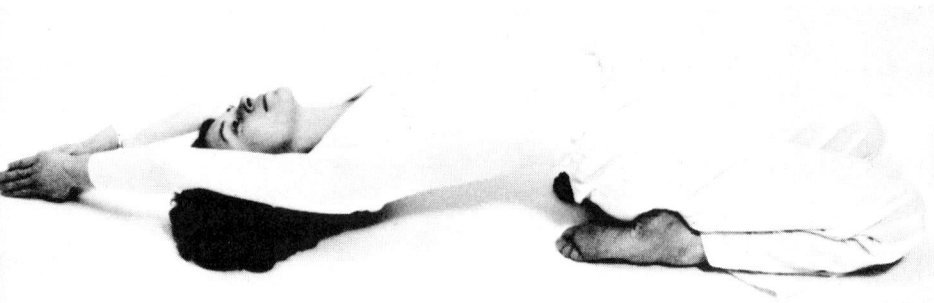

Abb. 162

## Schritt 16

Wir sitzen mit beiden Beinen nach vorne ausgestreckt, die Füße zeigen senkrecht nach oben. Während wir durch den Mund ruhig ausatmen, heben wir langsam unsere Füße und beugen unseren Oberkörper zurück, wobei wir beide Arme in Richtung der Füße gerade ausstrecken (Bild 163). Der Kopf ist erhoben, die Augen schauen in Richtung der Füße. Bei dieser Übung halten wir das Gleichgewichtszentrum im Bereich des Gesäßes. Wir bleiben zehn bis fünfzehn Sekunden lang in dieser Haltung.

Abb. 163

Abb. 164

Abb. 165

## Schritt 17

Wir legen uns nieder, halten die Beine ausgestreckt und die Füße vertikal gerade (Bild 164). Aus dieser Position heraus heben wir langsam unseren Oberkörper, indem wir die Kraft aus dem Unterleib benutzen und beugen den Oberkörper soweit wie möglich nach vorne. Zusammen mit einer langen Ausatmung durch den Mund strecken wir beide Arme aus, damit unsere Hände die Unterseite der Zehen greifen und umfassen können (Bild 165). Wir wiederholen diese Übung drei- bis fünfmal. Während dieser Übung sollten wir nicht unsere Knie einknicken oder unsere Fersen vom Boden erheben. Wenn wir diese Übung beendet haben, entspannen wir uns vollständig in liegender Haltung.

## Schritt 18

Wir liegen auf dem Bauch und legen beide Handflächen auf die Hüftseiten, die Knie sind angewinkelt und die Unterschenkel sind gerade nach oben gestreckt. In Verbindung mit einer langen Ausatmung heben wir unsere Brust so weit wie möglich (Bild 166), dann legen wir uns wieder auf den Boden, entspannen uns und atmen ein. Wir wiederholen diese Bewegung dreimal und halten die Beine während der gesamten Übung senkrecht gerade.

## Schritt 19

Zuerst knien wir mit der Unterseite der Zehen auf dem Boden. Wir strecken die Arme soweit wie möglich nach vorne und lassen die Handflächen auf den Boden gleiten (Bild 167).

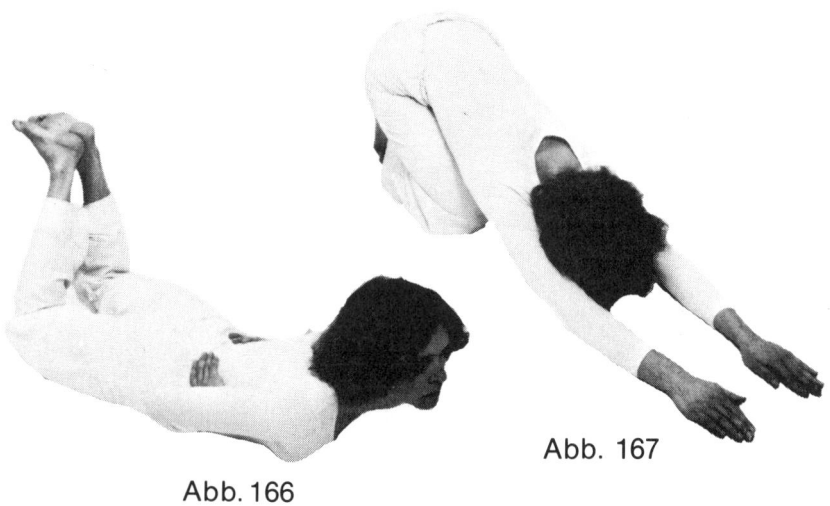

Abb. 167

Abb. 166

Wir lassen die Hände und Zehen in der gleichen Position, bewegen unseren Körper nach vorne und erheben die Knie vom Boden. Der Körper ist vom Boden erhoben; er wird durch die Hände ähnlich wie bei der Liegestütze getragen. Wir beugen unsere Arme langsam mit einer langen Ausatmung und bleiben so lange wie möglich in dieser Stellung (Bild 168).

Wenn wir diese Haltung nicht mehr länger beibehalten können, setzen wir die Knie wieder auf den Boden auf und ziehen unseren Oberkörper wieder zurück. Dann strecken wir wieder

Abb. 168

unsere Arme aus, um die gleiche Übung — insgesamt dreimal — zu wiederholen.

Nach Beendigung der Übung entspannen wir uns völlig, wir liegen für einige Augenblicke mit dem Gesicht nach unten und atmen ganz natürlich.

Abb. 169

Abb. 170

## Schritt 20

Von der Haltung der vorhergehenden Übung — wobei die Knie den Boden berühren — ausgehend, strecken wir unsere Zehen soweit, daß der obere Teil des Fußes ebenfalls den Boden berührt. Wir strecken beide Arme und atmen ein und recken dabei den Brustkorb. Wenn wir ausatmen, drehen wir unseren Kopf so weit wie möglich nach hinten und dehnen dabei den Hals (Bild 169). Dann beugen wir den Kopf und atmen ein. Wiederholen Sie dies dreimal.

Dann neigen wir beim Ausatmen den Kopf nach rechts — wiederum dreimal (Bild 170). Wiederholen Sie es auch nach links — dreimal.

Nachdem wir diese Übung abgeschlossen haben, liegen wir auf dem Rücken und entspannen uns vollständig und schließen unsere Augen solange, bis sich unsere Atmung wieder normalisiert hat (Bild 171).

Obwohl die Häufigkeit der Wiederholung jedes einzelnen Schrittes der Abendübungen genau angegeben ist, ist es dann, wenn wir uns daran gewöhnt haben, nicht mehr notwendig, sich genau an die angegebene Häufigkeit zu halten. Von Schritt 1 bis Schritt 15 kann jede Bewegung schließlich auf nur eine einzige Wiederholung reduziert werden.

Nachdem wir diese Übungen gemacht haben, können wir sehr leicht einschlafen. Wenn jedoch die Notwendigkeit besteht, daß wir so schnell wie möglich in einen Tiefschlaf fallen, können die Übungen für einen friedlichen und gesunden Schlaf, die auf Seite 241 vorgestellt werden, noch hinzugefügt werden.

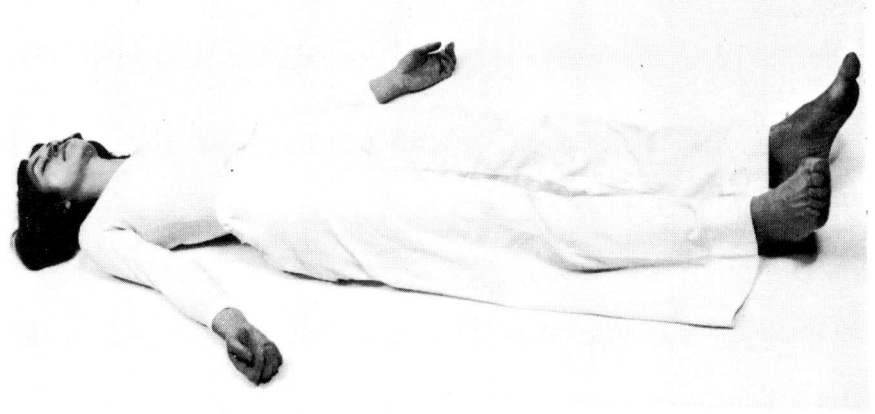

Abb. 171

# 3. (経絡調整) Kei-Raku-Cho-Sei: Meridian-Übungen

## Einführung

Innerhalb der Do-In-Übungen für die körperliche, seelische und geistige Entwicklung gibt es Übungen für die Meridiane, die wir in unserem Alltag anwenden können, um unsere Gesundheit zu erhalten und unser Wohlergehen zu entwickeln. Die meisten Do-In-Übungen sind direkt oder indirekt darauf abgestimmt, den Fluß der elektromagnetischen Ströme durch die Meridiane zu kräftigen und aus diesem Grunde ist es nicht nötig, besonderes Gewicht allein auf die Übungen für die Meridiane zu legen. Wir können jedoch bestimmte Übungen speziell für die Meridiane anwenden, um den stagnierenden Energiefluß, der entweder durch ungeeignete Ernährung, schlechte Haltung und verschiedene unnatürliche Beschäftigungen am Tage entstanden ist, zu aktivieren und zu entlasten.

Es gibt — wie schon erklärt wurde — zwölf Hauptmeridiane, die entsprechend in yin, ruhige Energien und yang, aktive Energien eingeteilt werden können. Dies sind:

1. Die Lungen- und Dickdarmmeridiane
2. Die Milz-Pankreas- und Magenmeridiane
3. Die Herz- und Dünndarmmeridiane
4. Die Nieren- und Blasenmeridiane
5. Die Meridiane des Herzregenten und des dreifachen Erwärmers
6. Die Leber- und Gallenblasenmeridiane.

Diese sechs Übungen unterscheiden sich von den üblichen Bewegungen. Während dieser Meridianübungen befindet sich unsere Körper-Haltung für die Dauer von zwei langsamen Atmungen auf ihrem äußersten Punkt; dies dient der Ausdehnung der Meridiane als auch der Beschleunigung des Energieflusses und resultiert in der Befreiung von Blockierungen und Fehlfunktionen entlang der Meridiane und Muskeln.

## a. Übungen für die Lungen- oder Dickdarmmeridiane

Wir stehen aufrecht und haben unsere Füße ein wenig mehr auseinander als die Breite der Schultern ausmacht. Die Hände sind hinten am Rücken, die Handflächen nach außen und die Daumen ineinandergehakt.

Abb. 172                              Abb. 173

In dieser Stellung heben wir unsere Arme und heben gleich-
zeitig auch den Kopf und schauen zur Decke hin (Bild 172).
Dann beugen wir uns so weit wie möglich nach vorne und lassen
dabei die Daumen ineinandergehakt (Bild 173). Dabei bemerken
wir, daß die Meridiane der Lunge und des Dickdarms, die an den
Armen und den Händen verlaufen, gut ausgedehnt sind, und
daß die Muskeln, die die Lungen umhüllen und die mit dem
Dickdarm verbunden sind, auch gedehnt werden. Wenn wir den
Höhepunkt der Bewegung erreicht haben, bleiben wir eine
Weile in dieser Position, atmen zweimal völlig entspannt und
langsam; dies resultiert in einem aktiven Energiefluß entlang der

Lungen- und Dickdarmmeridiane wie auch in einem aktiven Blutkreislauf entlang der anliegenden Muskeln.

Wenn wir die Handstellung so verändern, daß der andere Daumen oben aufliegt, und wir die gleiche Bewegung wieder ausführen, können wir feststellen, welche Seite der Meridiane — die rechte oder die linke — eine größere Fehlfunktion aufweist aufgrund der stärkeren Schmerzempfindung oder starken Spannung in einer Seite.

### b. Übung für die Milz-Pankreas- und Magen-meridiane

Wir sitzen in der Natürlichen Richtigen Haltung und umfassen unsere Hände. Wir heben unsere Hände nach oben und halten sie über dem Kopf zusammen, so wie es dargestellt ist (Bild 174). Dann gehen wir mit dem Körper langsam nach hinten auf den Boden zu, und zwar so weit, daß die Schultern den Boden berühren. Wenn wir unseren Körper und beide Arme so weit strecken können, daß sie den Boden berühren, dann werden die Milz-Pankreas- und Magenmeridiane, die senkrecht im vorderen Bereich des Körpers verlaufen, stark gedehnt und wir verspüren eine Stimulierung im Bereich der Milz, des Pankreas und des Magens.

Abb. 174

In dieser Stellung atmen wir zweimal tief; dies fördert den reibungslosen Verlauf der Energie und des Blutes entlang der Meridiane und der Muskeln.

Wenn wir die Hände wechseln, so daß der andere Daumen oben aufliegt, können wir feststellen, daß eine Seite mehr an Störungen aufweist, als die andere Seite.

## c. Übung für die Herz- und Dünndarmmeridiane

Wir sitzen mit weitgeöffneten Beinen, die Knie auf dem Boden und die Fußsohlen zusammengefügt. Wir halten die Hände um die Fußzehen und schieben die Füße so weit wie möglich zum Körper hin. Dann beugen wir uns langsam nach vorne und versuchen, daß die Stirn die Daumen berührt (siehe Bild 175). In dieser Haltung, bei der alle Gelenke entspannt sein sollen, wiederholen wir zweimal eine langsame Atmung. Während der Atmung bemerken wir aktive Energie- und Blutströme zum Herzen und zum Dünndarm.

Abb. 175

Wenn ein Knie höher als das andere ist, verspüren wir mehr Spannung in dieser Seite und dies zeigt, daß in dieser Seite mehr krankhafte Symptome auftreten.

## d. Übung für die Nieren- und Blasenmeridiane

Wir sitzen auf dem Boden, mit ausgestreckten Beinen, die Rückseite der Beine berührt den Boden, die Füße werden senkrecht gerade nach oben gehalten. Dann strecken wir die Arme aus und umfassen die Zehen mit den Fingern.

Wir beugen unseren Oberkörper langsam nach vorne und berühren mit dem Kopf die Knie (Bild 176).

Abb. 176

In dieser gebeugten Haltung atmen wir zweimal tief und langsam. Dabei beginnt die Energie durch die Nieren- und Blasenmeridiane aktiver zu fließen. Wenn ein Knie eher wieder nach oben geht, oder wenn man Spannung in den hinteren Muskeln eines Beines verspürt, dann ist die Nierenfunktion auf dieser Seite mehr gestört als die auf der anderen Seite.

### e. Übung für die Meridiane des Herzregenten und des dreifachen Erwärmers

Wir sitzen in der Lotosblumenhaltung (SÜ 1, Seite 144). Dann legen wir die Arme über Kreuz und halten jedes Knie mit der gegenüberliegenden Hand und drücken die Knie nach unten (Bild 177).

Abb. 177

Wir beugen uns langsam so weit wie möglich nach vorne (Bild 178). In dieser Haltung atmen wir zweimal ganz langsam und lassen alle Muskeln entspannt. Währenddessen verläuft die Energie aktiv durch den Herzregenten und durch den dreifachen Erwärmer, stimuliert senkrecht den mittleren Körperbereich und den Bereich der Wirbelsäule. Wenn wir die Arme so wechseln, daß der andere Arm oben aufliegt und vergleichen nun diese Stellung

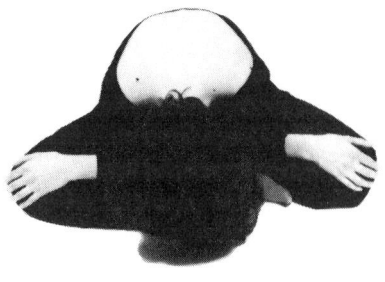

Abb. 178

mit der vorigen, so fühlen wir vielleicht, daß eine größere Spannung in der einen Seite des Körpers als in der anderen ist; dies deutet darauf hin, daß sich in dieser Seite mehr Blockierungen befinden.

## f. Übung für die Leber- und Gallenblasenmeridiane

Wir sitzen mit beiden Beinen nach vorne ausgestreckt und soweit gespreizt wie möglich. Heben Sie nicht die Knie an, sondern lassen Sie sie auf dem Boden (Bild 179). Mit den nach vorne gestreckten Fingern greifen wir nach einem Fuß und beugen uns soweit wie möglich nach vorne (Bild 180). In dieser Stellung atmen wir zweimal ganz langsam; währenddessen können wir fühlen, daß der Bereich der Leber und der Gallenblase stimuliert wird. Dann gehen wir mit unserem Körper wieder nach oben und beugen uns zu dem anderen Fuß hin.

Während wir von links nach rechts abwechseln, bemerken wir, daß es auf einer Seite schwieriger ist, den Fuß zu erreichen. Dort sind dann mehr Störungen und Blockierungen vorhanden.

Abb. 179

Abb. 180

# 4. Zusätzliche Übungen

## Einführung

Unter den Do-In-Übungen gibt es viele Übungen für besondere Zwecke. Alle sind dazu bestimmt, den Energiefluß in unserem Körper zu regulieren, und entweder aktive Beziehungen oder eine ausgeglichene Harmonie mit der Umwelt herzustellen. Innerhalb dieser Übungen sind die zwei folgenden besonders für unser tägliches Leben nützlich und die erste Übung, die Atemenergie, soll eine aktive Verbindung mit der Umwelt — sowohl körperlich, seelisch und geistig durch die Aufnahme der atmosphärischen Energien bei der Einatmung herstellen. Die zweite Übung gilt dem Erreichen eines friedlichen, tiefen Schlafes durch die Entspannung aller Muskeln und Meridiane und sie befreit uns von verschiedenen Verspannungen, um eine friedliche Verbindung mit der Umwelt herzustellen.

## a. (服気法) Fuku-Ki-Ho: Übung für die Atmungsenergie

Diese Übung sollte entweder beim Aufwachen am Morgen oder vor der Mittagsmahlzeit ausgeführt werden. Sie sollte nicht praktiziert werden, wenn der Magen voll ist und auch dann nicht, wenn die Sonne beginnt, im Westen unterzugehen, das heißt also, nicht nach der Mittagszeit.

*Schritt 1:* Setzen Sie sich in einer beliebigen Natürlichen Richtigen Haltung hin, wie es in der SÜ 1 (Seite 144) beschrieben wurde, bringen Sie die Hände in die Meditationshaltung und halten Sie Ihren Geisteszustand so ruhig wie möglich.

*Schritt 2:* Wir schließen unsere Augen leicht, halten die Wirbelsäule gerade und beruhigen unsere verwirrenden Vorstellungen in ein friedliches Schweigen (siehe Bild 181).

*Schritt 3:* Wenn unser Denken sich beruhigt, heben wir die rechte Hand (bei einer linkshändigen Person, die linke Hand) zur Nase hin, berühren mit dem Daumen und dem Zeigefinger beide Seiten im Bereich der Nasenlöcher (siehe Bild 182).

*Schritt 4:* Wir schließen das rechte Nasenloch durch einen leichten Druck des Daumens und wir atmen langsam durch das linke Nasenloch aus (siehe Bild 183). Wenn wir ausatmen, zieht sich der

238

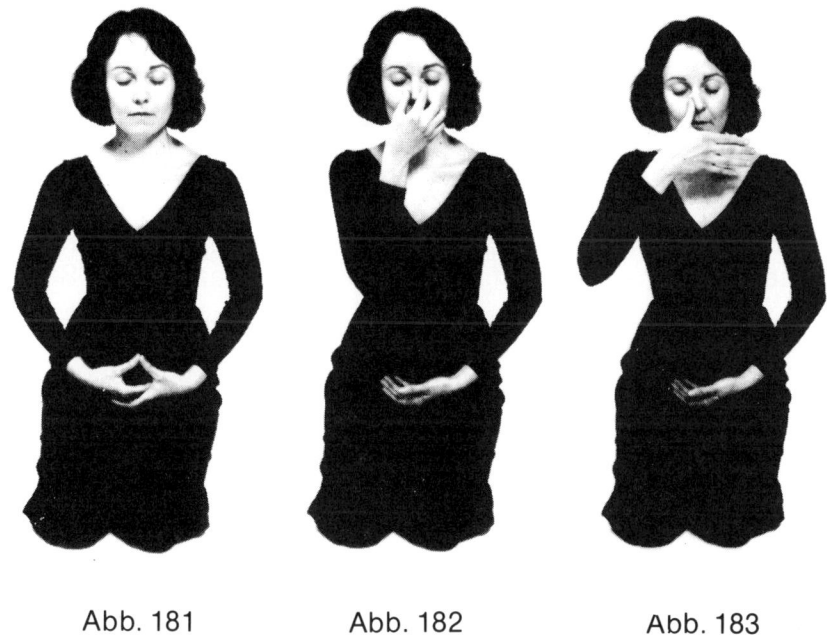

Abb. 181          Abb. 182          Abb. 183

Unterleib allmählich zusammen, so als ob der Oberkörper sich leicht nach vorne beugen würde.

*Schritt 5:* Nachdem wir vollständig ausgeatmet haben, beginnen wir nach und nach durch das linke Nasenloch einzuatmen. Bei jeder Atmung bringen wir zuerst unseren Atem herunter in den Unterleib zum Zweiten Chakra. Dann atmen wir in den Magenbereich, dem Dritten Chakra; danach gehen wir höher in den Herzbereich, dem Vierten Chakra. Während dieser drei Einatmungsstufen halten wir unseren Rücken gerade, so als wollten wir uns zum Himmel aufrichten.

*Schritt 6:* Nach dieser Einatmung halten wir den Atem an und schließen beide Nasenlöcher mit unserem Daumen und Zeigefinger. Wir ziehen den After zusammen und ebenfalls die Kehle, indem wir die Zungenspitze nach oben rollen und den oberen Gaumen berühren.

*Schritt 7:* Wir halten weiterhin den After und die Kehle geschlossen — bringen unsere Energie in den untersten Bereich des Körpers — die Prostatagegend beim Mann bzw. der Bereich der

Eierstöcke bei der Frau — und sammeln sie dann im Unterleib — dem Bereich des Zweiten Chakras.

*Schritt 8:* Wir schließen das linke Nasenloch mit unserem Finger und atmen langsam durch das rechte Nasenloch aus (siehe Bild 184).

*Schritt 9:* Nachdem wir vollständig ausgeatmet haben, beginnen wir durch das rechte Nasenloch einzuatmen und wiederholen diese Übung vom Schritt fünf ausgehend auf der anderen Seite.

*Schritt 10:* Wir wiederholen diese Atmung drei- bis fünfmal und kehren dann in die ursprüngliche Sitzhaltung zurück (siehe Bild 185).

Abb. 184     Abb. 185

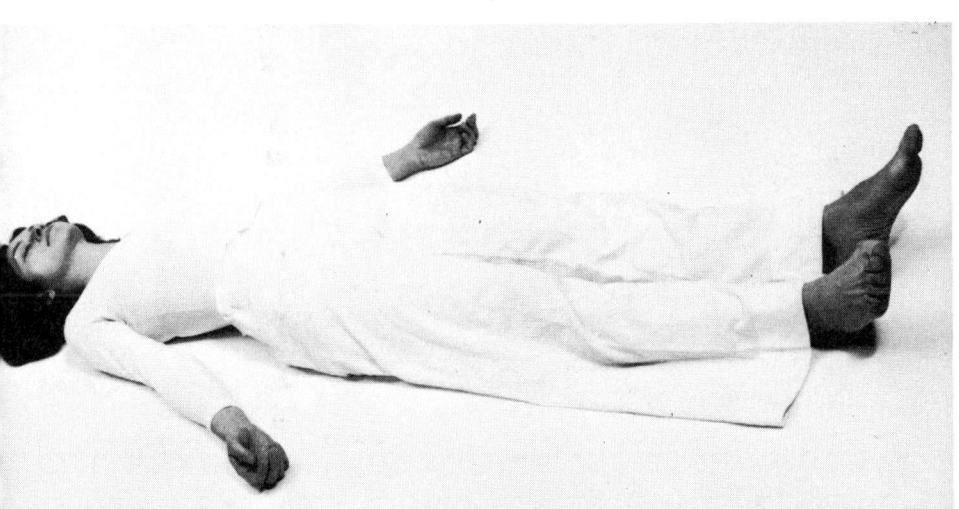

Abb. 186

## b. ( 安眠法 ) An-Min-Ho: Übung für einen friedlichen, gesunden Schlaf

Um einen friedlichen, gesunden Schlaf einzuleiten, müssen wir uns von allen Spannungen, die durch unsere körperlichen Aktivitäten und unsere gedanklichen Verwirrungen entstanden sind, befreien. Es ist wichtig, daß wir uns vollkommen entspannen, alle Muskeln und Gelenke weich machen und unser Denken vergessen, so als würden wir zu einem Teil der Umwelt werden. Die nun folgende Übung ist für diesen Zweck sehr hilfreich.

*Schritt 1:* Wir liegen vollkommen entspannt im Bett (Bild 186). Wenn wir unseren Kopf gen Norden richten (nach Süden in der südlichen Hemisphäre) können wir besser schlafen.

*Schritt 2:* Wir reiben mit beiden Händen langsam von der Brust bis zum Unterleib (Bild 187). Während dieser Bewegung reiben wir den Brustbereich leicht, den mittleren Körperbereich (um den Magen herum in Richtung des oberen Darmbereichs) etwas stärker und den Unterleib sehr stark — so als würden wir fast drücken. Wiederholen Sie diese Bewegung fünfmal.

*Schritt 3:* Wir winkeln unsere beiden Knie nach oben an und

**241**

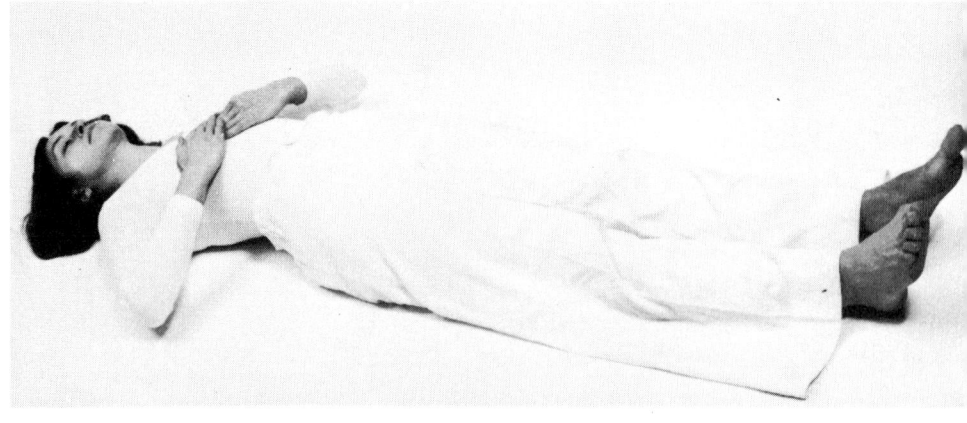

Abb. 187

drücken mit beiden Händen auf den Unterleibsbereich entlang dem aufsteigenden Dickdarm, dem querverlaufenden Dickdarm und dem absteigenden Dickdarm, zwar sanft aber dennoch tief. Dann pressen wir senkrecht über den Bereich des Nabels und nach unten zur rechten und linken Seite (siehe Bild 188). Nachdem wir dies dreimal wiederholt haben, reiben wir den gesamten Unterleibsbereich kreisförmig ungefähr sechzehn Mal mit der rechten Hand, wobei die linke Handfläche die rechte Hand bedeckt (Bild 189). Dies ist die gleiche Übung wie sie in der Morgenübung, Schritt 7, beschrieben wurde.

Abb. 188

242

Abb. 189

Abb. 190

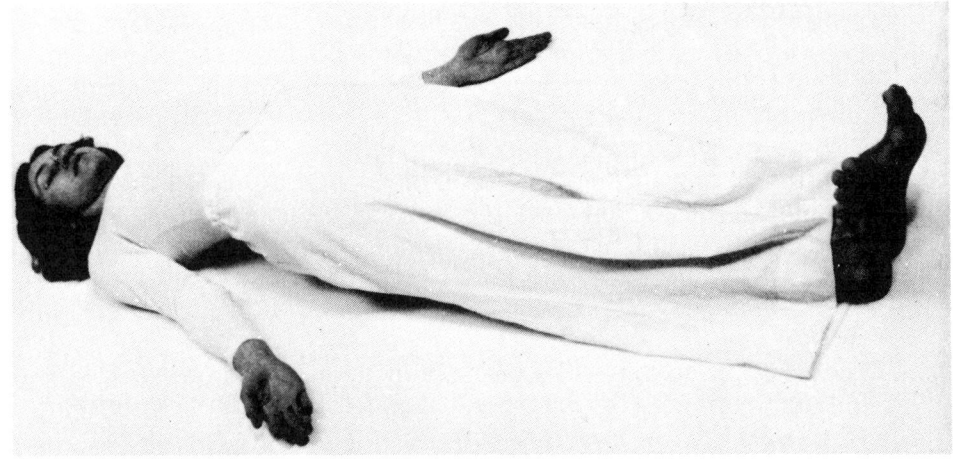

*Schritt 4:* Wir liegen in einer entspannten Haltung mit beiden Armen unter dem Hals gekreuzt, so als wären sie ein Kissen für den Kopf. Unsere Beine sind ausgestreckt und die Zehen zeigen senkrecht nach oben. Wir lassen das linke Bein unbeweglich und stoßen mit dem rechten Bein nach unten; dabei lassen wir die Hüften ganz natürlich schräg mit dieser Bewegung gehen.
Kehren Sie in die Ausgangsstellung zurück. Wiederholen Sie dies mit jedem Bein zehnmal, wechseln Sie links und rechts ab und lassen Sie die Hüften sich vorwärts und rückwärts bewegen.

*Schritt 5:* Wir strecken die Beine aus und liegen entspannt auf dem Boden. Die Arme liegen ungefähr 30 cm vom Körper ent-

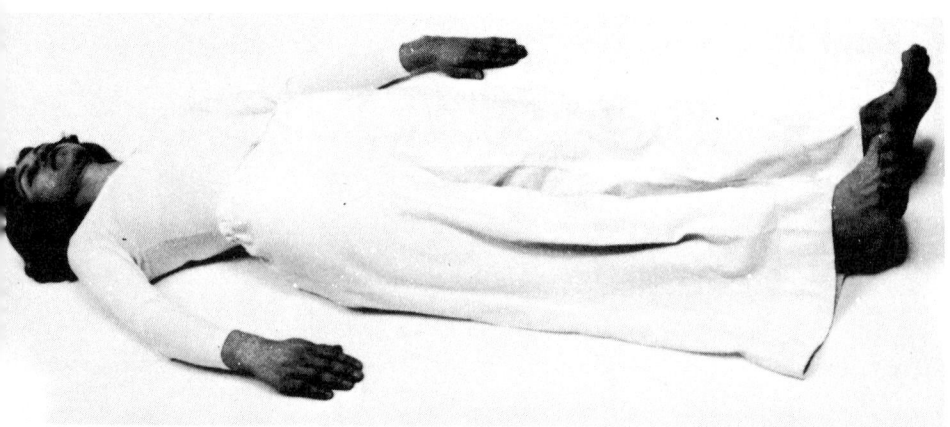

Abb. 191

fernt, die Handflächen sind nach oben gerichtet. Drehen Sie beide Hände nach außen und strecken Sie den Brustkorb, heben Sie beim Einatmen den Rücken. Gleichzeitig werden die Füße senkrecht gerade gehalten, was eine Spannung entlang der Wirbelsäule verursacht (Bild 190).

Atmen Sie ganz plötzlich aus und lösen Sie diese Stellung auf, plazieren Sie die Handflächen nach unten und entspannen Sie die Füße (Bild 191).

Dann wiederholen Sie wiederum die gespannte Haltung und entspannen Sie sich wieder. Wiederholen Sie dies fünfmal.

*Schritt 6:* Entspannen Sie den gesamten Körper — einschließlich dem Hals, den Schultern, Ellbogen, Handgelenken, Hüften, Knien und Knöcheln und gehen Sie in den Schlafzustand über.

244

# Kapitel 4
# Allgemeine Übungen

## Einführung

Die Allgemeinen Übungen des Do-In wurden ursprünglich zum Zwecke der Verbesserung, Erhaltung und Entwicklung unserer körperlichen Gesundheit, Schönheit, seelischen Wohlbefindens, geistigen Freude entwickelt. Sie können sehr leicht von jedem praktiziert werden, der dazu fähig ist, ein normales Alltagsleben zu führen und sie können ausgeführt werden, wann immer man es wünscht, ohne daß es einer besonderen Anstrengung bedürfte. Diese Allgemeinen Übungen wurden in den westlichen Ländern während der letzten zehn Jahre von mir und meinen Mitarbeitern zum Zwecke der Selbsterhaltung und der Entwicklung eines umfassenden Wohlergehens innerhalb eines aktiven Alltags eingeführt. Natürlich sollte die Übung von der richtigen Ernährungsweise begleitet sein, die den makrobiotischen Prinzipien entspricht und die es uns ermöglicht, unsere vollkommene Lebensfreude wirksamer zu entwickeln.

Die Allgemeinen Übungen umfassen — im Gegensatz zu allen anderen Do-In-Übungen alle Körperteile. Sie werden hauptsächlich durch die Hände und Finger ausgeübt und in diesem Sinne kann man sie „Selbstmassage" nennen, obwohl die Techniken, die angewandt werden, sich von denen der gewöhnlichen Massage unterscheiden. Wir können die Auswirkungen wie folgt zusammenfassen:

1. Die Allgemeinen Übungen gebrauchen die Meridiane, um den elektromagnetischen Fluß und die Energie in den verschiedenen Körperteilen und Organen zu aktivieren.
2. Sie wirken ebenfalls auf das Gewebe und die Muskeln ein, befreien von Stauungen und Verhärtungen und produzieren einen harmonischen Bewegungsablauf im ganzen Körper.
3. Sie beeinflussen ferner die Organe — direkt oder indirekt — entsprechend der komplementären Bezüge innerhalb der verschiedenen Körperteile, die mit den Organen in Verbindung stehen. Z.B. stimulieren und aktivieren wir die inneren Organe des Rumpfes, wenn wir verschiedene Kopfbereiche behandeln. Durch die Behandlung der Handflächen und der Füße beeinflussen wir die Funktionen der inneren Organe.

4. Zusätzlich arbeiten diese Übungen mit Schwingungsenergie, die innerhalb und um unseren Körper herum verläuft, vom Kopf bis zu den Zehen, von den Fingern zu den Organen. Diese Schwingungsenergie wird ebenfalls durch die Anwendung verschiedener Atmungstechniken, die ganz natürlich mit den Übungen zusammenwirken, kontrolliert.

Die Allgemeinen Übungen sollten wie die Bewegung der fließenden Luft oder des strömenden Wassers ausgeführt werden — ohne Unterbrechung vom Anfang bis zu Ende. Obwohl jeder Teil der Übungsserie unabhängig voneinander zur Beeinflussung bestimmter Funktionen oder Organe ausgeführt werden kann, ist es doch wünschenswert, die gesamte Übungsserie auf einmal auszuführen, um unseren körperlichen, seelischen und geistigen Zustand als Ganzes zu beeinflussen. Im Verlauf der Übungen sollten wir eine natürliche Haltung wie auch eine natürliche Atmung beibehalten und wir sollten uns in einem friedlichen Geisteszustand durch die Ausschaltung jeglicher Täuschung befinden. Die Bewegung unseres Kopfes, des Körpers, der Arme, Beine, Finger und Zehen sollte so natürlich wie möglich geschehen. Wir tragen keine bestimmte Kleidung, doch sollte diese leicht und einfach sein, damit wir es während der Übungen bequem haben.

Die Allgemeinen Übungen werden in der folgenden Reihenfolge dargestellt:

A. Vorbereitung: Zur Beruhigung unseres körperlichen und geistigen Zustands
B. Gesicht-, Kopf-, Hals- und Schulterbereich
   1. Wangen
   2. Augen
   3. Nase
   4. Mund und Kiefer
   5. Ohren
   6. Kopf
   7. Nacken
   8. Schultern

C. Arme und Hände
D. Vorder-, Rück- und Seitenteile des Rumpfes
E. Taille, Beine, Füße und Zehen
F. Abschluß

Nach den Allgemeinen Übungen werden zwei spezielle Übungsreihen vorgestellt: Zusätzliche Übungen speziell für die Schönheit des Gesichts und einige Tägliche Übungen für die
Gesundheit.

## 1. Vorbereitung: Zur Beruhigung unseres körper-lichen und seelischen Zustands.

*Schritt 1:* Wir sitzen in der Natürlichen Richtigen Sitzhaltung (wie
beschrieben in der TÜ 1) mit der
Sonne im Rücken, wenn es Tag ist
oder mit dem Gesicht nach Süden,
wenn es Nacht ist. Wir nehmen die
Meditationshaltung ein, die linke
Hand liegt auf der rechten (siehe
Bild 192). Die Wirbelsäule ist
gerade, um den reibungslosen
Verlauf der Himmels- und Erdkräfte
durch unseren geistigen Kanal zu
gewährleisten.

Wir schließen unsere Augen
ganz natürlich, atmen sanft durch
die Nase und bringen die Bilder in
unserem Geist in einen ruhigen und
friedlichen Zustand.

Abb. 192

*Schritt 2:* Wenn wir uns in einem
friedlichen Geisteszustand entspannter fühlen, heben wir langsam
unsere Hände bis zur Höhe der
Kehle und halten wie beim Gebet
beide Handflächen zusammen.
Unsere Ellbogen sollten leicht erhoben — aber trotzdem entspannt
und ohne Anspannung — sein (Abb.
193).

*Schritt 3:* In dieser Haltung
beginnen wir die Atmung mit
langen Ein- und Ausatmungen, die
mehrmals wiederholt werden. Wir
beginnen den langen Ton „SU"

Abb. 193

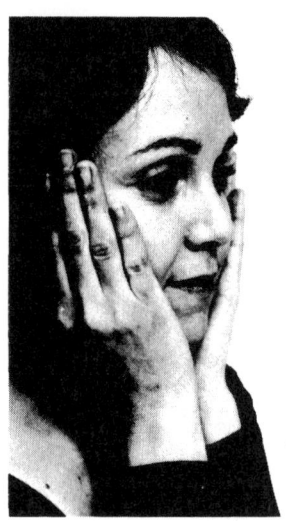

Abb. 194

während jeder Ausatmung, die fünf- bis siebenmal länger sein sollte als die Einatmung, auszusprechen. Die ausgeatmete Atemluft sollte durch den Zwischenraum unserer Handflächen nach draußen strömen. Wir wiederholen diese lange Ausatmung mit dem Ton „SU" ungefähr fünfmal. Dies erzeugt Energie durch unsere Hände und Finger, die wir in den folgenden Allgemeinen Übungen anwenden werden. Wenn die Handflächen und die Finger gut aufgeladen sind, lösen wir unsere Hände sanft voneinander und gehen zum nächsten Teil über.

## 2. Gesicht, Kopf, Hals- und Schulterbereich

Diese Übungen bewirken einen aktiven Blutkreislauf in dem gesamten Körper in Verbindung mit der Stärkung der Atmungsfunktionen als auch der Regulierung eines aktiven Herzschlags. Sie dienen ebenfalls der Erhöhung der Körpertemperatur.

### a. Wangen

*Schritt 1:* Wir legen beide Handflächen auf unsere Wangen — die rechte Handfläche auf die rechte Wange, die linke Handfläche auf die linke Wange und atmen mindestens dreimal tief (siehe Bild 194).

Abb. 195

*Schritt 2:* Wir reiben unsere Wangen in einer von oben nach unten und umgekehrt gehenden Bewegung mit unseren Handflächen bis die Haut warm wird (siehe Bild 195).

## Abb. 196  Die Hauptpunkte im Gesicht

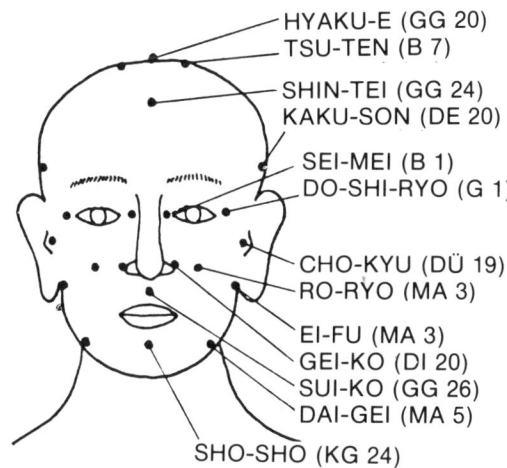

HYAKU-E (GG 20)
TSU-TEN (B 7)
SHIN-TEI (GG 24)
KAKU-SON (DE 20)
SEI-MEI (B 1)
DO-SHI-RYO (G 1)
CHO-KYU (DÜ 19)
RO-RYO (MA 3)
EI-FU (MA 3)
GEI-KO (DI 20)
SUI-KO (GG 26)
DAI-GEI (MA 5)
SHO-SHO (KG 24)

## Abb. 197  Gesichtsbereiche in Entsprechung zu den Körperbereichen

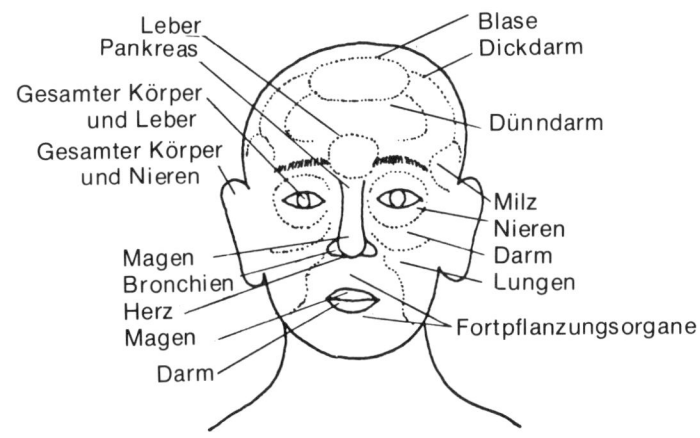

Leber
Pankreas
Gesamter Körper und Leber
Gesamter Körper und Nieren
Magen
Bronchien
Herz
Magen
Darm

Blase
Dickdarm
Dünndarm
Milz
Nieren
Darm
Lungen
Fortpflanzungsorgane

## b. Augen

Diese Übungen dienen der Verbesserung der Sehfähigkeit und der Beseitigung verschiedener Störungen der Augen einschließlich Kurz- und Weitsichtigkeit, abgelöster Netzhaut, grünem Star, Astigmatismus und anderen Problemen.

Diese Übungen dienen ebenfalls der Kontrolle des Herzschlags und des Blutdruckes und verbessern den Kreislauf und den allgemeinen geistigen Zustand.

Abb. 198

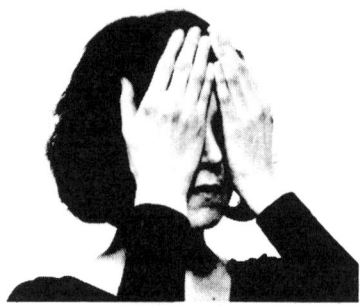

*Schritt 1:* Wir legen beide Handflächen auf unsere Augen (siehe Bild 198), lassen sie dort während (des Zeitraums von) mehreren Ein- und Ausatmungen, und wärmen den Bereich um unsere Augen. Dies bewirkt eine gleichmäßigere Blutzirkulation.

*Schritt 2:* Mit dem Zeige-, dem mittleren und dem Ringfinger pressen wir fest auf den festen Außenteil der oberen Augenhöhle; wir bewegen die Finger von innen zum Rand hin und dann drücken wir den Knochen unterhalb des Auges. Wiederholen Sie diese Bewegung ungefähr dreimal.

Abb. 199

*Schritt 3:* Mit denselben drei Fingern pressen wir oberhalb des Augapfels, zwischen dem Augapfel und der Augenhöhle und zwar so tief wie möglich und wir stellen dabei gleichzeitig eine leicht vibrierende Bewegungsstimulation her (siehe Bild 199). Dann lassen wir ganz plötzlich los. Danach drücken wir so tief wie möglich unterhalb des Augapfels, zwischen dem Augapfel und der Augenhöhle, erzeugen wiederum eine Schwingungsbewegung und lassen wieder plötzlich los (siehe Bild 200).

Abb. 200

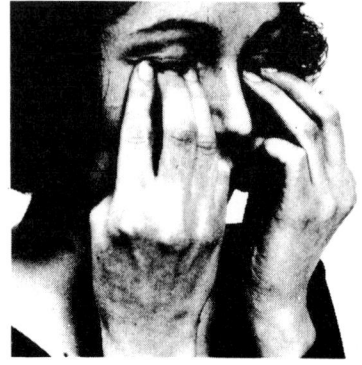

*Schritt 4:* Mit denselben 3 Fingerspitzen drücken wir bei geschlossenen Augen langsam und sanft auf die Vorderseite des Augapfels und lassen dann wieder ganz plötzlich los (siehe Bild 201). Wiederholen Sie dies zehnmal. Diese Übung kontrolliert den Herzschlag und korrigiert den Zustand der Augen und die Sehfähigkeit.

Abb. 201

*Schritt 5:* Wir legen wiederum die Handflächen auf unsere Augen — so wie in Schritt 1 — und während unsere Hände dort bleiben, bewegen wir langsam unsere Augäpfel — wir schauen so weit wie möglich in jede Richtung nach oben und nach unten. Dann blicken wir zehnmal so weit wie möglich nach links und nach rechts. Dann machen wir mit unseren Augen eine kreisförmige Bewegung — zuerst gegen den Uhrzeigersinn und dann in Richtung des Uhrzeigers und wiederholen dies zehnmal in jede Richtung.

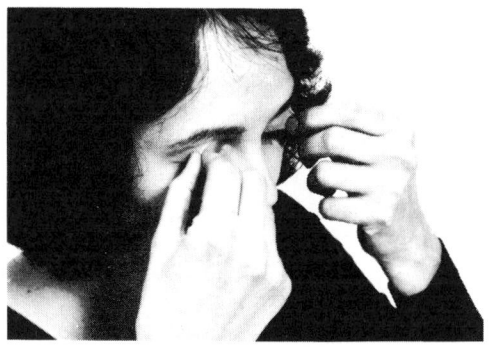

Abb. 202

Abb. 203

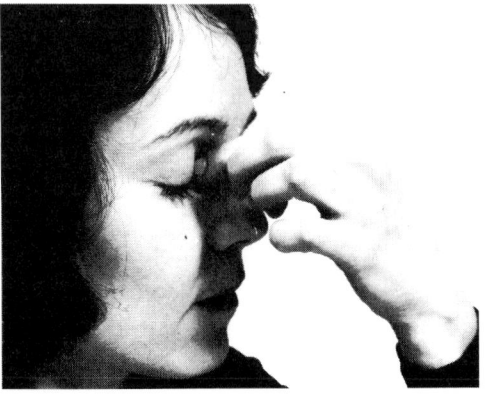

*Schritt 6:* Indem wir unsere oberen Augenlider mit den Daumen und den Zeigefingern anhe-

ben, lassen wir die Augenlider fünfzig bis hundertmal vibrieren (siehe Bild 202). Wir fangen an, das Geräusch des Wassers zu hören) und übermäßige Flüssigkeit wird in Form von Tränen ausgeschieden. Diese Übung hilft, die Sehfähigkeit wie auch verschiedene andere Funktionsstörungen des Auges zu korrigieren.

Abb. 204

*Schritt 7:* Mit unserem Zeigefinger und dem Daumen drücken wir auf die Nasenwurzel und die Ecken der Augen (siehe Bild 203). Dieser Punkt wird Sei-Mei genannt, was „Klare Helligkeit" bedeutet. Wir drücken ungefähr zehn Sekunden lang tief und lassen dann ganz plötzlich los und gehen mit unseren Fingern vom Gesicht weg (siehe Bild 204). Diese Übung macht unsere Sicht klar und ist besonders dann sehr nützlich, wenn unsere Augen ermüdet sind.

## c. Nase

Diese Übungen fördern die allgemeine Funktion des Magens, des Pankreas und der Lungen wie auch die Verbesserung unserer Denkkraft. Sie regen ebenfalls die Entwicklung unserer intellektuellen Gedanken an.

*Schritt 1:* Mit dem Daumen und dem Zeigefinger reiben wir kräftig beide Seiten der Nase in einer von oben nach unten und umgekehrt verlaufenden Richtung, bis sie warm wird (siehe Bild 205). Diese Übung harmonisiert unsere Atmung und aktiviert den Zustand des Magens und dessen Verdauungsfunktionen in Verbindung mit den Funktionen des Pankreas.

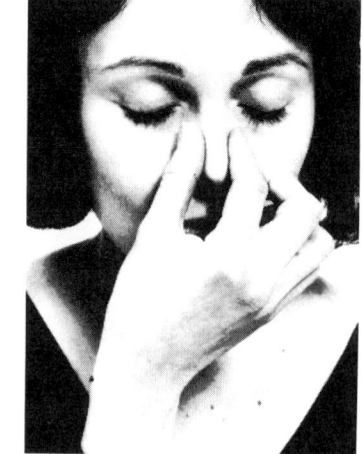

Abb. 205

252

*Schritt 2:* Mit dem Daumen, dem Zeige- und mittleren Finger beginnen wir an der Nasenwurzel und pressen die Nase kräftig auf beiden Seiten und an der Nasenspitze und dann lassen wir mit unseren Fingern plötzlich los. Diese Übung macht unsere Denkfähigkeit viel klarer und verbessert unsere Herztätigkeit und die Kreislauffunktion.

Abb. 206

*Schritt 3:* Mit einem Daumen pressen wir die Nasenseite, um ein Nasenloch zu schließen und wir atmen langsam ungefähr fünf- bis zehnmal mit langen Atembewegungen ein und aus. Dann wiederholen wir dies auf der anderen Seite, schließen das Nasenloch und atmen langsam und tief fünf- bis zehnmal. Diese Übung fördert bessere Atmungsfunktionen wie auch die Lockerung und das Freiwerden der Nasenhöhlen und der Bronchien.

## d. Mund und Kiefer

Diese Übungen stärken die Verdauungstätigkeiten, besonders aber auch die Bewegungsvorgänge um den Mund und die Absonderung des Speichels. Sie bewirken ebenfalls die Verbesserung der körperlichen Stärke und reibungslose Ausscheidungsfunktionen.

*Schritt 1:* Mit den vier Fingern der beiden Hände drücken wir tief in den Bereich um den Mund und entlang der Kiefernseiten vom Kinn bis zu den Ohren. Während des Drückens machen wir mit unseren Fingern kreisförmige Bewegungen

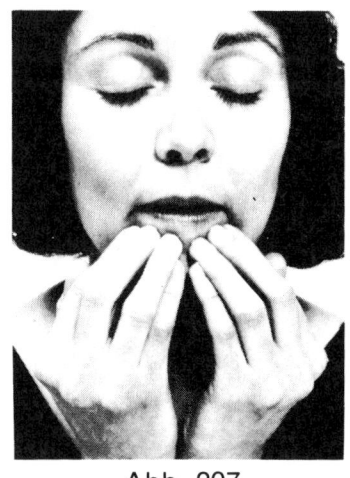

Abb. 207

**253**

Abb. 208

(siehe Bilder 206 und 207). Wiederholen Sie dies fünf- bis zehnmal.
Wo immer Sie empfindliche Stellen
spüren, drücken Sie fester. Diese
Übung verbessert die Bewegungs-
abläufe in den Kiefern und den
Gaumen um die Zähne herum und
befreit von Stauungen in diesem
Bereich.

Abb. 209

*Schritt 2:* Mit einem Finger drücken wir mit einer kreisförmigen
Bewegung unter unsere Wangenknochen und zwar ungefähr
einen Finger breit von den Nasenflügeln entfernt. Dies befreit
von Spannungen, die durch Schleimansammlung in den Nasenhöhlen entstanden sind. (Abb. 208)

*Schritt 3:* Mit unseren Daumen drücken wir tief in den Bereich
unterhalb des Unterkiefers, gerade so als wollten wir von unterhalb des Ohrs bis unter das Kinn eine Vertiefung anbringen
(siehe Bild 209). Wiederholen Sie dies drei- bis fünfmal. Diese
Übung aktiviert verschiedene Drüsen, die mit den Ohren, dem
Speichel und den Lymphen in Verbindung stehen, damit diese
ordnungsgemäß funktionieren. Das Resultat dieser Übung besteht darin, daß die Absonderung von Speichel aktiviert wird.

## e. Ohren

Diese Übungen verbessern unsere Hörfähigkeit und harmonisieren alle unsere Kreislauffunktionen und deren Zusammenwirken innerhalb der verschiedenen Systeme in unserem gesamten Körper. Sie verbessern ebenfalls das geistige Gleichgewicht wie auch die Funktionen der Nieren und der Ausscheidungsorgane.

*Schritt 1:* Mit dem Daumen oder dem Zeigefinger drücken wir in den vertieften Punkt unterhalb der Ohren zwischen Kiefer und Hals. Drücken Sie mehrmals tief ein, dann nehmen Sie den Finger sehr schnell wieder weg. Wenn wir einen scharfen Schmerz empfinden, so zeigt dies an, daß sich Schleim und Fett im Ohrinnern angesammelt hat, was Hörschwierigkeiten bewirkt.

*Schritt 2:* Mit dem Zeige-, Mittel- und Ringfinger drücken wir mehrmals um das Ohr herum, um jede Stauung im Kreislauf um das Ohr herum aufzulösen (siehe Bild 210). Dies hilft uns ebenfalls, ein klareres Denkvermögen zu haben und verbessert ganz besonders unseren Gleichgewichtssinn.

Abb. 210

*Schritt 3:* Wir massieren unsere Ohren; wir nehmen dafür Daumen und Zeigefinger (und den Mittelfinger, falls erwünscht). Zuerst reiben wir den äußeren Rand des Ohrs, um den Blutkreislauf und die Lymphe im gesamten Körper zu aktivieren (Bild 211). Zweitens reiben wir die mittlere Erhöhung und zwar mit den Daumen hin-

Abb. 211

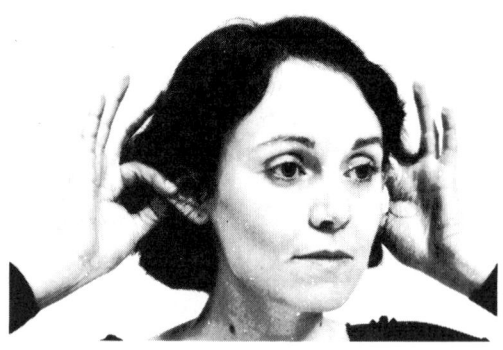

Abb. 212

Abb. 213

ter den Ohren und dem(n) anderen Finger(n) nach vorne und stimulieren so das Nervensystem (Bild 212). Dann reiben wir die inneren Erhöhungen und die Vertiefungen, was der Aktivierung der Verdauungsfunktionen dient (Bild 213). Während diesen Bewegungen können wir das Ohrläppchen wie auch alle anderen Bereiche entlang der Erhöhungen hart drücken, um alle Stauungen aufzulösen. Dies hilft indirekt, die Stauungen in anderen Körperteilen aufzulösen.

*Schritt 4:* Mit unseren Fingern und Handinnenflächen reiben wir das ganze Ohr kräftig, von oben nach unten, bis es warm wird. Dies hilft, unseren gesamten geistigen und körperlichen Stoffwechsel harmonisch und aktiv zu machen.

*Schritt 5:* Mit unseren Handflächen schlagen wir mit einer schnellen Bewegung von hinten nach vorne unsere Ohren (Bild 214). Wiederholen Sie dies zehn- bis zwanzigmal.

Dies kräftigt unsere Nieren- und Ausscheidungsfunktionen wie auch unseren Kreislauf sehr stark.

Abb. 214

*Schritt 6:* Wir führen die Mittelfinger tief in die Ohren ein und lassen sie sanft vibrieren, so als wollten wir das Trommelfell in Schwingung versetzen (siehe Bild 215). Dann entfernen Sie die Finger ganz plötzlich und machen eine spiralförmige Bewegung in der Luft. Wiederholen Sie dies drei- bis fünfmal. Diese Übung verbessert unsere Hörfähigkeit und hilft dabei, die Tätigkeit des Mittelhirns zu stärken.

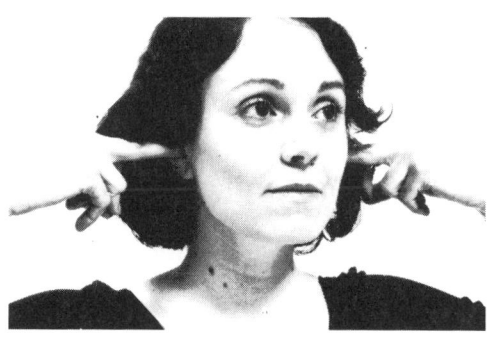

Abb. 215

*Schritt 7:* Wir bedecken das rechte Ohr mit der linken Hand und mit den ersten drei Fingern der rechten Hand klopfen wir schnell auf den Rücken der linken Hand und schicken dadurch klare Schwingungen in das innere Ohr. Wir klopfen jeweils zweimal — ungefähr zehnmal zwei Schläge. Indem wir die Hände wechseln, wiederholen wir diesen Vorgang mit unserem linken Ohr (Bild 216). Diese Übung hilft, unsere Hörfähigkeit zu verbessern, die Tätigkeiten des Mittelhirns und die Funktionen der Nieren und des Ausscheidungssystems zu stärken.

Abb. 216

257

## f. Kopf

Diese Übungen dienen dazu, körperliche Stauungen und geistige Unklarheiten durch die Beschleunigung des Blut- und Lymphkreislaufs wie auch des Energieflusses in den Meridianen zu beseitigen. Sie sind auch hilfreich bei der Überwindung von körperlicher und geistiger Ermüdung.

Abb. 217

*Schritt 1:* Mit all unseren Fingern pressen und massieren wir kräftig in kreisförmigen Bewegungen von der Stirn ausgehend in Richtung der Brauen und Schläfen. Dann bewegen wir sie zu den Kopfseiten hinter den Schläfen und oberhalb der Ohren (Bild 217), und gehen dann nach unten zur Rückseite des Halses. Von hinten ausgehend, massieren wir nach oben am Mittelpunkt des Kopfes entlang bis ganz nach oben, und drücken fest nach unten zur Stirn hin (Bild 218). Dann, von der Stirn ausgehend, bewegen wir unsere Hände ein wenig seitlich der Mitte (Bild 219) und drücken über den oberen Bereich des Kopfes nach unten bis zur Rückseite des Halses. Dann beginnen wir wieder

Abb. 218

Abb. 219

**258**

an der Stirn, bewegen un-
sere Hände noch weiter
seitlich und drücken wie-
der (Bild 220) über den
Kopf nach unten zur Rück-
seite des Halses. Wieder-
holen Sie diese Bewegung
zwei- oder dreimal. Dieser
Druck und diese Massage
helfen dabei, Stauungen
im Kreislauf- und Nerven-
system aufzulösen; sie
dienen ebenfalls dem rei-
bungslosen Energiefluß in
den entsprechenden Meri-
dianen.

Abb. 220

*Schritt 2:* Mit unseren
leicht zusammengedrück-
ten Fäusten schlagen wir
leicht unseren gesamten
Kopfbereich — so als wür-
den wir auf dem Kopf auf-
und abtrommeln — und
bedecken dabei den obe-
ren Bereich, die Seiten, die
Vorder- und Rückseite des
Kopfes (Bild 221). Wir nehmen dabei die Seite der
Faust am kleinen Finger.
Diese Übung regt alle körperlichen und geistigen
Aktivitäten und das Zu-
sammenwirken verschie-
dener Systeme an.

Abb. 221

Abb. 222

*Schritt 3:* Während eine
Handfläche, die Stirn und
die andere die Rückseite
des Kopfes bedeckt,
atmen wir dreimal tief
durch, während unsere
Handflächen die Seiten

**259**

des oberen Kopfes be-
decken (siehe Bild 222).
Dann atmen wir wieder
dreimal tief. Danach be-
decken wir die mittleren
Seiten des Kopfes mit un-
seren Handflächen (siehe
Bild 223) und atmen wie-
der dreimal tief.

Abb. 223

**Abb. 224**
**Kopf- und Nackenmeridiane**

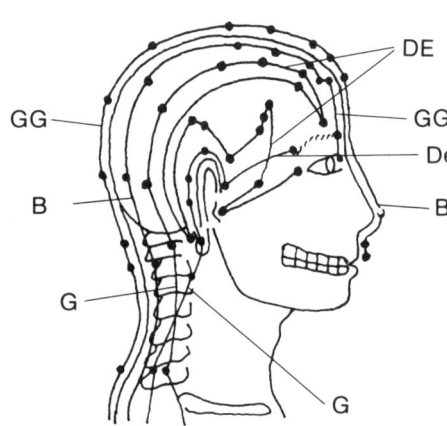

**Abb. 225 Gesichts- und
Halsmeridiane**

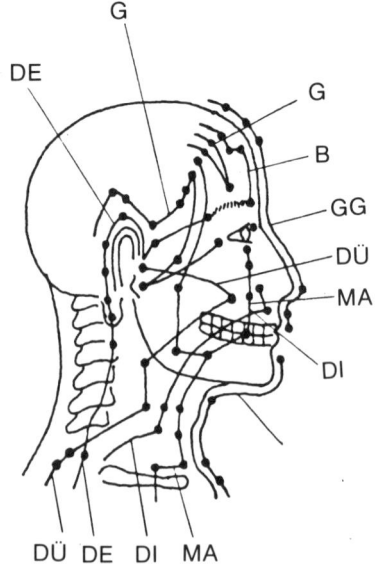

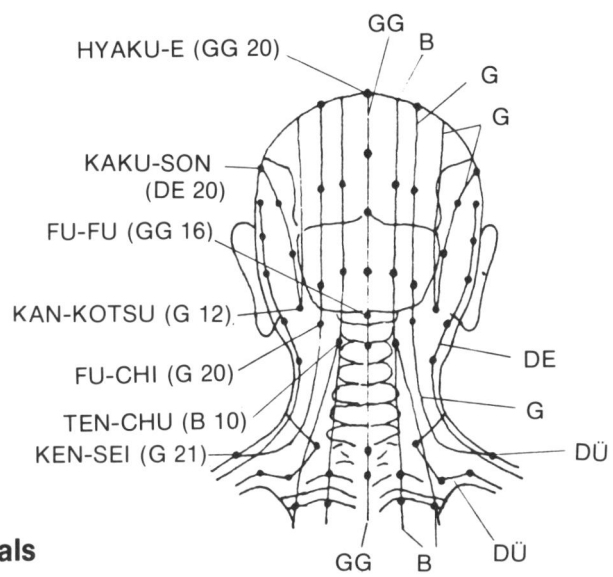

**Abb. 226 Meridiane und Punkte auf der Hinterseite des Kopfes und des Halses.**

HYAKU-E (GG 20)

KAKU-SON (DE 20)

FU-FU (GG 16)

KAN-KOTSU (G 12)

FU-CHI (G 20)

TEN-CHU (B 10)

KEN-SEI (G 21)

GG

B

G

G

DE

G

DÜ

GG  B  DÜ

## g. Hals

Diese Übungen sollen unsere körperlichen und geistigen Aktivitäten in einem harmonischen Zustand vereinigen und sollen gleichzeitig unsere körperlichen und geistigen Energien als Ganzheit, einschließlich der Funktion des Magens, des Pankreas, der Leber und der Nieren und der Regulierung des Blutdruckes herbeiführen.

*Schritt 1:* Mit unseren Daumen pressen wir die beiden Punkte im oberen Bereich des Genicks auf beiden Seiten und halten

Abb. 227

Abb. 228

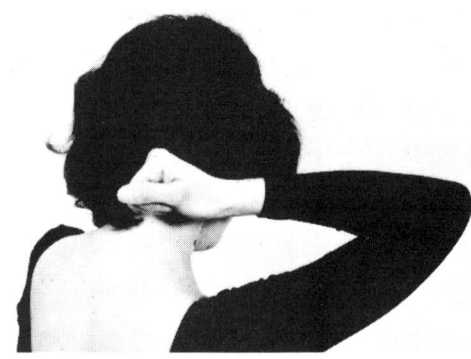

Abb. 229

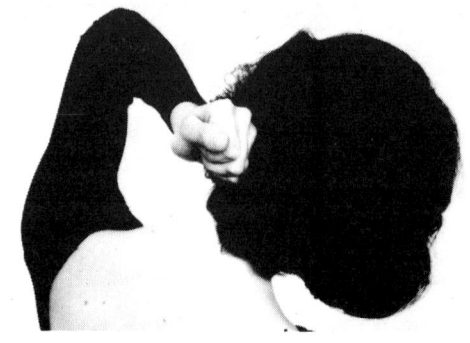

Abb. 230

dabei unseren Kopf mit den übrigen vier Fingern (Bild 227). Wir neigen unseren Kopf nach oben, um unterhalb der Schädeldecke drücken zu können. Wir entfernen unsere Daumen schnell und wiederholen diese Bewegung drei- bis fünfmal. Dann nehmen wir unseren stärkeren Daumen und pressen tief in den mittleren Punkt der Schädelbasis, während die andere Hand unsere Stirn hält und unseren Kopf leicht nach vorne und nach hinten neigt. Während wir pressen, erzeugen wir eine sanfte Schwingung und entfernen dann schnell den Daumen. Wiederholen Sie dies drei- bis fünfmal. Diese Übungen verbessern die Funktionen des mittleren Bereichs des Körpers einschließlich des Stoffwechsels in den Nieren, dem Pankreas, der Milz und der Leber.

*Schritt 2:* An der Rückseite des Halses pressen wir mit unseren Fingern entlang den beiden Seiten des oberen Rückgrats bis zu den Schultern hin, wobei wir eine kreisförmige virbrierende Bewegung anwenden, sobald wir auf eine Verhärtung stoßen. Dann wiederholen wir diese Bewegung an beiden Seiten des Halses unterhalb der Ohren. Danach drücken wir auf der Vorderseite des Halses zu beiden Seiten der Stimmbänder bis zum Schlüsselbein nach unten. Dann bedecken wir mit einer Handfläche den Hals und die Stimmbänder und pressen und massieren in diesem Bereich. Diese Übungen sollen alle Stauungen in den in Verbindung stehenden Muskeln und Meridianen auflösen, den Blutdruck kontrollieren und verschiedene Systeme in Harmonie bringen.

Abb. 231

*Schritt 3:* Indem wir unsere Hände hinter dem Nacken verschränken, drücken wir unseren Hals leicht mit den Handballen und lassen ganz plötzlich wieder los; wir wiederholen dies ungefähr fünfmal (Bild 228). Diese Übung befreit von jeglicher Stauung in diesem Gebiet und verbessert den Blutkreislauf.

Abb. 232

*Schritt 4:* Indem wir unseren Kopf nach links biegen, klopfen wir mit der rechten Faust die rechte Seite des Genicks (Bild 229). Dann klopfen Sie die

**263**

linke Seite des Genicks mit der linken Faust (Bild 230). Indem wir den Kopf nach vorne beugen, klopfen wir die Rückseite des Genicks (Bild 231). Als nächstes lösen wir Stauungen auf und aktivieren den Blut- und Energiekreislauf, indem wir den Kopf mehrmals ganz nach vorne und nach hinten (Bilder 232 und 233) und dann seitwärts fallen lassen (Bild 234). Schließlich lassen wir unseren Kopf ungefähr fünfmal entgegen dem Uhrzeigersinn kreisen und danach ungefähr fünfmal im Uhrzeigersinn (Bild 235). Diese Übung soll helfen, Stauungen aufzulösen, einen aktiven Kreislauf und aktive Nerventätigkeiten zu fördern und gedankliche Klarheit herbeiführen.

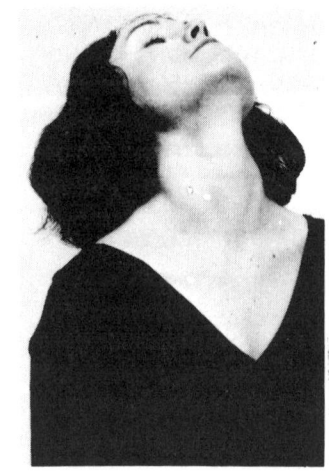

Abb. 233

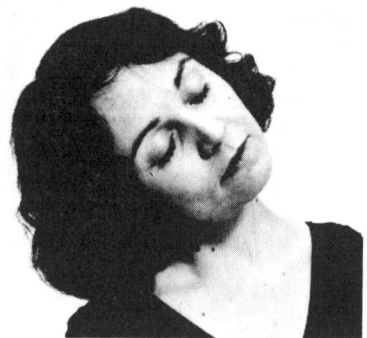

Abb. 234

*Schritt 5:* Wir legen unsere Handflächen auf beide Seiten des Halses und atmen dreimal tief. Dann legen wir die Handflächen auf die Rück- und Vorderseite des Halses und atmen wiederum dreimal.

## h. Schultern

Diese Übungen sollen unsere Kreislauf- und Verdauungsfunktionen durch die Befreiung von körperlichen und gei-

Abb. 235

264

stigen Blockierungen verbessern und sie sollen ebenfalls den Atmungs- und Verdauungsstoffwechsel regulieren. Sie helfen auch gegen Müdigkeit, indem sie die allgemeine Spannung im Schulterbereich auflösen.

*Schritt 1:* Wir heben unsere Schultern und ziehen dabei unsere Schultermuskeln so weit wie möglich zusammen (Bild 236). Dann entspannen wir diese Muskeln schnell und so gut wie möglich. Wiederholen Sie dies fünfmal. Dann neigen wir die eine Schulter, ziehen die nach oben gehende Schulter zusammen und entspannen die untere Schulter. Wiederholen Sie dies mit jeder Schulter abwechselnd drei- bis fünfmal. Diese Übungen helfen, Spannungen in dem Schulterbereich aufzulösen und eine reibungslose und aktive Verdauungsfunktion herbeizuführen.

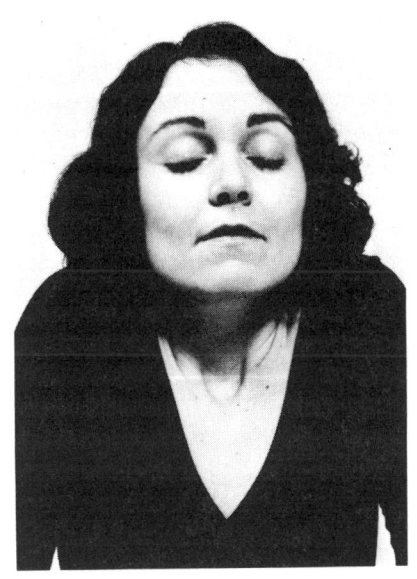

Abb. 236

Abb. 237

*Schritt 2:* Indem wir die Finger der einen Hand benutzen, drücken und massieren wir die entgegengesetzte Schulter und neigen den Kopf auf die andere Seite (Bild 237). Wiederholen Sie dies mit der anderen Schulter. Wenn wir Verhärtungen oder Steifheit fühlen, sollten wir in einer kreisförmigen Bewegung massieren. Diese Übung befreit von Verspannung und Blockierung

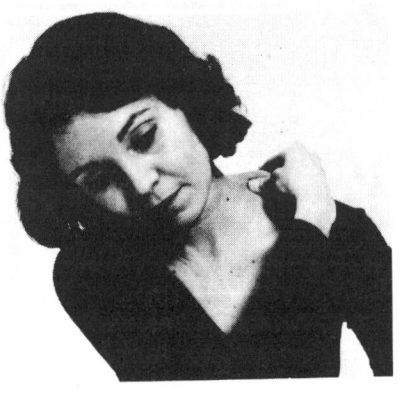

265

und steigert die Kreislauf- und Verdauungstätigkeit.

*Schritt 3:* Indem wir mit einer Hand die Faust machen, klopfen wir die gegenüberliegende Schulter ungefähr zehn- bis zwanzigmal (Bild 238). Wiederholen Sie dies auf der anderen Schulter. Sobald wir irgendwo einen Schmerz empfinden, sollten wir länger und kräftiger klopfen. Beklopfen Sie ebenfalls den Beginn der Wirbelsäule wie auch den Hals ungefähr zehn- bis zwanzigmal, indem Sie die stärkere Faust dafür nehmen. Durch diese Übungen soll ein aktiver Stoffwechsel im gesamten Körperbereich erreicht werden.

Abb. 238

*Schritt 4:* Legen Sie die Handflächen auf die Schultern (Bild 239) und atmen Sie dreimal langsam aber sehr tief ein und aus, um die Kreislauf- und Atmungsfunktionen zu harmonisieren. (Falls erwünscht, können die Handflächen auf die gegenüberliegende Schulter gelegt werden.)

Abb. 239

## 3. Arme und Hände

Diese Übungen sollen von Stauungen befreien, die im Blutstrom, im Gewebe, in Muskeln und Gelenken wie auch innerhalb des Energieflusses entlang der entsprechenden Meridiane entstehen, was in einer harmonischen Aktivierung der verschiedenen Funktionen der Lungen und der Atmung, des Herzens und des Kreislaufs, der Gedärme und der Verdauung und dem Zusammenwirken aller Hauptorgane durch den Herzregenten und den Dreifachen Erwärmer resultiert. Diese Übungen kräftigen ebenfalls die Funktionen der verschiedenen Chakras; besonders die des zweiten, dem Unterleibs- und Körperchakra, die des dritten, Magen- und Kraftchakra und die des vierten, Herz- und Gefühlschakra.

*Schritt 1:* Wir halten unsere Arme ganz natürlich seitwärts, drehen und biegen sie, strecken sie mit weit gespreizten Fingern so weit wie möglich (Bild 240). Wiederholen Sie dies mehrmals und

Abb. 240

Abb. 241

Abb. 242

drehen Sie die Hände vorwärts und rückwärts. Dann heben wir unsere Arme in Schulterhöhe und wiederholen die Drehbewegung wiederum mehrmals und so weit wie wir können (Bild 241). Wir heben unsere Arme noch höher (Bild 242) in einem Winkel von ungefähr 45 Grad und drehen sie wieder. Schließlich heben wir unsere Arme weit über unseren Kopf (Bild 243) und drehen sie mehrere Male.

*Schritt 2:* Indem wir das Schultergelenk umgreifen (Bild 244), massieren wir diesen Bereich kräftig, um jegliche Muskelverspannung aufzulösen. Dann massieren wir den Arm (Bild 245) zum Ellbogen hin, drücken auch auf alle etwas tiefer liegenden Bereiche und lösen dort Spannungen auf. Dann gehen wir langsam zum Handgelenk hin und lösen die Spannungen in allen Bereichen auf (Bild 246).

Abb. 243

Abb. 244

Abb.
245

Abb.
246

*Schritt 3:* Wir drücken von den Schultern bis zum Handgelenk jeden Meridian, der im Arm verläuft — nämlich die Meridiane der Lunge, des Herzregenten, des Dreifachen Erwärmers, des Herzens und des Dünndarms (siehe Abb. 247 und 248). Sie können zum Drücken der Meridiane vier Finger benutzen oder den Daumen, falls es für Sie praktischer ist.

**Abb. 247 Meridiane und Punkte in der Außenfläche des Armes.**

**Abb. 248 Meridiane und Punkte in den Schultern und den Innenflächen des Armes.**

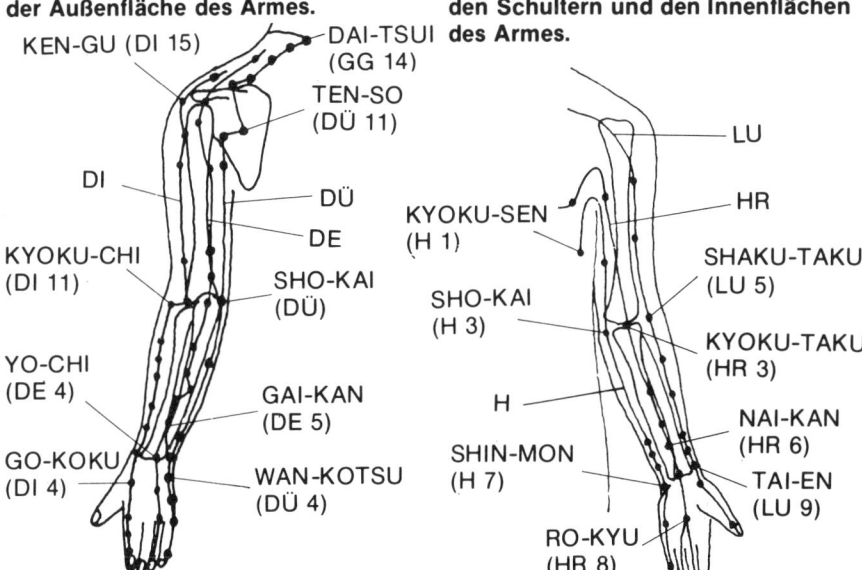

KEN-GU (DI 15)

DAI-TSUI (GG 14)

TEN-SO (DÜ 11)

DI

DÜ

DE

KYOKU-CHI (DI 11)

SHO-KAI (DÜ)

YO-CHI (DE 4)

GAI-KAN (DE 5)

GO-KOKU (DI 4)

WAN-KOTSU (DÜ 4)

LU

KYOKU-SEN (H 1)

HR

SHAKU-TAKU (LU 5)

SHO-KAI (H 3)

KYOKU-TAKU (HR 3)

H

NAI-KAN (HR 6)

SHIN-MON (H 7)

TAI-EN (LU 9)

RO-KYU (HR 8)

Abb. 249          Abb. 250

**Schritt 4:** Wenn wir am Handgelenk angelangt sind, massieren wir alle tiefer gelegenen Bereiche um das Handgelenk (Bild 249). Dann pressen wir entlang den Knochen am Handrücken (Bild 250). Wir gehen weiter zu den Fingern, benutzen den Daumen und den Zeigefinger, um jeden Finger bis zur Fingerspitze zu massieren und zwar seitlich und dann die obere und untere Seite (Bild 251). Diese Massage sollte langsam und sorgfältig von einem Finger zum anderen übergehen. Es ist besonders wichtig, die Fingerspitzen eines jeden Fingers kräftig zu pressen und zu massieren, indem man den Daumen und den Zeigefinger benutzt, um die Fingerspitzen nach vorne und nach hinten zu drehen (Bild 252).

**Schritt 5:** Wir ziehen jeden Finger und lassen ein knackendes Geräusch entstehen. Dann drücken wir mit dem Daumen zwischen den Fingern nach unten. Oder wir können auch zwischen den Fingern pressen, indem wir sie ineinanderhaken und nach unten drücken (Bild 253).

**Schritt 6:** Wir drücken die Handflächen sehr gründlich (Bild 254), zuerst entlang der drei Hauptlinien: der Lebenslinie, der Verstandeslinie und der Gefühlslinie (siehe Beschrei-

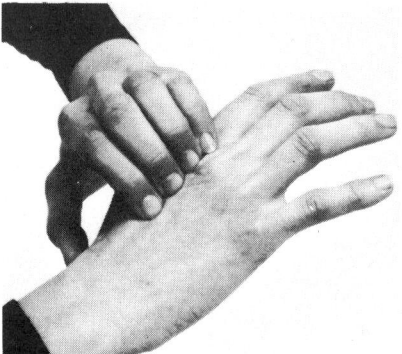

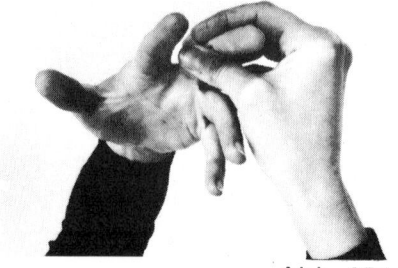

Abb. 251

bung der Handlinien). Dann pressen wir gründlich alle Bereiche der Hand in vertikaler Richtung. Während dieses Vorganges drücken wir tief mit einer kreisförmigen Bewegung. Zwei Punkte sollten ganz besonders fest massiert werden: Das Zentrum der Handinnenfläche, der Punkt Ro-Kyu, Herzregent Nr. 8 (Bild 255) und der Punkt an der Verbindung zwischen Daumen und Zeigefinger, Go-Koku, Dickdarm Nr. 4 (Bild 256).

Nachdem wir den obigen Vorgang abgeschlossen haben, wiederholen wir die gleichen Übungen am anderen Arm, vom Schritt 2 bis zum Schritt 6.

*Schritt 7:* Wir schütteln die Hände locker und schnell (Bild 257). Befreien Sie sich von jeglicher Verspannung in den Gelenken der Schultern, der Ellbogen und des Handgelenks wie auch in jedem Fingergelenk durch kräftiges Schütteln der Arme und Hände.

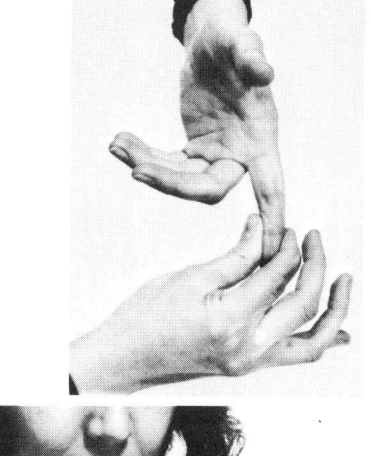

Abb. 252

Abb. 253

Abb. 254

Abb. 255

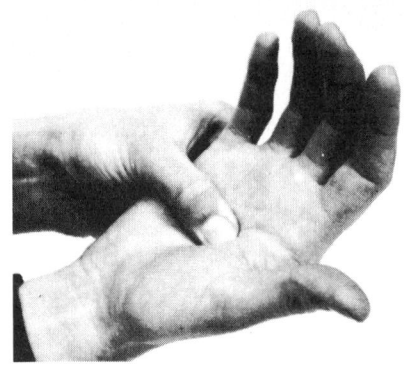

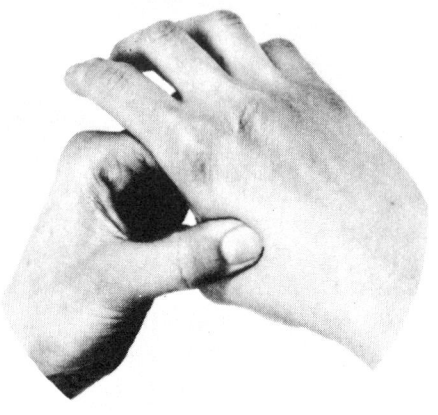

Abb. 256

Abb. 257

**Abb. 258** Korrespondierende Körperfunktionen durch die Meridiane in den Händen

**Abb. 259** Systeme, die den Handlinien entsprechen

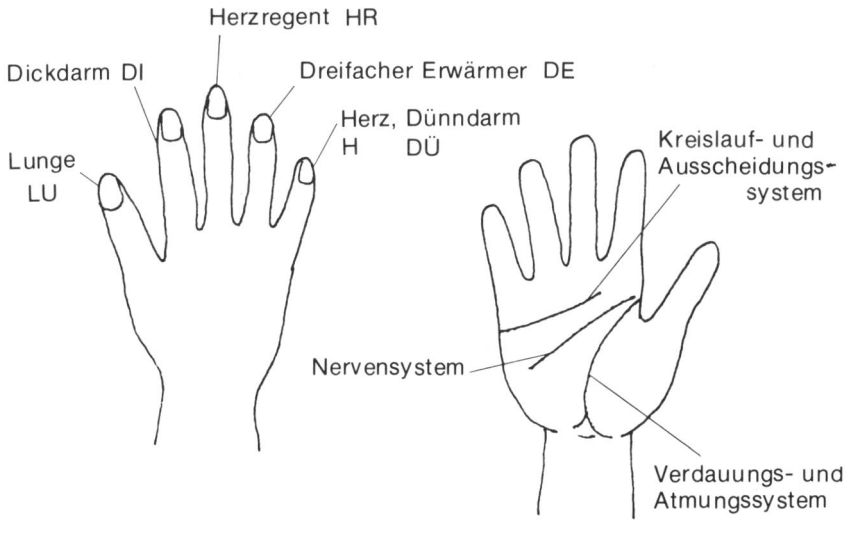

Herzregent HR

Dickdarm DI

Dreifacher Erwärmer DE

Lunge LU

Herz, Dünndarm H DÜ

Kreislauf- und Ausscheidungssystem

Nervensystem

Verdauungs- und Atmungssystem

**Abb. 260** Meridiane an den Händen.

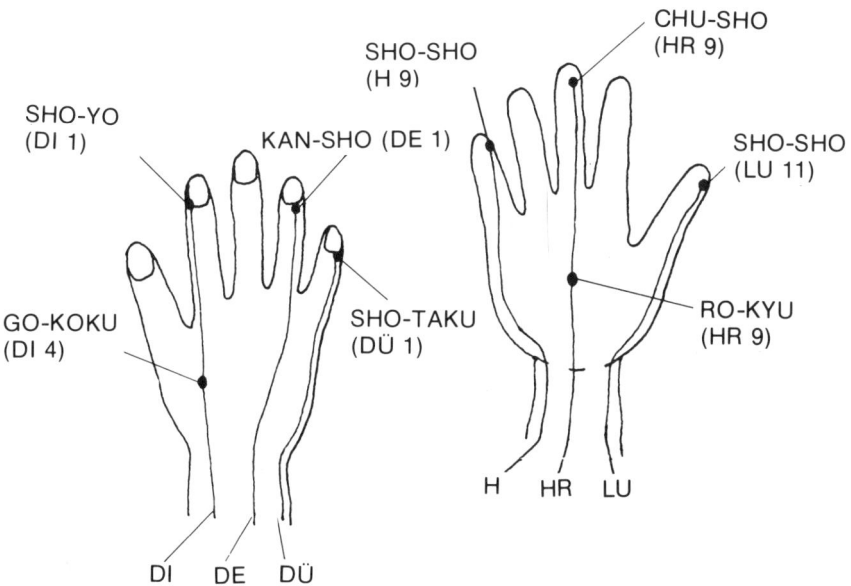

SHO-YO (DI 1)

KAN-SHO (DE 1)

SHO-SHO (H 9)

CHU-SHO (HR 9)

SHO-SHO (LU 11)

GO-KOKU (DI 4)

SHO-TAKU (DÜ 1)

RO-KYU (HR 9)

H HR LU

DI DE DÜ

# 4. Vorder-, Rück- und Seitenteile des Rumpfes

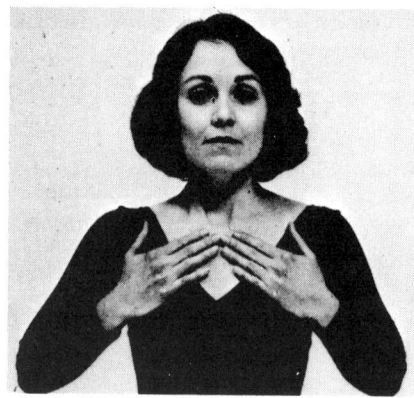

Abb. 261

Abb. 262

Diese Übungen sollen eine aktive Funktion aller Hauptorgane und Drüsen, die sich im Bereich des Rumpfes befinden, herbeiführen. Sie aktivieren ebenfalls kräftig den Kreislauf des Blutes und anderer Körperflüssigkeiten und bewirken den Energiefluß in allen Meridianen, die mit diesen Organen und Drüsen in Verbindung stehen. Die Atmungs-, Verdauungs-, Kreislauf- und Ausscheidungsfunktionen wie auch die Nerventätigkeiten werden mit harmonischer Energie gefüllt.

*Schritt 1:* Wir legen beide Handflächen auf den oberen Brustkorb und atmen tief zwei- bis dreimal (siehe Bild 261). Dann legen wir unsere Handflächen auf den unteren Brustkorb und atmen tief zwei- bis dreimal (Bild 262). Danach legen wir unsere Handflächen auf den mittleren Bereich (Magen) und dann auf den Unterleib (Bild 263) und atmen jedesmal zwei- bis dreimal.

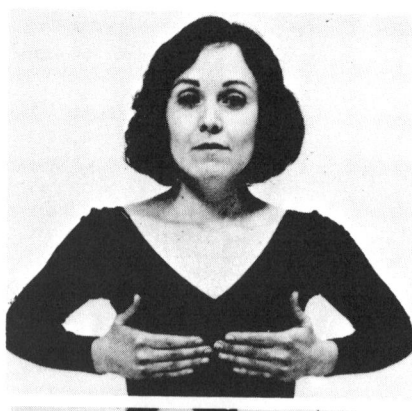

Abb. 263

Seitlich des Rumpfes legen wir unsere Handflächen zuerst auf den oberen Brustkorb (Bild 264), dann auf den mittleren Bereich in der Nähe der Magengegend und dann an die Taille (Bild 265); jedesmal atmen wir zwei- bis dreimal.

Am Rücken legen wir unsere Handflächen auf den mittleren Bereich über die Nieren (Bild 266) und atmen wiederum zwei- bis dreimal tief. Dieses Auflegen der Handflächen soll den funktionellen Stoffwechsel innerhalb der Organe und Drüsen harmonisieren.

*Schritt 2:* Wir beginnen mit einer leichten klopfenden oder trommelnden Bewegung im gesamten Brustbereich (Bild 267) einschließlich der Seitenteile des Brustkorbes. Diese Übung stärkt die Atmungsfunktionen in Verbindung mit der Beschleunigung des Blutkreislaufs und des Energieflusses.

Wir wenden wieder die gleiche klopfende Bewegung an, gehen dabei weiter nach unten zum Magen hin und noch weiter bis zum Bereich des Dick- und Dünndarms und der Blase. Wir sollten ebenfalls die Seitenbereiche der Taille und das Becken leicht beklopfen.

Am Rücken versuchen wir, soweit wie möglich, nach oben hin zu klopfen. Wir können dabei auf unseren Knien sitzen und unseren Körper nach vorne beugen (Bild 268). Dann klopfen wir vom Rücken aus nach unten zu den Hüften hin, einschließlich der Bereiche der mittleren und unteren Wirbelsäule, der Blasenmeridiane, die vertikal am Rücken verlaufen als auch der Muskeln des Gesäßes.

Abb. 264

Abb. 265

Abb. 266

Abb. 267

**Abb. 269  Bereiche der Taille und des Gesäßes, die den Bereichen im Kopf und dem Großhirn entsprechen**

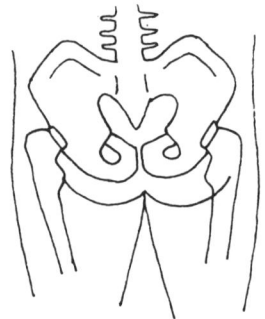

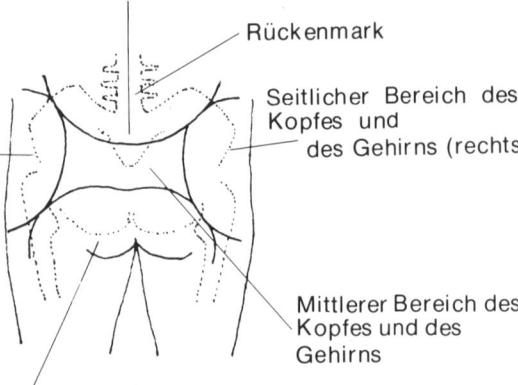

Abb. 268

Hinterer Bereich des Kopfes und des Gehirns

Rückenmark

Seitlicher Bereich des Kopfes und des Gehirns (rechts)

Seitlicher Bereich des Kopfes und des Gehirns (links)

Mittlerer Bereich des Kopfes und des Gehirns

Vorderer Bereich des Kopfes und des Gehirns

*Schritt 3:* Wir nehmen die vier Finger beider Hände und drücken die Punkte und Meridiane auf der Vorderseite des Körpers wie folgt:

1. Den gesamten Bereich unterhalb des Schlüsselbeins zu beiden Seiten zwei- bis dreimal.

2. Entlang des Brustbeins drücken wir in vertikaler Richtung, (Bild 270), zwei- bis dreimal

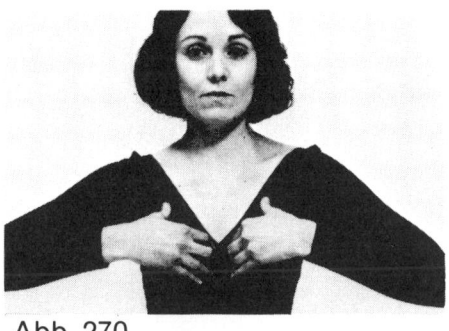

Abb. 270

3. Von der Spitze des Schlüsselbeines senkrecht nach unten zum Beckenbereich am Nierenmeridian entlang (Bild 271)

4. Vom Schlüsselbein entlang des Magenmeridians (Bild 272) nach unten bis zum Beckenbereich.

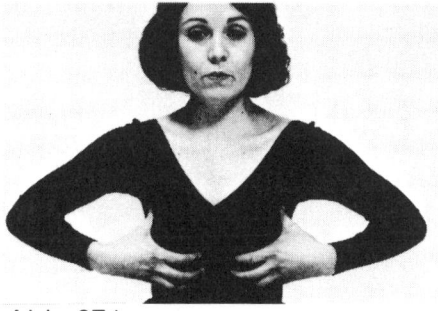

Abb. 271

5. Wir nehmen entweder vier Finger oder den Daumen und drücken in den vertieften Bereich nahe der Innenseite des Schultergelenks entlang dem Milzmeridian bis unten zum Beckenbereich hin.

6. Seitlich des Körpers pressen wir von der Vorderseite der Achselhöhle entlang dem Gallenblasenmeridian bis zu den Seitenteilen des unteren Hüftbereichs. Um dies auszuführen, ist es zweckmäßiger, den Daumen anstatt die Finger zu benutzen.

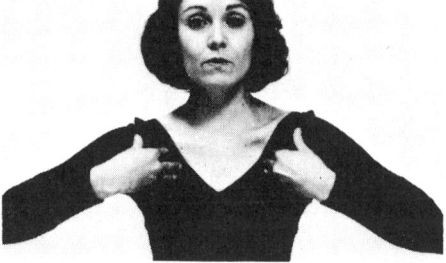

Abb. 272

7. Indem wir die vier Finger der beiden Hände benutzen, pressen wir unter dem Ende des Brustkorbes nach innen und oben, so als würden wir den

Brustkorb nach oben drücken (Bild 273). Drücken Sie langsam und tief im gesamten Bereich des Brustkorbs. Zwei Punkte sollten besonders kräftig gedrückt werden: Ki-Mon, Lebermeridian Nr. 14 an der Vorderseite des Brustkorbes und Sho-Mon, Lebermeridian Nr. 13, an den unteren Rändern des Brustkorbes.

Abb. 273

## Abb. 274: Vorderer Brustbereich

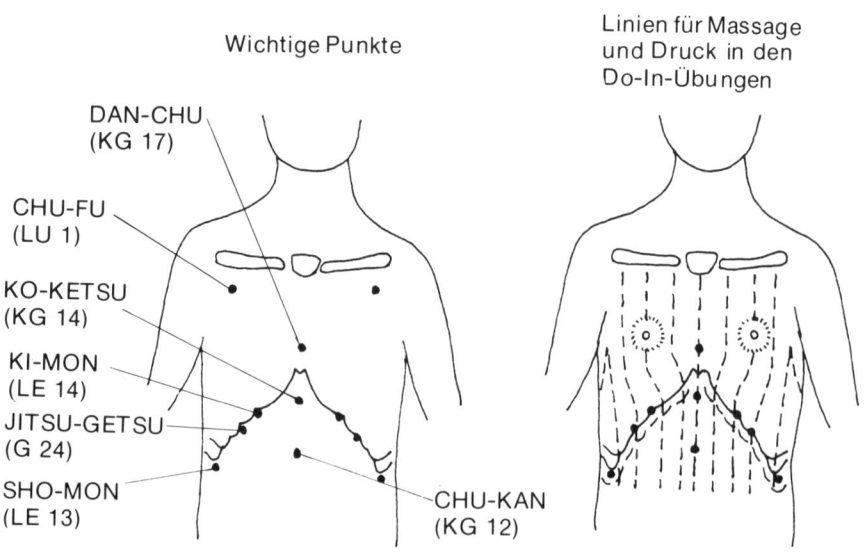

Wichtige Punkte

Linien für Massage und Druck in den Do-In-Übungen

DAN-CHU (KG 17)

CHU-FU (LU 1)

KO-KETSU (KG 14)

KI-MON (LE 14)

JITSU-GETSU (G 24)

SHO-MON (LE 13)

CHU-KAN (KG 12)

**Abb. 275: Meridiane im Vorderbereich des Rumpfes**

**Abb. 276: Meridiane und Punkte seitlich des Rumpfes**

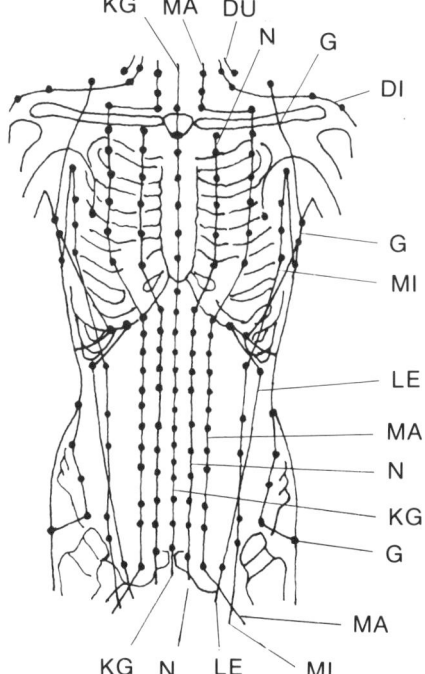

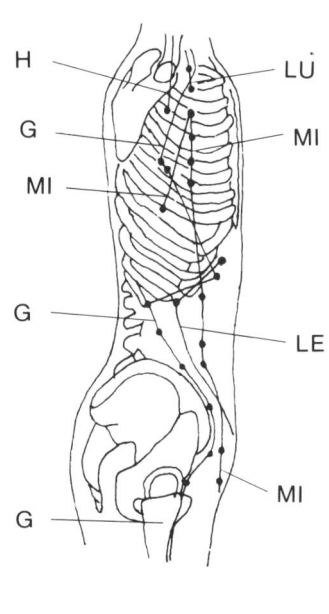

Abb. 277

Schritt 4: Indem wir unsere Handflächen benutzen, pressen und reiben wir auf der gesamten Vorderfläche des Körpers nach unten; wir beziehen dabei die Meridiane vom oberen Bereich des Schlüsselbeins bis zum unteren Bereich des Beckens ein (Bild 277).
Schritt 5: Am Rücken drücken wir in die tiefer gelegenen Bereiche unter dem Brustkorb und wölben dabei leicht den Rücken, um einen leichteren Griff zu ermöglichen (Bild 278). Dann lassen wir plötzlich los. Wiederholen Sie dies mindestens fünfmal. (Eine alterna-

tive Handstellung, als die auf dem Bild dargestellte, besteht darin, die Hände am Rücken über Kreuz zu legen, der Daumen der rechten Hand auf der rechten Seite der Wirbelsäule und die Finger der rechten Hand auf der linken Seite der Wirbelsäule und die Finger der linken Hand auf der rechten Seite der Wirbelsäule; für das Drücken benutzen wir die Daumen und alle Finger).

Dann legen Sie die Hände auf den Bereich der Nieren und der Nebennieren, wir strecken uns nach hinten, um diesen Bereich weicher und entspannter zu machen und atmen dreimal tief (Bild 279).

Abb. 278

**Abb. 280   Meridiane und Punkte am Rücken des Rumpfes**

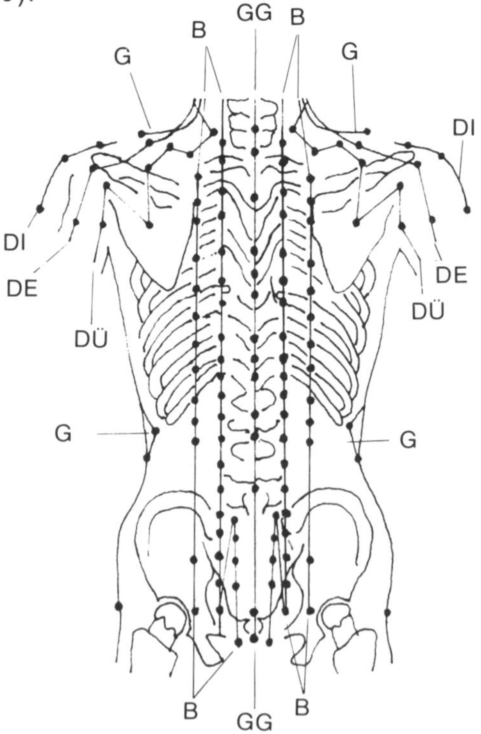

Abb. 279

*Schritt 6:* Wir benutzen alle vier Finger von beiden Händen, drücken tief in den Unterleibsbereich (Bild 281), beugen uns nach vorne und lassen dann ganz plötzlich los und setzen uns wieder gerade. Während dem Drücken atmen wir aus, und wenn wir loslassen atmen wir ein. Dann massieren Sie den Unterleib: zuerst das Zentrum (Bild 282), dann jede Seite (Bilder 283 und 284). Dann halten wir die linke Hand über die rechte Hand und massieren den gesamten Unterleibsbereich mit einer kreisförmigen Bewegung im Uhrzeigersinn mindestens fünfmal Bild 285). Schließlich legen wir beide Hände auf den Unterleib und atmen tief in den unteren Bereich des Unterleibs (Bild 286). Während der Einatmung sollte sich der Unterleib ausdehnen und während der Aus-

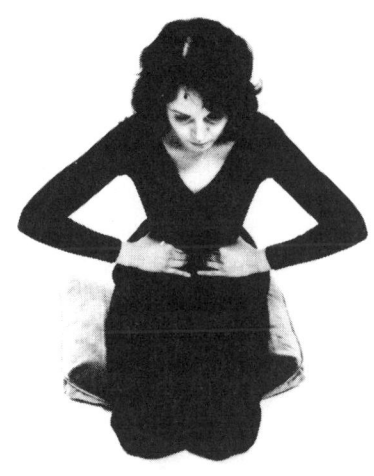

Abb. 281

Abb. 282

Abb. 283

atmung sollte er sich zusammenziehen. Wiederholen Sie dies mindestens fünfmal. Diese Unterleibsmassage ist ähnlich der, die in der Morgenübung, Schritt 7, gezeigt wurde.

*Schritt 7:* Wir drehen unseren Körper so weit wie möglich nach links und nach rechts, schwingen dabei die Arme und halten dabei den Kopf nach vorne (Bilder 287 und 288). Diese Übung aktiviert und harmonisiert den Energiefluß entlang aller Meridiane.

Abb. 284

Abb. 285

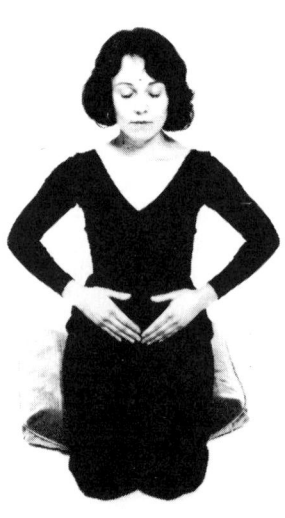

Abb. 286

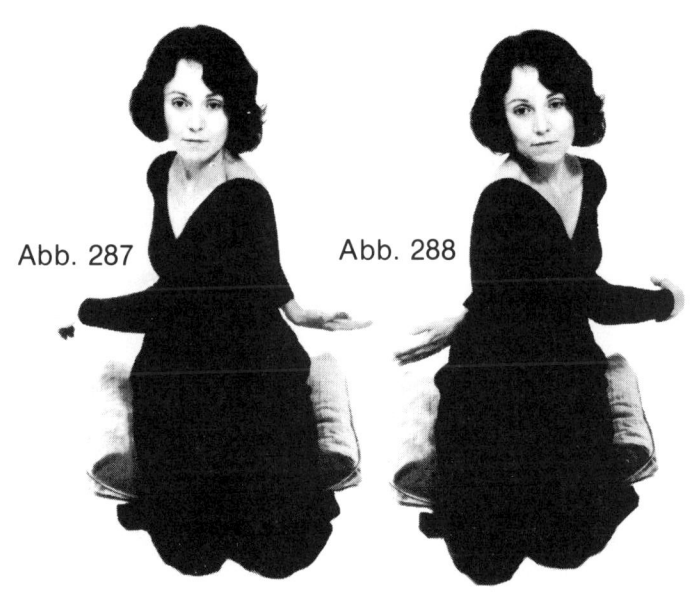

Abb. 287     Abb. 288

## 5. Taille, Beine, Füße und Zehen

Diese Übungen aktivieren alle Körperfunktionen, besonders die Verdauungs-, Ausscheidungs und Fortpflanzungsfunktionen. Unter diesen Organen werden die Milz-Pankreas und der Magen, die Leber und die Gallenblase, die Nieren und die Blase besonders durch ihre Meridiane beeinflußt. Die Füße jedoch spiegeln umfassend den gesamten Körper wider einschließlich der Funktion des Gehirns und alle Körperfunktionen werden durch diese Übungen aktiviert.

Abb. 289

*Schritt 1:* Wir sitzen auf den Knien mit beiden Händen auf den Seiten. Wir legen beide Handflächen auf den Beckenbereich (Bild 289) und atmen dreimal langsam ein und aus. Als nächstes drücken und reiben wir mit den Händen vier- oder fünfmal die Vorderseite der Beine bis zu den Knien (Bild 290). Wiederholen Sie dieses nach unten gehende Drücken an den Innenseiten der Beine und dann an der Außenseite (Bild 291) von der Taille bis zu den Knien je vier- oder fünfmal. Auf der Rückseite drücken wir über unser Gesäß bis zu den Knien (Bild 292). Diese Reibebewegungen sollen den Energiekreislauf harmonisieren und Muskelverspannungen auflösen.

Abb. 290

*Schritt 2:* Mit leicht geschlossenen Fäusten beklopfen wir die Vorderseite der Beine, indem wir mehr als fünfmal am Bein nach oben und unten gehen. Als nächstes klopfen wir auf die Innenseiten der Beine und dann auf die äußeren Seiten, indem wir wiederum nach oben und unten gehen. Dann beklopfen wir die Rückseiten (dabei kann man sich nach vorne beugen, Bild 293). Dieses Beklopfen befreit von Verhärtung und Verspannung und verstärkt den Energiefluß in den Meridianen, z.B. in den Meridianen der Milz, der Leber, der Niere, des Magens, der Gallenblase und der Blase.

Abb. 291

*Schritt 3:* Sitzen Sie mit gekreuzten Beinen und heben Sie dann ein Bein, krümmen

Abb. 292

Abb. 293

Abb. 294

Sie das Knie und lassen Sie den Fuß auf dem Boden ruhen. Drücken Sie den erhobenen Oberschenkel nach oben und unten, benutzen Sie dabei beide Hände — die Daumen innen und die Finger außen. Diese Bewegung befreit nicht nur von Muskelverspannungen, sondern erzeugt ebenfalls den Energiefluß entlang der Milz-, Nieren- und Gallenblasenmeridiane. Dann benutzen Sie den unteren Teil der Handflächen beider Hände und drücken die Schenkel kräftig nach oben und unten. (Dies ist die gleiche Übung, wie in Schritt 5 an der Wade, Bild 296 dargestellt.)

*Schritt 4:* Legen Sie die Handflächen für eine Zeit auf das
Knie, um diesen Bereich zu
erwärmen. Dann benutzen Sie
die Finger, um alle Vertiefungen und verspannten Muskeln
in dem Bereich des Knies zu
drücken (Bild 294). Sie sollten
häufig drücken und dann wieder loslassen; dies befreit von
blockierter Zirkulation im Bereich des Knies.

*Schritt 5:* Mit den Handballen
reiben wir vom Knie aus nach
unten zur Achillessehne (Bild
295), und wiederholen dies
fünfmal. Als nächstes drücken
wir wieder mit dem Handballen,
lassen zwischendurch immer
wieder los (Bild 296), und wiederholen dies mehr als dreimal
an der Wade. Dies kann für viele
Menschen sehr schmerzhaft
sein. Diese Übungen aktivieren
die Darm- und Blasenfunktio-
nen.

Abb. 296

Abb. 295

286

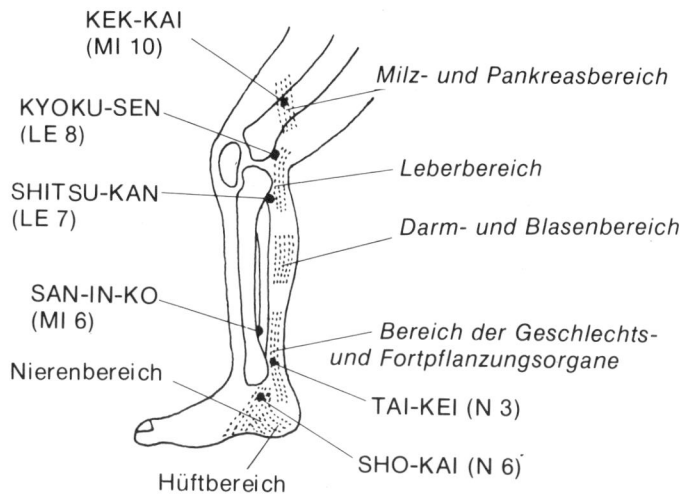

KEK-KAI
(MI 10)

KYOKU-SEN
(LE 8)

SHITSU-KAN
(LE 7)

SAN-IN-KO
(MI 6)

Nierenbereich

Hüftbereich

Milz- und Pankreasbereich

Leberbereich

Darm- und Blasenbereich

Bereich der Geschlechts-
und Fortpflanzungsorgane

TAI-KEI (N 3)

SHO-KAI (N 6)

**Abb. 297 Hauptpunkte und
Bereiche auf der Innenseite des
Beines und die entsprechen-
den Körperbereiche**

Abb. 298

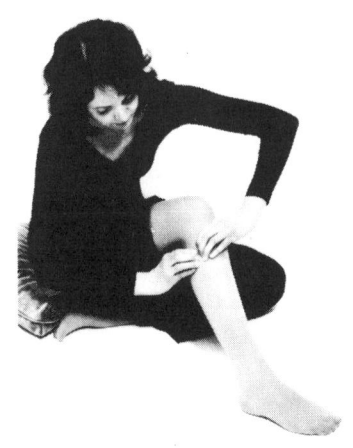

Als nächstes pressen Sie den Magenmeridian (Bild 298), vom Knie bis zum oberen Bereich des Fußes; benutzen Sie dazu vier Finger und den Daumen auf der anderen Seite des Beines zum Abstützen. Auf dem Magenmeridian sollte der Punkt San-Ri, Magenmeridian Nr. 36 besonders fest mit einer kreisförmigen Bewegung gedrückt werden. Dann drücken Sie auf den Gallenblasenmeridian seitlich des Beines auf die gleiche Weise (Bild 299).

Auf der Innenseite des Beins beginnen wir mit beiden Daumen direkt hinter dem Beinknochen und drücken fest auf den Milzmeridian vom Knie bis zu den Knöcheln, während sich die übrigen vier Finger zum Abstützen auf der anderen

Beinseite befinden. Der Punkt San-In-Ko, Milzmeridian Nr. 6, sollte mit einer kreisförmigen Bewegung besonders fest gedrückt werden (Bild 300).

An der Rückseite des Beines benutzen wir wiederum die Daumen, pressen tief entlang des Blasenmeridians (Bild 301), was den Energiefluß dieses Meridians aktiviert.

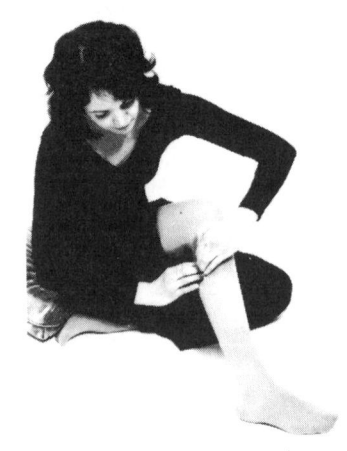

Abb. 300

Abb. 299

**Abb. 302 Meridiane und Hauptpunkte am Bein**

*Magenmeridian*

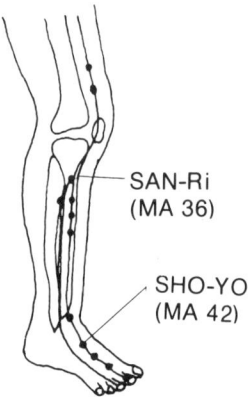

SAN-Ri
(MA 36)

SHO-YO
(MA 42)

Abb. 301

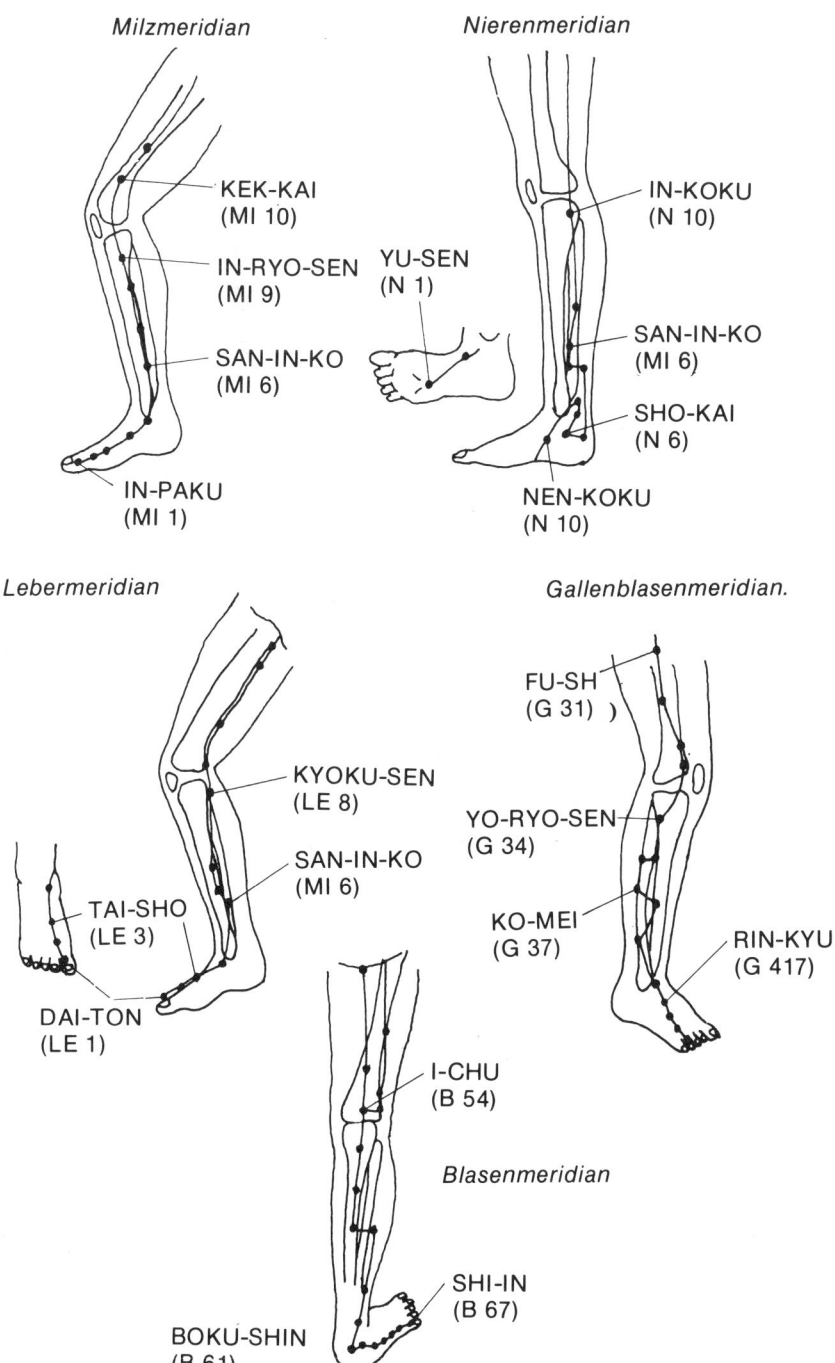

Milzmeridian

KEK-KAI
(MI 10)

IN-RYO-SEN
(MI 9)

SAN-IN-KO
(MI 6)

IN-PAKU
(MI 1)

Nierenmeridian

IN-KOKU
(N 10)

YU-SEN
(N 1)

SAN-IN-KO
(MI 6)

SHO-KAI
(N 6)

NEN-KOKU
(N 10)

Lebermeridian

KYOKU-SEN
(LE 8)

SAN-IN-KO
(MI 6)

TAI-SHO
(LE 3)

DAI-TON
(LE 1)

Gallenblasenmeridian.

FU-SH
(G 31) )

YO-RYO-SEN
(G 34)

KO-MEI
(G 37)

RIN-KYU
(G 417)

I-CHU
(B 54)

Blasenmeridian

SHI-IN
(B 67)

BOKU-SHIN
(B 61)

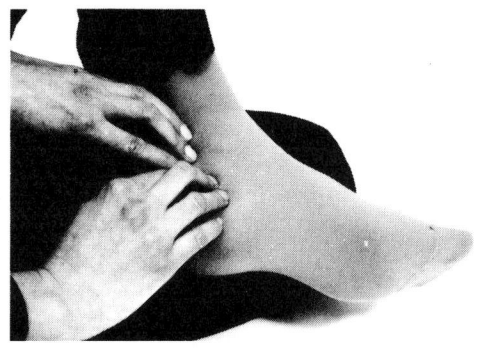

Abb. 303

*Schritt 6:* Massieren Sie die Achillessehne (Bild 303) bis unten zum unteren Bereich des Knöchels. Diese Übung verbessert insgesamt die Geschlechts- und Fortpflanzungsfunktionen. (Eine alternative Handstellung zu der dargestellten besteht darin, beide Hände auf der Rückseite des Fußknöchels über Kreuz zu legen, den Daumen der linken Hand auf die linke Seite des Knöchels und die Finger der linken Hand auf die rechte Seite, und den Daumen der rechten Hand auf die rechte Seite des Knöchels und die Finger der rechten Hand auf die linke Seite.)

*Schritt 7:* Wir halten die Hände um die Fußsohle und benutzen die Daumen, um auf der Oberseite des Fußes bis zu den Zehenspitzen entlang nach unten zu reiben (Bild 304). Da jeder Bereich im Fuß in Verbindung mit jedem Bereich des Körpers und dessen Organen steht, aktiviert und verbessert eine Stimulierung und Stauungsauflösung in irgendeinem Bereich des Fußes die entsprechenden Körperbereiche.

Abb. 304

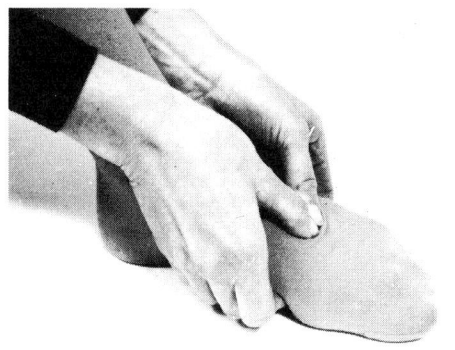

**Abb. 305 Linien für Fußmassage und Druck in Do-In**

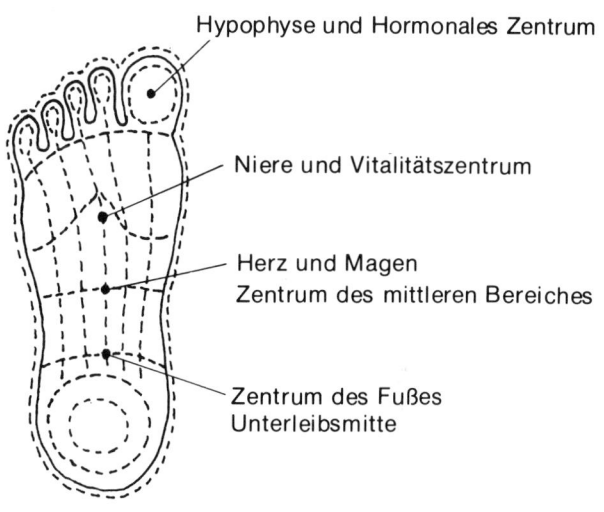

Hypophyse und Hormonales Zentrum

Niere und Vitalitätszentrum

Herz und Magen
Zentrum des mittleren Bereiches

Zentrum des Fußes
Unterleibsmitte

**Abb. 306 Bereiche und Punkte am Fuß, die den Körperorganen entsprechen**

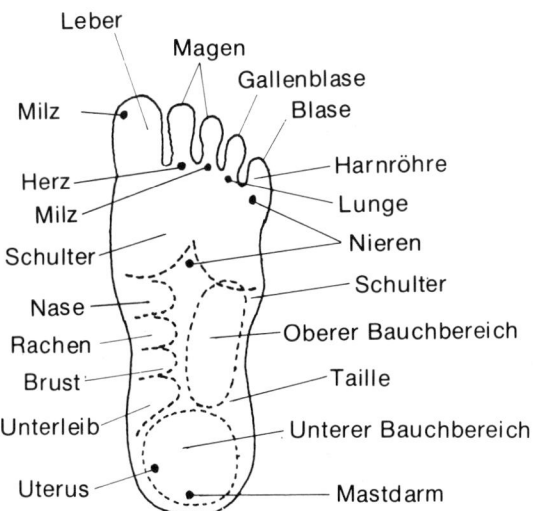

Leber

Magen

Gallenblase

Milz

Blase

Herz

Harnröhre

Milz

Lunge

Schulter

Nieren

Nase

Schulter

Rachen

Oberer Bauchbereich

Brust

Taille

Unterleib

Unterer Bauchbereich

Uterus

Mastdarm

*Schritt 8:* Wir sitzen mit gekreuzten Beinen mit einer Fußsohle nach oben gewendet. Wir benutzen die Daumen, und drücken die Fußsohle (Bild 307) in den folgenden Bereichen: zuerst die Innenseite zum großen Zeh hin — nach oben und unten entlang dem Fuß —, dann beginnen wir bei jedem Zeh, drücken zwei- oder dreimal vertikal über die Sohle in jedem Bereich. Als nächstes drücken wir zwei oder dreimal die Sohlen seitlich in drei Linien: in der Nähe der Ferse, in der Mitte und in der Nähe des Fußballens (siehe Graphik 305 und 306). Schließlich pressen wir seitlich den fleischigen Bereich an der Zehenwurzel zwei- oder dreimal. Wenn Sie während dieser Massage auf harte Stellen stoßen, drücken Sie mehrmals mit kräftigen kreisförmigen Bewegungen, um die Stauungen zu beseitigen.

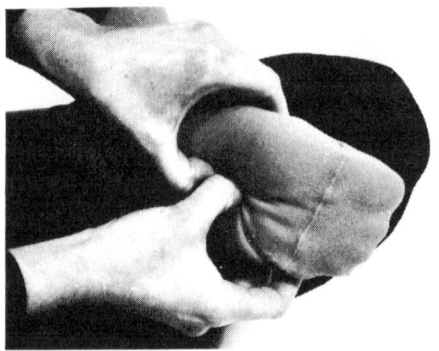

Abb. 307

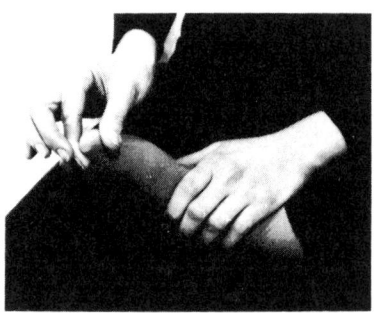

Abb. 308

Abb. 309

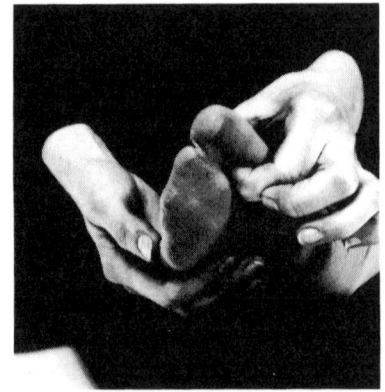

*Schritt 9:* Nehmen Sie den großen Zeh in die Hand. Drehen Sie ihn mehrmals und benutzen Sie den Daumen und den Zeigefinger, um die Seiten des Zehes und den fleischigen Mittelteil des Zehs (Bild 308) zu drücken. Dann behandeln Sie die übrigen Zehen auf die gleiche Weise — einen nach dem andern. Die Zehenspitzen sollten ebenfalls besonders durch festes Drücken stimuliert werden. Mit den Fingern pressen Sie auch zwischen den Zehen (Bild 309).

**292**

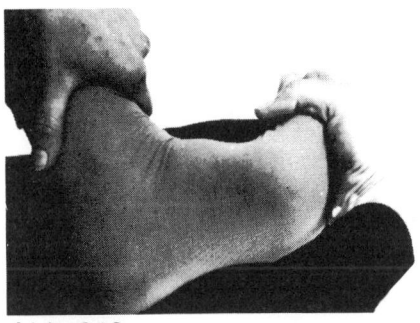

Abb. 310

Abb. 311

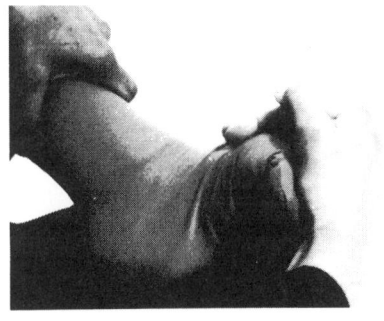

*Schritt 10:* Ziehen und biegen Sie jeden Zeh und versuchen Sie bei jedem einzelnen nacheinander ein knackendes Geräusch entstehen zu lassen. Dann halten Sie alle Zehen und bewegen Sie sie mehrmals nach vorne und nach hinten (Bilder 310 und 311). Jeder Zeh besitzt einen Meridian, der in ihm verläuft, wie z.B. die Meridiane der Milz, der Leber, des Magens, der Gallenblase und der Blase und dementsprechend bewirkt die Stimulierung eines jeden Zehs eine Energiezufuhr und Verbesserung der Funktionen der Bezugsorgane.

Dann drehen Sie die Fußknöchel mehrmals in jede Richtung herum.

**Abb. 312 Meridiane an der Fußsohle**

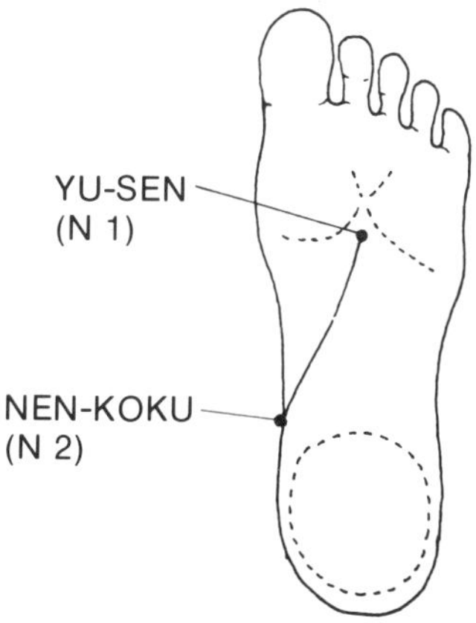

**Abb. 313 Meridiane an der Oberseite des Fußes**

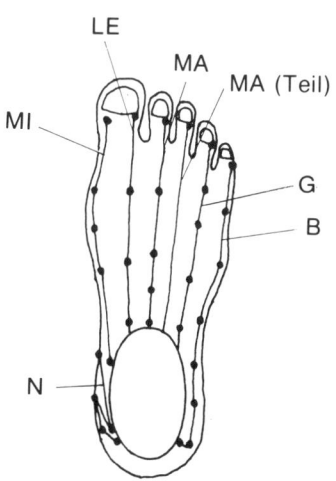

YU-SEN (N 1)

NEN-KOKU (N 2)

LE
MA
MA (Teil)
MI
G
B
N

*Schritt 11:* Wiederholen Sie die Schritte 3 bis 10 an dem anderen Bein und dem anderen Fuß.

*Schritt 12:* Setzen Sie sich so hin, daß die Fußsohlen zusammen sind, halten Sie die Füße mit den Händen und atmen Sie dreimal tief ein und aus (Bilder 314 und 315). Diese Übung harmonisiert umfassend den Energiefluß in allen Bereichen der Zehen, Füße und Beine.

Abb. 314

Abb. 315

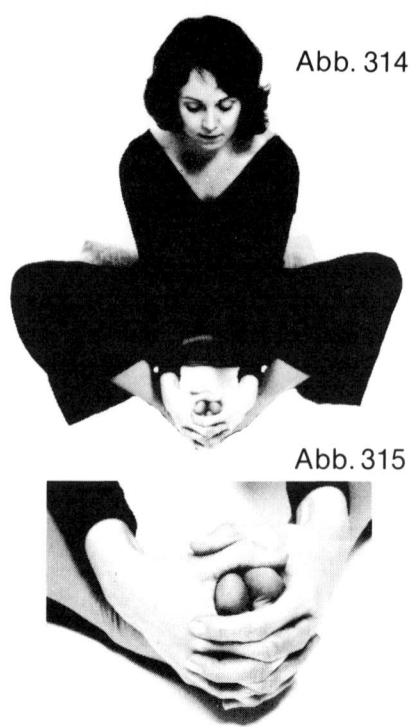

## 6. Abschluß

Durch die Reihe der allgemeinen Übungen wurde jeder Teil des Körpers bezüglich des Kreislaufes der Körperflüssigkeiten und des Energieflusses stimuliert; ebenso wurden die Nervenreaktionen in jedem Bereich aktiviert. In den abschließenden Übungen werden all diese Körperfunktionen — in den Muskeln, den Organen, Nervensystemen und der Energie — in einer Ganzheit harmonisiert, um jeglicher Alltagsanforderung entgegentreten zu können.

*Schritt 1:* Wir stehen in einer natürlichen Stellung und hüpfen leicht auf und ab (Bild 316). Die Schultern, Ellbogen und alle anderen Gelenke sollten vollständig entspannt sein. Hüpfen Sie zehnmal oder häufiger. Dann heben Sie ein Bein und hüpfen zehnmal oder häufiger nur auf einem Fuß (Bild 317) — und dann mit dem anderen Fuß.

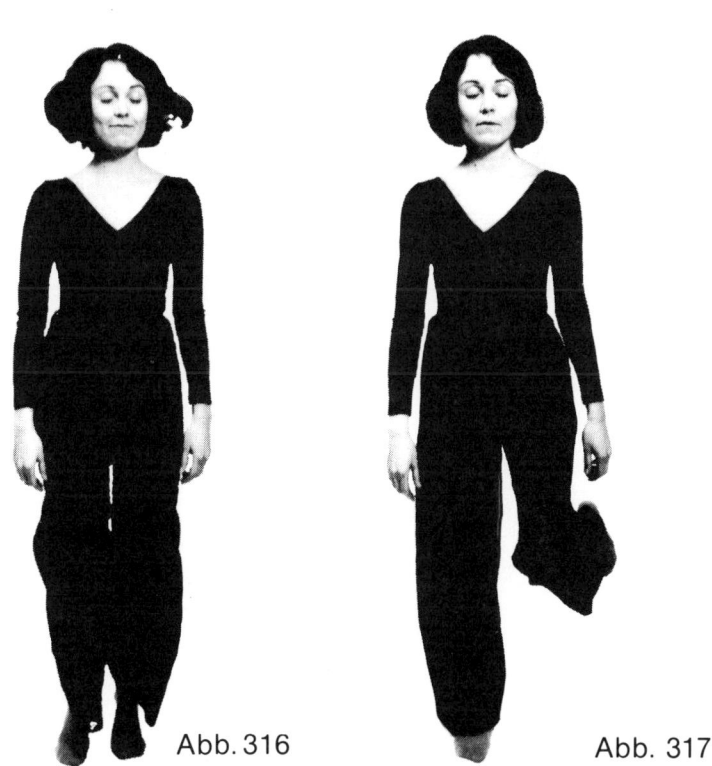

Abb. 316        Abb. 317

*Schritt 2:* Wir stehen auf unseren Füßen mit Schulterbreitem Abstand, drehen uns von einer Seite zur anderen und schwingen dabei die Arme (wie in der Rumpfübung Schritt 7, Seite 282 beschrieben.) Schultern, Ellbogen, Handgelenke und alle anderen Körperteile sollten völlig entspannt sein.

*Schritt 3:* Wir bleiben in der aufrechten Haltung, beugen uns nach vorne und versuchen, den Boden mit beiden Händen zu berühren. Dann richten wir uns auf, öffnen die Arme weit, so als würden wir die Brust öffnen. Die Schultern und das Genick sollen sehr entspannt sein. Wiederholen Sie dies zehnmal.

*Schritt 4:* Wir stehen aufrecht und strecken die Arme zum Himmel, strecken den Körper nach hinten und atmen tief ein (Bild 318). Dann beugen wir uns nach vorne und atmen aus, und lassen die Arme nach unten schwingen (Bild 319). Wir wiederholen diese Übung mindestens dreimal, während wir allmählich langsamer werden.

Abb. 318

Abb. 319

## 7. Zusätzliche Übungen speziell für die Schönheit des Gesichts

Obwohl die Allgemeinen Übungen für das Gesicht, den Kopf, den Hals- und Schulterbereich der Erhaltung und Entwicklung der Schönheit wie auch der Gesundheit sehr dienlich sind, können die nun folgenden Übungen speziell zur Entwicklung der Schönheit angewandt werden. Diese Übungen helfen dabei, das Gesicht ins Gleichgewicht zu bringen, die Gesichtszüge ebenmäßiger zu machen und ein erschlafftes Gesicht mehr fest und glatt zu machen.

*Schritt 1:* Wir neigen unseren Kopf nach hinten und klopfen mit den Handballen auf die Stirn und zwar nach oben gehend. Wechseln Sie die Hände oder benutzen Sie beide Hände zur gleichen Zeit. Wiederholen Sie dies zehn- bis zwanzigmal. Diese Übung dient der Festigung des Stirnknochens, der zum Heruntersinken neigt; die Muskeln und die Haut der Stirn werden ebenfalls gefestigt, Falten verschwinden und die Durchblutung wird aktiver.

*Schritt 2:* Wir nehmen die Finger, streichen Speichel entlang den Augenbrauen und oberhalb und unterhalb des Auges. Wiederholen Sie dies ungefähr zehnmal. Diese Übung bewirkt ein schönes Wachstum der Augenbrauen und läßt langsam die Falten um die Augen verschwinden. Sie bewirkt ebenfalls eine klarere Sicht.

*Schritt 3:* Wir halten die Wangenknochen mit den Handballen, drücken nach oben und öffnen währenddessen den Mund. Wiederholen Sie dies zehnmal. Diese Übung hilft, ausgeweitete oder hängende Knochen und Muskeln der Wangen wieder straff und fest zu machen.

*Schritt 4:* Mit den Daumen hinten am Hals und den Fingern, die den Kopf halten, neigen wir den Kopf nach hinten. Lassen Sie das Kinn nach unten fallen und öffnen Sie den Mund soweit wie möglich. Dann lassen Sie plötzlich den Kopf nach vorne fallen und schließen den Mund. Wiederholen Sie dies drei- bis fünfmal. Diese Übung hilft ausgeweitete Wirbel in der oberen Wirbelzone wieder zu festigen und die Seitenteile des Schädels zu stärken und zusammenzuziehen und somit die Kopfform zu verschönern. Sie ist auch für den Kreislauf gut.

*Schritt 5:* Legen Sie die Daumen tief in die etwas tiefer liegenden Bereiche unterhalb der Ohren, neigen Sie den Kopf nach hinten, lassen Sie den Unterkiefer fallen und öffnen Sie den Mund weit. Dann schließen Sie den Mund. Wiederholen Sie dies fünfmal. Diese Übung festigt die Mundhöhle als auch ausgeweitete Nasenhöhlen und normalisiert das Zusammenwirken der Kiefer in ihrer links-und-rechts-Bewegung.

*Schritt 6:* Mit den Mittelfingern drücken Sie hart auf die Knochen im mittleren Bereich der Nase und drücken nach innen und oben. Der Kopf neigt sich ganz natürlich nach hinten und der

Mund kann entspannt und leicht geöffnet sein. Dann lösen Sie den Druck und bringen Sie den Kopf wieder in seine normale Stellung zurück. Diese Übung bewirkt für die Nerventätigkeit im Kopf wie auch für die Augen eine größere Wachsamkeit und Klarheit. Sie bewirkt auch die Absonderungen der Hypophyse, um aktiver zu werden und eine gleichmäßigere Atmung und fördert ebenfalls die Ausscheidung von angesammeltem Schleim im Bereich der Stirn und der Nasenhöhlen.

*Schritt 7:* Stecken Sie einen Finger in die Mundwinkel, öffnen Sie den Mund weit und entspannen Sie ihn dann. Wiederholen Sie dies ungefähr zehnmal. Wenn sie entspannen, ist es sehr wirkungsvoll, wenn Sie absichtlich die Muskeln des Mundes zusammenziehen. Diese Übung beseitigt jede Falte um den Mund und verbessert die Durchblutung der Lippen.

*Schritt 8:* Halten Sie die Nasenspitze und lassen Sie sie zehn- bis zwanzigmal vibrieren. Diese Übung aktiviert eine stagnierte Durchblutung der Nase und korrigiert die Form der Nase.

*Schritt 9:* Ziehen und strecken Sie die Ohren gründlich (1) nach oben, (2) horizontal geöffnet, und (3) nach unten — und zwar fünfmal in jede Richtung. Diese Übung steigert die Durchblutung, aktiviert die Nierenfunktionen und die Ausscheidung der Adrenalinhormone und verbessert die Form der Ohren, falls diese geschädigt und unausgeglichen geworden sind.

*Schritt 10:* Reiben und massieren Sie die Wangen ungefähr zwanzig- bis dreißigmal. Diese Übung aktiviert harmonisch die Durchblutung im gesamten Gesichtsbereich und beseitigt Falten auf den Wangen.

## 8. Einige tägliche Übungen für die Gesundheit

Zusätzlich zu den täglichen Do-In-Übungen für die körperliche und geistige Entwicklung und zur Erhaltung der Schönheit, werden die folgenden Verfahren zur Entwicklung der Gesundheit und zur Verhinderung von verschiedenen körperlichen Störungen empfohlen.+

+ Zur umfassenden Erklärung der Empfehlungen für viele andere körperliche und geistige Erkrankungen, nehmen Sie bitte Bezug auf „Das Buch der Makrobiotik" von Michio Kushi

# 1) Gegen Kopfschmerzen einschließlich Migräne

Zusätzlich zu den Übungen für den Kopf, die in den Allgemeinen Übungen vorgestellt wurden, hilft die Massage der Finger und der Zehen ebenfalls, von Kopfschmerzen zu befreien. Wenn der Kopfschmerz im vorderen Bereich des Kopfes auftritt, massieren Sie besonders stark den zweiten und dritten Zeh. Falls der Kopfschmerz seitlich oder am Hinterkopf auftritt, massieren Sie gründlich den vierten und fünften Zeh. Bei Kopfschmerzen im Inneren des Kopfes massieren Sie die Daumen. Diese Verfahren können durch kräftige Masssage der Mittel- und Ringfinger wie auch der Daumen und kleinen Finger ergänzt werden. Diese Übungen sollten zwei- bis dreimal täglich wiederholt werden. Es ist ebenfalls hilfreich, den erkrankten Bereich mit geriebenem Ingwer, Zwiebeln oder Schalotten einzureiben.

# 2) Glatzköpfigkeit

Gegen Glatzköpfigkeit in den Randbereichen des Kopfes, so wie vorne und  und den Seiten, ist es empfehlenswert, die Kopfmassageübungen der Allgemeinen Übungen anzuwenden. Zusätzlich benutzen Sie Salzwasser und Speichelflüssigkeit, um die kahlen Stellen kräftig einzureiben. Bei Glatzköpfigkeit in den oberen und mittleren Bereichen des Kopfes reiben Sie täglich — neben den Übungen für den Kopfbereich, die in den Allgemeinen Übungen beschrieben wurden — den Saft von geriebenem Ingwer, Daikon, Radieschen, Zwiebeln oder Schalotten ein.

# 3) Rotes und geschwollenes Gesicht

Waschen Sie jeden Morgen und jeden Abend Ihr Gesicht mit kaltem, gesalzenen Wasser. Wenden Sie über Nacht eine Buchweizenpaste an: Sie mischen Buchweizenmehl mit warmem Wasser und formen einen Teig und legen diesen über Nacht auf das ganze Gesicht; entfernen Sie diesen Teig am Morgen.

# 4) Für die Gesundheit der Augen

Jeden Morgen und jeden Abend vor dem Schlafen, wenn wir unser Gesicht und unsere Hände waschen, ist es ratsam unsere Augen nach den folgenden Richtlinien zu behandeln:

a. Wir reiben kräftig um unser geschlossenes Auge Seesalz ein, welches mit den drei angefeuchteten Fingern beider Hände aufgetragen wird.

b. Waschen Sie das Salz ab, spülen und bewegen Sie Ihre Augen in kaltem Wasser.

c. Reiben Sie mit allen Fingern Speichelflüssigkeit um die Augen. Lassen Sie die Speichelflüssigkeit für einige Minuten eintrocknen. Die Augen können allerdings nach mehreren Minuten mit einem Handtuch abgetrocknet werden.

Diese Übungen verhindern jegliche Art von Augenproblem, einschließlich schlechtem Sehvermögen, grauem Star, Glaukom, Ablösung der Netzhaut und anderen Störungen. Diese Übung hilft auch, den Augenzustand, der durch diese Störungen entstanden ist, zu verbessern, besonders dann, wenn die Atemübungen, die zuvor in den Allgemeinen Übungen beschrieben wurden ebenfalls angewandt werden, wie auch durch die gleichzeitige Anwendung von Augentropfen aus reinem Sesamöl, die man täglich ein- oder mehrmals benutzt. Für einige andere Augenstörungen werden gegebenenfalls Behandlungen mit heißen Ingwerumschlägen, Buchweizenumschlägen oder Chlorophyll-Gemüse-Umschlägen benötigt. +

**5) Für die Ohren**

Zusätzlich zu den Ohrübungen, die in den Allgemeinen Übungen gezeigt wurden, ist es empfehlenswert, die Ohren durch die Entfernung jeglicher Ohrenschmalzansammlung sauberzuhalten. Verwenden Sie gesalzenen warmen Bancha-Tee, mit oder ohne etwas frisch ausgepreßten Zitronensaft, befeuchten Sie damit ein Stück Baumwolle oder Gewebe und führen Sie dies in das Ohr ein; belassen Sie es dort für ungefähr zwei Stunden. Dann entfernen Sie die Baumwolle und benutzen ein neues Stück Baumwolle oder Gewebe, um die noch verbliebene Flüssigkeit aus dem Ohr zu entfernen. Wiederholen sie dies zwei- oder dreimal am Tag, falls sehr viel Ohrenschmalz vorhanden ist.

Das Auflegen einer Ingwerkompresse um das Ohr herum ist ebenfalls sehr hilfreich bei der Beseitigung von viel Ohrenschmalz. Dies kann ein- oder zweimal am Tag einige Tage lang angewandt werden.

+)Diese und andere Anwendungen sind ausführlich in dem „Buch der Makrobiotik" von Michio Kushi beschrieben.

## 6) Für die Nase

Gegen Verstopfungen in der Nase, was Atmungsschwierigkeiten herbeiführen kann, können wir die Übungen für die Nase, wie sie zuvor in den Allgemeinen Übungen beschrieben wurden, anwenden. Zusätzlich kann gesalzener warmer Banchatee oder gesalzenes warmes Wasser durch die Nase eingezogen werden und auch durch die Nase — ohne Herunterschlucken — wieder ausgestoßen werden; dies kann mehrmals täglich angewandt werden und ist sehr nützlich bei der Verringerung und Beseitigung von Schleimansammlungen in den Nasenhöhlen und der Stirn.

Bei Nasenbluten geben Sie viel Meersalz oder Dentie (das schwarze Pulver der zerstoßenen, gerösteten Aubergine) auf ein Stück angefeuchteter Baumwolle oder Gewebe — und führen Sie dies tief in die Nasenlöcher für fünf bis zehn Minuten lang ein.

## 7) Für die Zähne, Mund und Kiefer

Jeden Morgen und jeden Abend können die Zähne gründlich mit Meersalz oder Dentie gebürstet werden, beides wurde in den fernöstlichen Ländern traditionsgemäß zur Stärkung der Zähne und des Zahnfleisches angewandt. Gegen entzündetes Zahnfleisch und eine entzündete Mundhöhle, gurgeln Sie mehrmals täglich mit kaltem, gesalzenem Banchatee.

## 8) Gegen Blutstauung

Vermeiden Sie schleimbildende Nahrung, wie Milchprodukte, Mehlprodukte, fettes und öliges Essen und verschiedene Fettsorten, wie auch Zucker, Honig und andere Süßmittel. Neben dieser Ernährungsanpassung praktizieren Sie regelmäßig die Do-In-Übungen, die in dem Kapitel über die Allgemeinen Übungen dargestellt wurden, besonders diejenigen für den Brust- und Unterleibsbereich. Massieren Sie jede Hand und jeden Finger mehrmals täglich sehr kräftig.

## 9) Verstopfung und Durchfall

Praktizieren Sie die Unterleibsübungen regelmäßig, die in den Täglichen Übungen (Seite 210) und in den Täglichen Übungen (Seite 280) gezeigt wurden und zwar in Verbindung mit einer regelmäßigen Ernährung, nach den natürlichen makrobiotischen Prinzipien.

## 10) Bein- und Fußkrämpfe

Vermeiden Sie übermäßige Einnahme jeglicher Art von Flüssigkeit, einschließlich Früchte und rohe Gemüsesorten, Zucker, Honig und andere Süßstoffe. Wenn Krämpfe auftreten, legen Sie sofort eine Hand über die Zehen und die Handfläche der anderen Hand auf die Stelle, die vom Krampf betroffen ist.

## 11) Trockene Haut

Massieren Sie jeden Tag den trockenen Bereich sehr gut, reiben Sie den Saft von zerriebenem Ingwer, Rettich, Schalotten oder Zwiebeln ein. Vermeiden Sie alle fettigen und öligen Nahrungsmittel in ihrer Ernährung. Es ist auch sehr nützlich, die Finger und Zehen, besonders jene, die mit den Bereichen in Verbindung stehen, in denen die trockene Haut auftritt, zu massieren.

## 12) Sommersprossen

Vermeiden Sie unbedingt jeglichen übermäßigen Gebrauch von Zucker, Honig, Schokolade, Früchte und anderer Süßstoffe. Massieren Sie kräftig den Bereich, in dem die Sommersprossen auftreten. Reiben Sie täglich den Saft von zerriebenem Ingwer, Reisessig oder Zitronensaft ein.

## 13) Leberflecke, Warzen und Schönheitsmale

Vermeiden Sie übermäßiges Essen und vermeiden Sie besonders öliges und fettes Essen und eiweißreiche Nahrung. Massieren Sie kräftig die Bereiche um die Leberflecke und Warzen. Es ist auch sehr nützlich, den Saft zermahlenen Rettichs oder Zitronensaft regelmäßig einzureiben. Warzen und andere Male können auch durch Moxabehandlung ausgebrannt werden (siehe Seite 99).

## 14) Bei Wunden und Blutverlust

Um den Blutverlust zu stoppen, legen Sie sofort Dentie, Meersalz oder Miso auf einem ausgebreiteten Baumwolltuch oder Papiertuch auf und befestigen Sie dies mit einem Verband.

## 15) Gegen Brandwunden

Benetzen Sie sofort die verbrannte Stelle mit kaltem, gesalzenem Wasser und benetzen Sie sie solange, bis das Brennen aufhört. Dann bestreichen Sie die Stelle mit Pflanzenöl, wie Sesam- oder Maisöl mittels eines Papiertuches oder Baumwollgewebes. Dies kann mit einem Verband auf der verbrannten Stelle befestigt und dort für mehrere Stunden verbleiben. Falls nötig, kann die Ölauflage in Abständen von einigen Stunden gewechselt werden.

## 16) Allgemeine Müdigkeit

Gegen Müdigkeit, die allgemein als ein Ergebnis von Krankheit oder körperlicher und geistiger Unausgewogenheit erfahren wird, werden, neben der Anwendung der Do-In-Übungen, folgende Maßnahmen empfohlen:

a. Richten Sie Ihre Ernährung bezüglich Qualität und Menge mehr und mehr nach den makrobiotischen Prinzipien aus.
b. Tragen Sie Baumwolle anstatt synthetischer Kleidung. Zumindest die Unterwäsche, die direkt mit der Haut in Berührung kommt, sollte aus Baumwolle sein.
c. Reiben und massieren Sie den gesamten Körper mit einem feuchten Handtuch, das gut ausgewrungen ist, solange, bis die Haut rot wird. Dies steigert den Kreislauf des Blutes und anderer Körperflüssigkeiten und erzeugt Nervenreaktionen und den Energiefluß entlang aller Meridiane. Dies kann jeden Morgen oder Abend gemacht werden, oder aber auch zu beiden Zeiten.
d. Baden Sie die Füße in warmem Wasser (in der kalten Jahreszeit) oder in kaltem Wasser (in der heißen Jahreszeit) und reinigen Sie alle Teile der Füße, einschließlich jeder einzelnen Zehe, was eine starke Anregung des Energieflusses in den Meridianen bewirkt. Dies kann jeden Morgen oder Abend getan werden.
e. Vor dem Schlafengehen praktizieren Sie Do-In, besonders die Übung An-Min-Ho (Friedlicher und gesunder Schlaf) auf den Seiten 241 ff.
f. Schlafen Sie mit dem Kopf nach Norden, um unseren körperlichen, seelischen und geistigen Zustand in Übereinstimmung mit der Himmelsbewegung, einschließlich der Drehung der Erde und den Sternzyklen des nördlichen Himmels zu harmonisieren.

Alle diese Übungen und Anwendungen für unser tägliches Leben sind eine große Hilfe für die Aufrechterhaltung und Entwicklung unseres körperlichen, seelischen und geistigen Befindens. Die Grundlage jedoch für unsere Entwicklung basiert auf dem, was und wie wir essen und trinken. Aus diesem Grunde sollten alle diese Übungen und Anwendungen von der richtigen, den makrobiotischen Prinzipien entsprechenden Ernährungsweise begleitet sein. Wenn dies in unserem täglichen Leben erreicht ist, wird unsere körperliche, seelische und geistige Entwicklung grenzenlos sein und wir werden von unseren eingeschränkten körperlichen Begrenzungen zum ewigen und universellen Bewußtsein heranwachsen, wir werden uns bewußt, das unser Leben anfanglos und endlos ist, und daß unsere Lebensfreude der unendliche Traum, der niemals vergeht, endlos verwirklicht werden soll.

# Anhang
# Hauptpunkte zur Diagnose und Behandlung, die in diesem Buch gebraucht wurden.

Name des Punktes, Meridian und Punktnummer, Beschreibung    Seite

*Chu-Kan. KG 12. Magen Bo-Sammelpunkt.* Der Mittelpunkt des Bereichs des    63
mittleren Erwärmers und des dritten Chakras. ˙Allgemeine Magenverstimmung,
Magenschleimhautentzündung, morgendliche Übelkeit und Brechreiz, Magen-
krämpfe, Magengeschwür, Übersäuerung, Senkmagen, Zuckerkrankheit, Verdauungsstörungen, Bauchschmerzen, Rückwärtsverlagerung der Gebärmutter.
*Hai-Yu. B 13. Lungen Yu-Eintrittspunkt.* Alle Störungen der Lungen, Asthma,    87
Steifheit der Schultern, Bronchitis, Lungentuberkulose
*Kan-Yu. B 18. Leber Yu-Eintrittspunkt.* Leberstörungen, Gelbsucht, Gallensteine,    87
Störungen der Augen, Ischias (Hüftschmerzen), Blasenentzündung, Gesichtslähmung, Leberentzündung, Epilepsie, Kinderlähmung, Schwindelanfälligkeit (Hö-
henkrankheit), Schlaflosigkeit, Halbseitige Lähmung des Körpers. Allgemein
auch für Störungen der Muskeln.
*Sho-Cho-Yu. B 27. Dünndarm Yu-Eintrittspunkt.* Allgemeine Störungen des    87
Dünndarms, akute und chronische Entzündung der Dünndarmschleimhaut, Lumbago (Hexenschuß), Gelenkrheumatismus, Menstruationsstörungen, Beschwer-
den der Weiblichen Fortpflanzungsorgane, Ischias (Hüftschmerzen), Blasenentzündung, Darmblutungen.
*Hai-Yu. B 13. Lungen Yu-Eintrittspunkt.* Alle Lungenstörungen, Asthma, Schulter-    88
steifheit, Bronchitis, Lungentuberkulose.
*Ketsu-In-Yu. B 14. Herzregent Yu-Eintrittspunkt.* Herzschmerzen, Angstgefühl,    88
Geistesstörungen, hohe Pulsfrequenz, Rippenfellentzündung, Schmerzen in der
oberen Zahnreihe.
*Shin-Yu. B 15. Herz Yu-Eintrittspunkt.* Herzkrankheiten, Herzschmerz, Rheuma-    88
tismus, Rippenfellentzündung, Lungentuberkulose, Halbseitige Körperlähmung,
starke Kopfschmerzen, Geistesstörungen, Schizophrenie, Bluthochdruck,
Schlaganfall, Nervenschwäche, Schwitzen bei Nacht, Angina pectoris (Herz-
krämpfe).
*Kaku-Yu. B 17. Zwerchfell Yu-Eintrittspunkt.* Appetitverlust, Magenschmerzen,    88
Speiseröhrenverengung, Magenschleimhautentzündung, Rippenfellentzündung,
Erschlaffung der Magenmuskeln, Hysterie, Schwitzen bei Nacht, hohe Puls-
frequenz.
*Kan-Yu. B 18. Leber Yu-Eintrittspunkt.* Leberleiden, Gelbsucht, bitterer Ge-    88
schmack im Mund, Leberentzündung, Gallensteine, Hexenschuß (Lumbago),
Halbseitenlähmung, Kinderlähmung, Schwindelgefühl, Epilepsie, Augenleiden,
Hüftschmerzen, Gesichtslähmung, Schlaflosigkeit, Benommenheit.
*Tan-Yu. B 19. Gallenblase Yu-Eintrittspunkt.* Gallensteine, Gallenblasenentzün-    88
dung, Gelbsucht, Leberentzündung, Gallengangentzündung, Zwölffingerdarm-
geschwür.
*Hi-Yu. B 20. Milz Yu-Eintrittspunkt.* Alle Magenleiden, Gedächtnisschwund, Ne-
benhöhlenverstopfung (-katarrh), Gallensteine, Trachom, Diabetes, Gelbsucht.
*I-Yu. B 21. Magen Yu-Eintrittspunkt.* Alle Magenleiden, Magenschleimhautentzün-    88
dung, Übersäuerung, Dünndarmentzündung.

*Shan-Sho-Yu. B 22. Dreifacher Erwärmer Yu-Eintrittspunkt.* Fieberhafte Nierener- 88
krankungen, Verdauungsstörungen, Hüftschmerzen, Impotenz, Bettnässen, Hexenschuß (Lumbago), Fieber (Lunge), Nierenbeckenentzündung, Diabetes, Stö-
rung in der Zusammensetzung der Magensäfte, Gallensteine.
*Jin-Yu. B 23. Nieren Yu-Eintrittspunkt.* Störungen der Nieren, Störungen der Fort- 88
pflanzungsorgane, Störungen der Blase, Nervenschwäche, Kinderlähmung, Impotenz, Lumbago, schmerzhafte Menstruation, Ischias, Halbseitenlähmung, Bluthochdruck, Magensaftstörungen, Diarrhoe, Erbrechen.
*Dai-Cho-Yu. B 25. Dickdarm Yu- Eintrittspunkt.* Allgemeine Darmstörungen, 88
Dünndarmschleimhautentzündung, Lumbago, Ischias, Verstopfung, Durchfall,
Dickdarmentzündung, starke Darmkrämpfe, Hautentzündung.
*Sho-Cho-Yu. B 27. Dünndarm Yu-Eintrittspunkt.* Gelenkrheumatismus, Darmblu- 88
tungen, Menstruationsbeschwerden, Störungen der weiblichen Organe, Dünndarmschleimhautentzündung, Lumbago, Ausscheidung von Blut im Urin (Häma-
turie), Ischias, Blasenentzündung.
*Bo-Ko-Yu. B 28. Blasen Yu-Eintrittspunkt.* Allgemeine Blasenstörungen, Störun- 88
gen beim Wasserlassen, Blasenentzündung, Lumbago (Hexenschuß), Bettnässen, Ischias.
*Chu-Fu. LU 1. Lungen Bo- Sammel- und Anfangspunkt des Lungenmeridians.* 88
Krankheiten der Lunge, Bronchitis, Schmerzen im Brustkorb, Asthma, Husten
und Mandelentzündung.
*Dan-Chu. KG 17. Herzregent Bo-Sammelpunkt.* Mittelpunkt der oberen Herzre- 88
gion und des Vierten-, Herzchakra. Schmerzen im Brustkorb und am Herz, Brust-
schmerzen, mangelnde Milchproduktion, Niedergeschlagenheit, Nervosität, Rippenfellentzündung, Asthma, Erbrechen, Herzkrankheiten.
*Ko-Ketsu. KG 14. Herz Bo-Sammelpunkt.* Herzkrankheiten, Magenkrämpfe, Ma- 88
genschleimhautentzündung, Asthma, Gelbsucht, Rheumatismus, Unfähigkeit,
die Arme zu heben, Krampf im Zwerchfell, Magengeschwür.
*Ki-Mon. LE 14. Leber Bo-Sammelpunkt.* Allgemeine Leberstörungen, Gallen- 88
steine, Bronchitis, Überproduktion der Magensäure, Rippenfellentzündung, häufiges Husten, Durchfall, Leberentzündung, Diagnosepunkt für die Leber.
*Jitsu-Getsu. G 24. Gallenblase Bo-Sammelpunkt.* Gallensteine, Gelbsucht, Rip- 88
penfellentzündung, Magengeschwür, Schmerzen im Brustkorb, Schwermut oder
Eingebildete Krankheiten (Hypochonder).
*Kei-Mon. G 25. Nieren Bo-Sammelpunkt.* Nierenkrankheiten, Hüftschmerzen, Rip- 88
penfellentzündung, Magenkrämpfe, Störungen der Geschlechtsorgane, Blasenentzündung, Nierensteine, intercostale Neuralgie, Hexenschuß.
*Sho-Mon. LE 13. Milz Bo-Sammelpunkt.* Allgemeine Milz- und Leberkrankheiten, 88
Spezieller Punkt bei Wasserstauungen in der Bauchhöhle, Senkmagen, Arthritis
im Brustbereich.
*Chu-Kan. KG 12. Magen Bo-Sammelpunkt.* Das Zentrum der mittleren Herzregion 88
oder des Dritten Chakra. Allgemeine Magenstörungen, Magengeschwür, Übersäuerung, Senkmagen, Diabetes, Störungen der Magensaftbildung, Leibschmer-
zen, Rückverlagerung der Gebärmutter.
*Ten-Su. MA 25. Dickdarm Bo-Sammelpunkt.* Magenstörungen, Dickdarmstörun- 88
gen, Ruhr, Magenschleimhautentzündung, Dünndarmschleimhautentzündung,
schmerzhafte Menstruation, Schmerzkontrolle, Durchfall, Nierenbeckenentzündung.
*In-Ko. KG 7. Dreifacher Erwärmer Bo-Sammelpunkt.* Darmstörungen, Durchfall, 88
akute Darmschmerzen, Niereninfektion, Impotenz, Nierenbeckenentzündung.
*Kan-Gen. KG 4. Dünndarm Bo-Sammelpunkt.* Allgemeine physische Müdigkeit, 88
Darmstörungen, zur Verlängerung des Lebens, Samenerguß im Schlaf, Impotenz,
allgemeine weibliche Krankheiten (Frauenkrankheiten), Arthritis.
*Chu-Kyoku. KG 3. Blasen Bo-Sammelpunkt.* Blasenstörungen, Störungen der 88
Fortpflanzungsorgane, gynäkologische Probleme, Menstruationsstörungen,
Kopfschmerzen, Nierenbeckenentzündung, Bettnässen, Schmerzhafte Menstrua-
tion, Harnröhrenentzündung und Geschlechtskrankheiten, Blasenentzündung,
Ausfluß, Impotenz.

**309**

# Bibliographie

Aihara, Cornellia: *Von Kopf bis Fuß natürlich heilen mit Makrobiotik*, Mahajiva 2003
――: *Die Hohe Kunst des makrobiotischen Kochens – Ryori-Do*, Mahajiva 2011
Aihara, Herman: *Milch, ein Mythos der Zivilisation*, Mahajiva 2006
――:*Säuren & Basen: Synthese aus dem westlichen Säure/Base-Modell und dem östlichen Yin/Yang-Prinzip*, Mahajiva 2005
Benedict, Dirk: *Mein Leben als Kamikaze Cowboy*, Mahajiva 1991
Dschuang Dsi: *Das wahre Buch vom südlichen Blütenland*, Diederichs 1969
*I-GING – Das Buch der Wandlungen* (Übers. R. Wilhelm; Gesamtausg.), Diederichs 1956
Kushi, Aveline: *Aveline Kushi's großes Buch der makrobiotischen Küche*, Ost-West 2013
Kushi, Gabriele, + Kushi, Michio: *Einführung in die makrobiotische Küche in 10 leichten Schritten*, Ost-West 2014
Kushi, Michio + Aveline: *Das große Buch der makrobiotischen Ernährung und Lebensweise*, Ost-West 2013
――: *Allergien & Immunsystem*, Ost-West 2013
Kushi, Michio: *Das (große) Buch der Makrobiotik*, Bruno Martin 1987 / Knaur TB 1995
――: *Natürliche Heilung mit Makrobiotik*, Ost-West 2013
――: *Die makrobiotische Hausapotheke*, Ost-West 2013
――: *Dein Gesicht lügt nie (Einführung in die fernöstliche Diagnose)*, Mahajiva 2004
――: *AIDS makrobiotisch vorbeugen und behandeln (Bewahrung und Wiederherstellung unserer ureigenen natürlichen Immunität)*, Mahajiva 1997
――: *Die makrobiotische Antwort auf Krebs*, Mahajiva 2012
――: *Seminarreport Vaumarcus 1979*, Mahajiva 1999
――: *Die Dimensionen der Ehe*, Mahajiva 1999
――: *Makrobiotik: Der Weg zu Frieden und Harmonie*, Scherz 1988
Langre, Jacques de: *Do-In 2*, Plejaden 1981
Lao Shin, Zeané: *Nahrung als Weg (Daotschia Vol. 1–9)*, Mahajiva 2001
Lao Tse, *Tao Te King*, Diederichs 1978
Liä Dsi, *Das wahre Buch vom quellenden Urgrund*, Diederichs 1967
Masunaga, Shizuto: *Heilung durch Shiatsu*, Scherz 1985
Muramoto, Noboru: *Heile Dich Selbst (durch bewußte Ernährung)*, Kirsch 1998
――: *Natürliche Immunität: Einblick in die Zusammenhänge zwischen Ernährung und AIDS*, Mahajiva 1993
Ohsawa, Georges: *Makrobiotik: Eine Einladung zu Gesundheit und Glück*, Mahajiva 2005
――: *Auch Sie sind Sanpaku*, Mahajiva 1992
――: *Zen Makrobiotik*, Franz Thiele 2002 / Mahajiva 2013
――: *Lebensführer Makrobiotik – Handbuch*, Mahajiva 2004
――: *Das Wunder der Diätetik (Buch der höchsten Urteilsfähigkeit)*, F. Thiele / Mahajiva
――: *Das Einzige Prinzip der Philosophie und der Wissenschaft des Fernen Ostens*, Mahajiva 1999
――: *Das Buch vom Judo*, Mahajiva 1988
――: *Die Philosophie der Medizin des Fernen Ostens und die Akupunktur*, Ohsawa-Zentrale / Mahajiva
Yamamoto, Shizuko: *Barfuß Shiatsu*, Ost-West 1992

*

*DAS GROSSE LEBEN – Makrobiotik-Magazin*, Ost-West-Bund, seit 1986 vierteljährlich jeweils zu Jahreszeitenbeginn (Zeitschrift).

# Informationen über Makrobiotik

Mittlerweile gibt es zahlreiche unterschiedliche Initiativen zur Verbreitung der Makrobiotik, so daß in vielen Orten im deutschsprachigen Raum Informationen und Lehraktivitäten angeboten werden. Im Laufe der Jahre hat sich das Angebot der Makrobiotik-Schulen und -Zentren sehr verändert – eine immer weitere Spreizung von unterschiedlichen Schulrichtungen, die Palette reicht von stark analytisch betonten Ernährungslehren bis hin zu Esoterik- und New-Age-Kursprogrammen, so daß für den Suchenden schon eine ganz gezielte Vorinformation nötig ist, um die gewünschte Ausbildung zu finden. In dem überregionalen Makrobiotik-Magazin DAS GROSSE LEBEN (Ost-West-Bund, Hauptstr. 50, D-66333 Völklingen), welches jeweils zum Jahreszeitenbeginn erscheint, wird regelmäßig ein Terminkalender inklusive Adressenliste veröffentlicht, d.h. eine umfassende, aktuelle Übersicht darüber, was zum Thema Makrobiotik an Aktivitäten und Veranstaltungen in der deutschsprachigen Region sowie angrenzenden Bereichen stattfindet.

Um Gelegenheit zu einer ersten Anlaufstelle zu geben, nachfolgend einige wenige, willkürlich ausgewählte Adressen. Beachten Sie bitte stets, daß einzelne Stellen nicht repräsentativ für das breitgefächerte Spektrum der Makrobiotik sein können!

Makrobiotik in Berlin e.V.
Schustehrusstr. 26
**D-10585 Berlin**
Tel. 030/3470 3070, Fax -3071

Makrobiotik-Zentrum Sonnenblume
Bergisch-Gladbacher-Str. 968
**D-51069 Köln (Dellbrück)**
Tel./Fax 0221/680 25 22

Eva's Lehrküche und Seminarzentrum
Dossenheimer Landstr. 84
**D-69121 Heidelberg-Handschuhsheim**
Tel. 06221/400 858, Fax 409 843

Kushi Institut von Europa
Weteringschans 65
**NL-1017 RX Amsterdam**
Tel. 0031-20-625 7513, Fax –622 7320

Ost-West-Zentrum Hamburg e.V.
Möllner Str. 100
**D-21514 Büchen**
Tel. 04155/55 81, Fax 63 57

Natürliche Lebensweise e.V.
Mozartstr. 22
**D-79104 Freiburg**
Tel. 0761/217 18 96

Makrobiotik in Deutschland e.V.
Eichenweg 46
**D-75323 Bad Wildbad-No.**
Tel. 07085/920-565, Fax -566

*(Stand 11/2014)*

# Register

# C

# D

# E

# F

# Z